프랑스 문화정책

▮ 일러두기

- 단행본, 저널 등은 겹낫표(『 』), 논문, 기사는 홑낫표(「 」)로, 영화, TV 프로그램은 홑화살괄호(〈 〉)로 표시했다.
- 인용은 큰따옴표(" "), 간접인용 및 강조는 작은따옴표(' ')로 제시했다.
- 서구 인명, 저서, 작품, 용어, 기구, 법령 등은 한글에 붙여 프랑스 원어를 병기했으며, 영문으로 널리 알려진 기구나 용어 등의 경우는 프랑스 원어 다음에 영문 이니셜을, 경우에 따라 영문만 병기했다.
- 정책 관련 용어 및 법령 등은 확장 연구가 용이하도록 가능한 한 정확한 원어 및 상세 정보를 제시했으며, 색인어도 풍부하게 제공했다.
- 이 책은 자비에 그레프(Xavier Greffe)와 실비 플리거(Sylvie Pflieger)의 공저인 *La Politique culturelle en France*, 2015년 개정판을 기본 틀로 참조하면서 2018년 출간 시점까지 업데이트된 프랑스 문화정책을 다루었으며, 프랑스 문화정책의 사적 고찰과 관련해서는 원향미의 2016년 글도 두루 참조했다.

◎ 이 책은 교육부 및 한국연구재단의 대학인문역량강화사업(CORE) 지원에 의해 출판된 것임

This work was supported by the CORE Program through the National Research Foundation of Korea(NRF) grant funded by the Ministry of Education of Korea

프랑스 문화정책

류은영 | 원종익

지성공간

| 머리말 |

프랑스는 1959년 세계 최초로 문화부를 창설하여 국가 차원에서 고유의 문화정책을 수립하여 시행하고 있는 나라이다. 세계 대다수 국가들이 프랑스 문화정책을 하나의 모범으로 삼아 벤치마킹하고 있으며, 우리나라도 물론 예외는 아니다.

문화정책은, 한편으로는 장기적인 철학과 목표, 기조 등의 원론을 유지하면서, 다른 한편으로는 필요한 사안별로 혹은 연차별로 단기적인 실천 조치들을 탄력적으로 운용하면서 추진되는, 말하자면 원론적인 동시에 실천적인 이중적 성격을 띤다. 따라서 현재까지 한국에서 출간된 프랑스 문화정책에 관한 연구서들도 넓게 보아, 우선 원론을 살피는 데 주안점을 둔 단행본 양식의 책들, 아니면 주로 특정 사안에 관한 논문이나 연차별 보고서 양식의 간행물들로 크게 나뉘는데, 최근에는 단행본보다 시사적인 논문이나 보고서 양식의 연구가 주를 이룬다.

그간 프랑스 문화정책은 우리 한국이 일련의 문화정책을 정립해가는 과정에서 중요한 지표 역할을 해왔고, 현재도 여전히 우리 문화 분야 다방면에 걸쳐 정책적 지표가 될 만한 여러 유의미한 시사점들을 함축하고 있는 만큼, 프랑스 문화정책에 대한 국내 연구는 지속적으로 이루어져 이제는 어느 정도 집적된 상황이라고 할 수 있다. 따라서 일차적으로 이 책은, 그간의 연구들을 돌아보면서, 2018년 현시점에서 프랑스 문화정책을 종합적으로 정리해보고자 하는 목적에서 집필되었다. 더욱이 이 책은 1990년대 말 이후로, 시사적 성격의 논문이나 보고서들 이외, 종합적인 고찰을 담은 단행본의 출간이 오랜 시간 단절된 시점에서 발행되는 저술이라는 측면에서도 의미를 찾을 수 있을 것이다.

이 책은 지난 강의와 연구 작업의 결과로서, 시초부터 2018년 현 시점까지의 프랑스 문화정책을 종합적으로 다루고 있다. 이 책은 프랑스는 물론 국내의 주요 선행 연구들을 종합적으로 참조하여 집필된 바, 특히 집필의 기본 틀로서, 비교적 최근에 나온 가장 본격적인 종합 연구서라 할 수 있는 자비에 그레프(Xavier Greffe)와 실비 플리거(Sylvie Pflieger)의 공저, *La Politique culturelle en France* 2015년 개정판을 참조하였으며, 또한 국내 선행 연구 중 원향미의 『한국과 프랑스 문화정책의 역사적 연구』(2016)도 프랑스 문화정책의 사적 고찰과 관련하여 두루 참조하였다.

이 책을 쓰면서 마지막까지 유념한 바는 크게 두 가지로, 우선 문화정책을 이해하기 위해서는 무엇보다 그 목적과 행정 및 재정 체계 그리고 실제 추진 과정을 밝혀야 한다는 사실이었고, 다음으로는 프랑스의 문화정책을 다루는 만큼 가능한 한 원전을 철저히 참조하고, 특히 문화 행정의 근간을 이루는 조직이나 기관, 기구 등의 명칭, 그리고 법령과 조약, 또 관련 개념이나 용어 등을 최대한 상세하게, 그리고 합일하는 정확한 국문 상응어로 통일, 제시해야 한다는 사실이었다. 특정 텍스트나 법령의 조사, 또는 어떤 한 정보의 검색이나 하나의 수치를 확인, 산출하는 데 예상 외로 상당한 시간이 요구되는 경우도 적지 않았으나, 되도록 빠짐없이 정확하게 제시하고자 노력하였다. 더불어 이 책이 프랑스 문화정책에 관한 종합 정보서 내지 사전으로서 그 역할 및 가치를 다할 수 있길 기대하며 기본적인 참고문헌 이외, 약어와 색인어를 풍부하게 제공하고자 하였다.

이 책의 본문은 '원론'과 '실제'의 2부로 구성되어 있다. 제1부는 원론으로서 프랑스 문화정책의 '역사'와 '철학', '수단'에 대해 고찰하고 있으며, 제2부는 실제에 대한 논의로서 프랑스 문화정책의 '행정'과 '재정' 문제를 구체적으로 고찰하고 있다. 그리고 덧붙여, 우리의 문화 현황도 돌아보며 함께 생각을 정리해보자는 의미에서 오늘날 프랑스 속 한국 문화, 요컨대 "프랑스 한류의 의미와 글로벌 비전"에 대하여 필요한 성찰과 함께 전망을 잠정 개진해보는 것으로 결론을 대신하였다. 이 책의 구성에 관한 보다 상세한 제시는 서론의 "5. 리딩가이드"를 참조할 수 있다.

이 책의 출판을 위해 지원을 아끼지 않은 지성공간에 감사드리며, 특히 불문학 전공자로 세심한 교정을 봐주신 한정주 사장님과, 편집에 끝까지 최선을 다해주신 최윤석 대표 디렉터님, 그리고 출판 전 과정을 책임지고 맡아주신 이정호 실장님께 진심으로 감사드린다.

2018년 8월

류은영, 원종익

차례

들어가며
프랑스 문화와 문화정책

1. 21세기, '문화'란?
2. 문화정책의 기본 원리
3. 프랑스 문화정책의 특성
4. 문화, 창조와 경제 사이
5. 리딩 가이드

들어가며

프랑스 문화와 문화정책

1. 21세기, '문화'란?

아마도 문화만큼 현대 사회에서 널리 쓰이는 단어도 없을 것이다. 일단 문화하면 우리는 흔히 문학이나 음악, 미술과 같은 예술 분야를 떠올린다. 그런데 문화는 이러한 특정 분야만이 아니라 어떤 단어와 맞물려도 별다른 저항감을 주지 않는다. 한국 문화나 일본 문화, 혹은 아시아 문화나 유럽 문화, 심지어 세계 문화처럼 지역의 문화로 쓰이는가 하면, 흑인 문화나 백인 문화처럼 인종에 붙기도 하고, 청년 문화나 노년 문화처럼 연령별로 문화를 이야기할 수도 있다. 문화라는 개념이 이처럼 다양하게, 일정한 기준도 없이 사회 전 영역, 일상생활 전반에 걸쳐 광범하게 사용되는 시대이니 만큼 문화의 정의를 명확히 내리기란 결코 쉬운 일이 아니다.

이 같은 측면에서 현대 문화 연구의 기초를 세운 영국의 레이먼드 윌리엄스Raymond Williams가 문화를 두고 "영어에서 가장 난해한 몇 단어 중의 하나(Williams 1976: 76)"라 한 것은 당연히 수긍이 가는 이야기다. 20세기 중반 미국의 두 인류학자 크로버Alfred Louis Kroeber와 클럭혼Clyde Kluckhohn 역시 같은 맥락에서 문화의 개념이 164개에 이른다는 사실을 강조한 바 있다(Kroeber et alii 1952). 따라서 우리는 문화의 개념 범위가 이렇듯 방대하고 한정하기 모호하다는 사실을 전제로, 여기서는 문화라는 개념의 본래 의미와 그 주요한 변천, 그리고 잠정적으로 문화정책의 차원에서 유의미한 몇 가지 정의를 추려보는 것으로 만족하고자 한다.

어떤 단어의 의미를 파악함에 있어서 가장 기본적이고 손쉬운 작업은 그 어원을 더듬어 보는 일이다. 문화를 의미하는 프랑스어는 'culture(영어 culture, 독일어 kultur)'인데, 그 어원은 '경작하다', '재배하다', '가꾸다'라는 의미의 라틴어 동사 'colere(명사형 cultura)'이다. 즉 문화의 일차적 의미는 인간의 힘으로 자연을 가꾸는 행위라고 할 수 있다. 단적인 예로, 농업이라는 뜻의 프랑스어 'agriculture'가 밭을 의미하는 'agri'와 경작을 의미하는 'culture'의 합성어임을 생각해보면 쉽게 이해할 수 있다.

문화의 어원적 의미는 우리에게 무엇보다 문화가 자연과 대립된 개념에서 출발한다는 사실을 말해준다. 문화란 본래 인공의 산물, 즉 인간이 자연의 것을 자신에게 이로운 것으로 가꾸거나 만드는 행위 또는 그 산물을 가리켰다. 그런데 차츰 문화는 물질적인 차원에서 나아가 정신적인 차원까지 포괄하는 개념이 된다. 인간은 사회적 동물인 까닭에 바람직한 사회를 구현하기 위해서는 인간 간의 관계를 서로 이롭게 가꿔가야 하며, 이를 위해서는 여러 제도와 관습, 의식 등을 이상적으로 잘 다듬고 만들어가야 할 필요가 있다. 따라서 인간의 문화는 자연 내지 물질, 나아가 자연을 가꾸는 농경이라는 일차적 의미를 넘어 인간 스스로를 가꾸는 '정신 수양'이나 '교양'이라는 메타적 의미의 차원으로까지 고양된다. 로마의 철학자 키케로는 'culture'를 정신적, 철학적 의미로 사용한 대표적인 인물이다. 그는 '영혼의 가꿈cultura animi'을 언급한 바 있는데, 여기서 가꾼다는 의미는 물질적 영역을 가꾸는 것에서 나아가 마음이나 정신, 특히 도덕적 정신을 수양하는 행위를 의미한다.

인간의 정신적, 도덕적 완성을 위한 제반 노력을 문화라고 생각하는 서구의 전통은 이후 문화를 대단히 고급스러운 범주로 올려놓게 된다. 때로 문화는 문명civilization과 혼용되면서 미개함과 대립되는 개념으로서 서구 세계의 우월함을 나타내는 용어로도 사용된다. 19세기에 들어 문화는 인류학, 민속학, 고고학 등의 학문적 관점에서 개념 정립이 이루어진다. 영국의 인류학자 타일러Edward Burnett Tylor는 문화를 "지식, 신앙, 예술, 법률, 도덕, 관습, 그리고 인간이 사회의 한 구성원으로서 획득한 능력이나 관습들을 포함하는 복합적 총체(Tylor 1974: 1)"라고 규정한다. 타일러의 정의는 인간의 생활양식을 총망라한 것으로 볼 수 있는데, 이는 인류학적 관점에서 바라본 문화에 대한 가장 고전적이고 표준적인 정의가 될 것이다. 타일러의 견해는 비록 오래되었지만 현재에도 무난히 받아들일 수 있는 가장 보편적이고도 포괄적인 정의라고 할 수 있다. 이는 2002년 유네스코가 "한 사회 또는 사회적 집단에서 나타나는 예술, 문학, 생활양식, 더

부살이, 가치관, 전통, 신념 등의 독특한 정신적, 물질적, 지적 특징"으로 규정한 문화의 정의를 크게 벗어나지 않으며, 『네이버 국어사전』의 문화에 대한 정의와도 별반 차이를 보이지 않는다. 『네이버 국어사전』에 따르면 문화는 "자연 상태에서 벗어나 일정한 목적 또는 생활 이상을 실현하고자 사회 구성원에 의하여 습득, 공유, 전달되는 행동양식이나 생활양식의 과정 및 그 과정에서 이룩해낸 물질적 및 정신적 소득을 통틀어 이르는 말로 의식주를 비롯하여 언어, 풍습, 종교, 학문, 예술, 제도 따위를 모두 포함한다."

그런데 우리는 현재도 문화라는 용어가 일정한 분야에 한정되어 쓰이는 경우를 자주 접하게 된다. 예를 들어 신문이나 방송을 보면 문화는 흔히 정치나 경제와는 별도로 취급된다. 신문의 문화면에는 주로 문학, 음악, 미술, 영화 등을 주제로 하는 기사가 실린다. 이는 우리가 여전히 문화를 지적이거나 예술적인 어떤 정신적 산물로 한정하여 인식하는 경향이 있음을 보여주는 것이다. 게다가 우리는 '문화생활을 즐기다' 혹은 '문화 수준이 높다'와 같은 표현들을 일상 쓰면서 자연스럽게 문화를 어떤 특별한 범주, 고급스러운 어떤 격이 다른 범주로 자리매김하기도 한다. 여기에는 (물론 현대에 들어 문화는 널리 일반화되긴 했으나) 여전히 오랜 세기에 걸쳐 서구 사회를 지배해온 전통적 관념, 다시 말해 문화에 대한 엘리트 계층의 독점적, 배타적 의식이 사회 저변에 자리하고 있기 때문이다.

오늘날 문화 개념은 대략 이상과 같이 확장되어 논의의 관점에 따라 그 범위를 한정할 필요가 있는 개념이 되었다. 본 논의에 있어서도 마찬가지로, 우선은 포괄적인 이해의 차원에서 문화의 기본 광의와 협의를 짚고 넘어가야겠지만, 실제로 중요한 것은 우리의 논제인 문화정책의 관점에서 유의미한 정의를 추려 구체적으로 문화의 개념을 한정하는 일이 될 것이다.

먼저, 광의의 개념에서 문화란, 앞서도 밝힌 바, 어떤 공동체의 구성원이 공유하는 제반 생활양식, 사회가치관, 태도, 사회적 유산 등을 의미한다. 이런 광의의 문화는 사회 구성원에게 소속감과 정체성을 부여함으로써 한 집단을 다른 집단과 구별 가능하게 하는 기능을 한다. 그리고 협의의 개념에서 문화란 인간의 내적 감정이나 미적 표현을 의미하는데, 구체적으로 문학, 음악, 미술, 공연 등이 여기에 해당한다. 이는 흔히 우리가 예술이라고 하는 개념과 거의 동일하다고 볼 수 있다. 이와 같은 기본적인 두 갈래 개념은 문화란 무엇인가에 대한 가장 포괄적이고 무난한 답이 될 수 있을 것이다.

하지만 문화정책을 다루는 입장에서는 이러한 문화의 포괄적 정의에서 나아가 좀 더 구체적으로 실제 현실에 부합하는 한정적인 정의가 필요하다. 정책이라 함은 단체, 즉 국가나 지방자치단체가 일정한 목표 의식을 가지고 단체의 구성원을 의도한 방향으로 이끌어야 하는 관념인 동시에 현실이기 때문이다. 여기에는 항상 집단의 이데올로기가 개재되며, 따라서 나라별로 혹은 도시별로 정책은 고유하고 다양할 수밖에 없다. 그러므로 정책은 구체적이어야 한다. 추상적이고 모호한 개념은 정책화하기가 쉽지 않을 뿐더러 이를 따라야 하는 구성원들의 공감을 얻기도 힘들다. 이에 유네스코는 1980년 총회에서 '문화활동의 공적 지원에 관한 국제표준지표 권고안Recommendation concerning the international standardization of statistics on the public financing of cultural activities'(이하 권고안)을 채택한다. 물론 언급한대로 국가별 문화정책 간에는 일정한 차이가 존재하긴 하나, 유네스코의 권고안은 각국의 문화정책 수립에 있어 보편적인 참고자료로서 그 의미와 가치가 있는 것이라고 할 수 있다. 유네스코의 권고안은 우리가 언급한 문화의 기본적인 두 개념을 절충하면서, 특히 문화정책의 차원에서 유의미한 문화의 개념을 한정적으로 채택하여 만들어진 하나의 제안으로 볼 수 있는데, 이를 소개하면 대략 다음과 같다.

- **문화유산** 역사적 기념물 및 유적지, 기록문서국, 박물관, 고고학적 발굴지, 기타 보호 지정 문화유산, 정규 교육 외 연구 및 연수, 기타 범주의 문화유산 보존 및 등재 관련 활동 등
- **인쇄물과 문학** 문학 창작, 서적 출판, 정기간행물 및 신문 발행, 단행본과 정기간행물, 신문의 배급 및 마케팅, 도서관, 정규 교육 외 연구 및 연수, 기타 문학 생산 및 출판 관련 부수적 활동 등
- **음악** 음악 창작, 음악 공연, 음악서 출판, 음원 발매, 음악 콘텐츠 배급 및 마케팅, 악기 생산 및 마케팅, 음악 리메이

크와 레코딩 장비 생산 및 마케팅, 정규 교육 외 연구 및 연수, 음악 창작 및 장비 생산 관련 부수적 활동 등

- **공연예술** 연극 공연, 무용 공연, 기타 공연예술, 정규 교육 외 연수, 예술 공연 관련 부수적 활동 등
- **조형예술** 조형예술 창작, 조형예술서 출판 및 생산, 조형예술 전시, 조형예술 보급 및 마케팅, 정규 교육 외 연수, 조형예술 관련 부수적 활동 등
- **영화와 사진** 영화 창작, 영화 배급 및 상영, 사진, 정규 교육 외 연수, 영화 및 사진 관련 부수적 활동 등
- **라디오와 텔레비전** 라디오, 텔레비전 관련 제반 활동, 정규 교육 외 연수, 방송 및 텔레비전 관련 부수적 활동 등
- **사회문화적 활동** 사회문화적 발의, 지역문화센터 지원, 아마추어 활동 진흥, 일반 및 프로 협회 활동, 기타 사회문화적 활동, 정규 교육 외 연수, 기타 관련 부수적 활동 등
- **스포츠와 게임** 스포츠 및 관련 협회 활동, 스포츠 장비 생산, 스포츠 구장 및 기타 편의시설 건립 및 유지, 정규 교육 외 연수 등
- **자연과 환경** 자연 휴양지 관련 여가 활동, 도시 환경 정비 관련 활동 등
- **문화 및 비산정 활동 관련 제반 행정** 제반 문화 행정, 다장르 · 다기능 복합문화공간 제공 및 유지, 기타 범주의 관련 활동 등

문화정책의 관점에서 유의미한 상기 문화의 개념 혹은 범주와 더불어 오늘날 다변화한 문화 환경의 주요 속성을 부가적으로 이해하고 넘어갈 필요가 있다.

- **공유성** 문화는 한 사회의 구성원에게서 공통적으로 발현된다. 이러한 문화의 공유성은 공동체로서의 사회를 형성하는 데 기여한다.
- **학습성** 문화는 인간이 태어나면서 가지게 되는 것이 아니라 후천적으로 얻는 것이다. 인간은 단지 학습의 능력을 가지고 태어날 뿐으로, 어떠한 문화를 습득하게 되는가의 문제는 그가 속해 있는 집단의 문화적 환경에 의해 결정된다.
- **변동성** 문화는 시간의 흐름에 따라 끊임없이 변화한다. 인간은 종종 새로운 것의 발명이나 발견을 통하여 이전과는 다른 문화를 얻게 되는 경우가 있다.
- **전파성** 한 사회의 문화는 다른 사회로 전해져 그 사회의 문화 과정에 통합된다. 이러한 전파성은 문화의 변동성에도 큰 영향을 미친다.
- **총체성** 문화는 각 요소 간 상호 유기적 관계를 통해 통합성을 띤다.

현대는 가히 혁명이라 할 만한 미디어의 발달로 문화의 획득과 전달 그리고 축적의 양식이 가속적으로 변화하고 있다. 컴퓨터와 디지털 미디어의 눈부신 발전은 기존의 문화 카테고리에 이미 큰 변화를 가져왔다. 특히 현대 대중문화를 주도하는 문화산업의 발전은 시장 논리에 부응하는 경제적 가치를 지닌 문화와 그에 부합하는 역동적인 문화정책을 요구한다. 결국 문화정책은 끊임없이 시대의 변화에 신속하고 적절하게 대응할 수 있는 것이어야 한다.

하지만 한편으로 민주주의 사회에서 국가가 문화 영역에 개입하는 것이 정당한가를 묻는 원론적인 질문도 지속적으로 제기되고 있다. 국가의 개입은 '공식적인' 예술을 조장할 수 있기 때문이다. 그러나 국가의 개입이 없다 하더라도 이제 경제적 가치라는 시장 논리와 상업적 환경 속에서 폭넓게 형성된 문화 소비자들의 취향으로 인하여 역시 '주도적인' 예술이 등장하지 않으리라고 낙관할 수 없는 것이 사실이며, 실은 이미 그와 같은 상황에 있다고 할 수 있다. 따라서 문화는 궁극적으로 공공재이므로, 시장 논리로는 안고 가기 힘든 공적 가치를 내세워 국가 문화정책의 정당성을 주장하는 목소리는 여전히 힘을 잃지 않고 있다. 실제로 국가 차원의 문화정책은 경제 가치로만 평가할 수 없는 문화의 다양성을 보호하고, 또한 경제 파급 효과를 넘어 국가 이미지 제고까지 기대할 수 있는 전 지역 차원의 관광을 활성화하는 등의 필요불가결한 공적 기능을 수행하고 있다. 예술인에게는 표현의 장과 자유를 보장하여 예술적인 동시에 대중적인 다양한 예술 활동을 장려하고, 전 국민에게는 문화접근성을 용이하게 하여 궁극적으로 사회 유대 관계를 공고히 하는 등, 국가 문화정책이 시장 논리의 허점을 보완하여 공적 가치를 구현하는 고유한 기능을 수행한다는 것은 분명한 사실이다.

문화정책의 목표라는 것은 거시적으로 문화유산을 보전하고, 모든 예술창작의 질과 다양성을 보장하기 위한 지원을 하며, 교육 등 문화의 민주화를 통해 최대한 다수의 국민이 문화유산과 예술창작물에 접근할 수 있도록 보장해주는 일일 것이다. 그러므로 다변화하는 문화 환경 속에서 이와 같은 목표를 구현하기 위해, 프랑스 문화정책은 과거와 마찬가지로 현재도 지속적인 자기 모색을 하고 있다.

2. 문화정책의 기본 원리

오늘날 세계 각국의 문화정책은 별개로 이루어지기도 하고 서로 함께 추진되기도 한다. 아무리 강대국이라 하더라도 국제적으로 합의된 세계 문화정책의 기본 원리를 벗어나지 않는 범위 내에서 문화정책을 추진해야 한다. 문화는 정신적으로나 경제적으로 막대한 파급 효과를 지니는 한 나라의 고유한 사상이자 재화인 까닭에 세계 각국의 정체성은 물론 정치적, 경제적 실리가 복잡하게 맞부딪히고 뒤얽히는, 값으로 환산하기 어려운 특수한 산물이기 때문이다.

예를 들어 우리가 미국 드라마(미드)를 즐긴다는 것은 단순한 시청 행위를 넘어, 우선 미드라는 재화의 수입을 전제로 하는 것이며, 나아가 미국 고유의 정서를 자연스럽게 이해하고 그 영향을 받아 결국 우리의 관념으로 내재화하는, 말하자면 경제적인 동시에 정신적인 매우 다의적 의미의 행위라고 할 수 있다. 우리 한류의 경우도 마찬가지이다. 한국 영화가 그야말로 보수적인 프랑스의 영화계나 언론까지, 세계의 제도권 미디어 및 엘리트 그룹을 중심으로 지지층을 형성하고, 또한 한국 드라마가 인터넷을 통해 확산되면서 세계의 감성적인 여성층을 중심으로 대중적 지평을 확장하고, 그리고 무엇보다 한류의 주역 K-팝K-pop이 보다 가시적이고 폭발적으로 세계에 우리의 국가 이미지를 제고하고 있다. 우리 문화의 힘, 한류는 삼성의 전자나 현대의 자동차도 넘지 못한 가장 까다로운 미적 취향의 나라 프랑스의 문화적 장벽도, 가장 민감한 이데올로기적 관계에 있는 나라 쿠바의 정치적 장벽도 초월해 소위 K-컬처라 할 만한 세계 속 우리 문화의 글로벌파워를 확장해가고 있다. 하지만 그 한편으로는 한국 영화와 드라마, K-팝에 대한 방어적 공적 규제는 물론 사회적 반한류의 정서까지 다양한 차원의 국가별 견제 역시 만만치 않다. 한류의 영향력이 큰 나라일수록 비례하여 규제와 견제가 심하게 나타나는데, 이는 결국 한 나라의 문화정책은 여러 국제 관계의 복잡한 역학 속에서 추진될 수밖에 없음을 실증적으로 보여주는 것이다.

유네스코에 따르면, "문화정책은 사상과 작품의 자유로운 유통을 보장하면서 지역과 세계 차원에서 유효한 수단을 갖춘 문화산업을 기반으로, 다양한 문화적 재화와 용역의 생산 및 보급에 기여할 수 있는 환경을 조성해야 한다(UNESCO 2001: article 9)." 유네스코가 제시한 이와 같은 문화정책의 정의 혹은 목표는 세계가 지향하며, 지향해야 하는 문화정책의 큰 그림을 보여준다.

오늘날 세계의 문화정책은 국가 간 이해관계가 상충하는 상황에서 서로의 공존을 모색하며, 국제적으로 성문화된 혹은 불문율의 보편 원리들을 준수하고자 노력하는데, 『프랑스 문화정책*La Politique culturelle en France*』의 저자 자비에 그레프Xavier Greffe와 실비 플리거Sylvie Pflieger는 특히 문화의 '보존'과 '개방', '융합' 그리고 '반파괴' 차원의 네 원리를 강조한다(Greffe et alii 2015: 7-8).

첫 번째, 보존conservation(보호, 존속)을 원리로 하는 이른바 보존 문화정책은 기본적으로 각국의 정부를 중심으로 이뤄지며, 현존하는 문화자산의 보호 및 신탁 관리를 목적으로 한다. 이 보존 문화정책의 의미는 일반적으로 소위 '존재 가치'를 지닌, 말하자면 예술적이고 역사적 의미가 깊어 영구적 가치를 지닌 것으로 평가되는 문화자산을 보호, 존속시키는 데 있다. 이러한 보존 문화정책은 수요의 변동에 따라 자산 가치가 결정되는 시장 경제의 논리를 초월하여 추진되는 경향을 보인다.

다음 두 번째 원리는 개방ouverture(개발, 창조)으로, 이 개방 문화정책은 보존 문화정책과 반대로 이해할 수 있다. 개방 문화정책은 유적과 박물관, 고문서, 고고학적 유물과 장서 등의 유형 자산이나 음악과 그림, 연극, 축제, 경관 등의 무형 자산 등을 새로운 예술적 가치를 지닌 문화자산으로 개발, 창조하는 데 의미를 둔다. 이러한 개방 문화정책은 문화유산과 창조, 정부 개입과 시장 논리, 공공기관과 민간기관이 상호 긴밀히 연계되는 방식을 통해 이뤄진다.

세 번째 원리는 융합hybridation(다양성, 다문화)으로 설명할 수 있다. 일명 융합 문화정책은 개방 문화정책과 일맥상통하는 부분이 있지만, 그 대상의 배경이 다르다. 융합 문화정책은 여러 문화 간의 상호 결합, 즉 다양성과 다문화를 지향한다. 다양한 문화 간 결합을 통해 시너지 효과를 창출하면서 상호의 문화적 가치를 드높이는 데 의미를 둔다. 국가 간 교류는 물론 이민도 지속적으로 증가하고 있는 국제 정세 속에서 한편으로 자국과 다른 문화에 대한 몰이해로 갈등과 분쟁이 끊이지 않고 있어, 문화다양성과 다문화에 대한 존중을 강조하는 융합의 원리는 시대적으로 필요불가결한 세계 문화정책의 주요 비전이라고 할 수 있다. 최근 트럼프 정권의 출현으로 불협화음이 표출되고 있지만, 사실 다민족으로 이뤄진 미국의 문화정책은 전통적으로 이와 같은 융합의 원리를 지향하여 혈통이나 언어가 달라도 인접하거나 한 곳에 살게 된 이웃으로서 다양한 인종과 문화가 하나로 녹아 융화된 마치 용광로 같은, 소위 멜팅팟melting pot의 전형을 보여준다.

그리고 마지막 네 번째는 파괴destruction, 엄밀히 말해 반파괴anti-destruction(반약탈, 반전용) 차원의 원리이다. 현재도 세계 도처에서 자행되고 있는 문화자산의 약탈과 전용에 저항하는, 즉 파괴에 대한 반원리 혹은 반파괴의 원리이다. 이른바 반파괴 문화정책은, 무력 충돌이나 식민 전쟁 혹은 내전 등의 국내외적 갈등으로 말미암아 형성된 집단적 분노의 상징적 표출로서 인류의 문화자산을 파괴하거나, 또는 무지와 자만, 민족적 이기주의로 소중한 유물들을 함부로 약탈하고 유적들을 임의로 전용하는 등의 모든 문화 파괴 행위에 대해 저항하고 대처할 것을 원칙으로 표방한다. 현재 세계의 평화를 위협하고 있는 테러 세력들은 물론 과거 많은 강대국들 역시 무력을 과시하며 식민지나 패전국으로부터 한 민족을 넘어 인류의 유산인 문화자산을 전승 기념물인양 약탈하고 성스러운 신전을 일상의 관저로 전용하거나 심지어 완전히 다른 형태로 개발, 훼손하는 반문화적 행위를 범했다는 사실을 잊어서는 안 될 것이다. 하지만 이러한 반파괴의 문화정책을 세계가 유엔을 중심으로 함께 지켜가려 함에도 불구하고 통제의 범위를 벗어나는 다양한 반평화적 폭력 사태 앞에서 반파괴 문화정책의 효력은 현실성을 잃고 유명무실해져 국제 협약으로서의 의미를 상실하는 경우가 빈번한 것도 사실이다.

물론 이상의 네 원리로 세계 문화정책이 표방하는 심오한 철학이나 목표를 다 집약할 수는 없으며, 때로는 네 원리가 서로 모순적으로 상충할 수도 있다. 또한 국제적으로 성문화하여 혹은 암묵적으로 서로 준수하는 세계 문화정책이 곧 규약의 전부이거나 전부가 될 수도 없으며, 더욱이 대내외적으로 표방된 원리들에 따라 항상 일관성 있게 완벽히 운용되는 것도 아니다. 요컨대 세계 문화정책은 국제적 차원에서 정보를 수집 정리하고, 성과를 지지하고 그리하여 정책을 평가할 수 있도록 하는 원론적인 지침으로서 그 기본적인 의미를 지닌다고 할 수 있다.

3. 프랑스 문화정책의 특성

프랑스 문화정책 역시 큰 틀에서 세계 문화정책이 지향하는 원리들을 준수한다. 하지만 프랑스 문화정책은 그 어느 나라보다도 중앙정부 주도적인 특성을 띤다. 1959년 세계 최초로 문화부를 창설한 프랑스는 중앙중심주의 문화정책의 전형을 보여준다. 프랑스는 중앙의 문화부를 중심으로 초창기부터 현재까지 문화정책의 양대 기본 목표로 '창조création'와 '접근성accessibilité', 부연하자면 창조의 장려l'aide à la création와 예술의 보급la diffusion artistique을 변함없이 고수하고 있다. 물론 세계가 글로벌화, 디지털화하고 있는 오늘날에는 예술과 문화 간 구별이 사실상 무의미해지고 있는 추세이지만, 그럼에도 프랑스 문화정책은 여전히 예술이라는 의미와 가치에 방점을 두는 경향이 우세하게 나타난다. 다시 말해 프랑스의 경우 일반적으로 '문화'를 협의의 의미로 수용하고 문화정책을 추진하는 경향이 짙다. 극단적인 경우 문화정책이라기보다 예술정책이라고 해야 적절하지 않을까 하는 의문이 들기도 한다. 그러나 이 말은 프랑스 문화정책이 세계 다른 나라들에 비해 상대적으로 예술적 성격의 대상에 보다 역점을 둔다는 의미이지, 예술과 다른 대상들을 지나치게 엄격히 구분한다거나 광의의 범주에서 다루어야 할 문화 대상들을 소홀하게 방임한다는 의미는 아니다. 당연히 프랑스 문화정책 역시 예술을 문화라는 큰 틀의 한 범주로 바라보며, 다만 예술을 문화정책의 대상으로서 보다 중점적으로 다룬다는 의미로 이해하면 좋을 것이다.

요컨대, 프랑스 문화정책의 특성은 세계 다른 나라들의 경우에 비해 상대적으로 예술적 대상에 방점을 두면서, 앞서도 언급한 바 있듯 '창조'와 '접근성'을 양대 목표로 문화유산의 보존과 동시에 새로운 문화적 가치 및 기준의 창출을 지향한다는 데서 뚜렷이 나타난다. 이러한 차원에서, 프랑스 문화정책은 문화적 가치의 보존과 창조, 문화유산에의 접근성 향상, 교육에 의한 문화 인식 및 역량 강화, 문화 향유를 통한 국민의 행복 증진, 문화의 축제화 등을 기조로 노력한다. 따라서 이러한 문화정책의 효율적 추진을 위해 프랑스 정부는 이미 오래전부터 문화부 중심의 중앙 집행 기구를 두고 있으며, 지원하는 문화 예산도 어느 국가들보다 높은 비율을 자랑한다. 실제로 세계 다수의 국가들이 프랑스 문화정책을 벤치마킹하고 있으며, 프랑스는 기꺼이 세계 문화정책의 모범적 전형을 자처하며 또한 자부심을 가진다.

하지만 프랑스 문화정책의 현재나 미래가 낙관적인 것만은 아니다. 프랑스 문화정책의 양대 목표인 '창조'와 '접근성'은 프랑스 문화부가 창설된 1959년 이래 반세기 이상 변함없이 지속적으로 추구되어 왔다. 그리고 원론적으로 목표를 달성하기 위해 동원되는 수단 역시 상당히 다양하고 효율적인 것으로 기대되는 것이다. 그러나 결과를 볼 때 실제 성과는 대체로 추구하는 목표치에 미치지 못하고 있다. 더욱이 문화적 변화가 두드러진 최근 20년간의 성과는 더욱 난항을 거듭하고 있는 것으로 나타난다. 문화정책 관련 지표들을 살펴보면 문화접근성, 즉 국민이 문화를 가까이 접하고 향유한 정도가 예상에 미치지 못하고 있으며, 문화 창조 정책과 관련해서도 시장 경제를 비롯한 문화 관계 당국 및 심의위원회 등 주요 기준 기관의 평가 결과를 종합해보면 기대만큼의 실효를 거두지 못한 것으로 나타난다. 이는 그만큼 문화정책이란 것은 이론과 실제, 혹은 이상과 현실의 합을 이뤄 내기 어려운 분야의 정책이라는 사실을 실증적으로 보여주는 것이라고 할 수 있다. 결국 프랑스 문화정책이 표방하는 창조와 접근성의 양대 목표는 국가 정책이 기본적으로 마땅히 지향해야 하는, 공공정책으로서의 정당성을 담보하는 원칙적 기조, 말하자면 현실적 가치 못지않게 중요한 프랑스 문화정책 고유의 '철학적 가치'로 이해되어야 할 것이다.

프랑스 문화정책의 대상 분야는 현재 재편성 과정 중에 있는데, 기존에 주요 지원 대상이던 이른바 프로페셔널뿐만 아니라, 무한한 미래 가능성을 지닌 새로운 대상, 즉 아마추어 문화인을 위한 지원의 비중을 높여가고 있는 추세이다. 수십 년간 주변인 취급을 받으며 문화정책의 혜택을 사실상 거의 받지 못했던 아마추어 문화인에 대한 지원의 보강은 이미 변화한 현대 대중문화 시대에 발맞춘 프랑스 문화정책의 시의적절한 자기 모색이라고 할 수 있을 것이다.

따라서 현재 프랑스 문화정책과 관련한 쟁점은 더 이상 최상의 혹은 최적의 정책적 논리가 무엇인지를 자문하는 데 있는 것이 아니라 가속적으로 글로벌화, 디지털화하고 있는 급변의 시대에 기존의 문화정책이 여전히 실질적으로 유의미한가를 밝히고 가늠해보는 데 있다고 할 수 있다. 예를 들면, 영국과 같은 인접한 나라들의 경우나 일본과 같은 멀리 떨어진 나라들의 경우 문화를 국가 지표와 국가 발전의 원동력으로 바라보며 실체적으로 접근하고 있는 반면, 프랑스는 문화를 말하자면 모두를 위한 숭고한 유산과 같은 일종의 종교적 관념으로 바라보며 지극히 상징적으로 접근하는 경향을 보인다. 프랑스는 문화를 당파적인 이권을 초월하는 차원에 놓고 바라보면서 만인에게 이로운 인류의 유산, 경제적 제약을 넘어 접근 가능한 국민 행복의 담보처럼 인식하는 경향이 강하다. 이러한 프랑스 문화정책의 형이상학적 관점 및 접근 방식은 현 시점에서 문제가 되고 있는 실무상의 부진 상황이나 다양한 예술가들이 처한 현실, 그리고 인터넷 시대의 도래와 함께 증가하고 있는 문화정책 추진상의 난점들에 탄력적으로 대처하기에는 거리가 있는 것으로, 앞으로 풀어야할, 반성과 성찰이 필요한 과제라고 할 수 있다.

4. 문화, 창조와 경제 사이

명실공히 창조 사회를 표방하는 오늘날 문화 및 문화정책에 관한 논의는 결국 지금까지 문화자산의 본질과 그 소비의 양식을 설명해온 기존의 가설들이 과연 현 시점에서도 여전히 유의미한가를 밝혀보는 작업이 될 것이다. 말하자면, 잠재적 위험요인들에도 불구하고 무난히 난제를 풀어낸 것으로 평가된 고무적인 정책들이 이른바 창조 사회의 제반 환경 속에서도 유효 적절하게 작용하고 있는가, 그리고 정책의 수행 주체인 공권력이 제 역할을 효과적으로 완수하고 있는가 하는 문제를 논의해 보아야 할 것이다.

차후 구체적으로 논의하겠지만, 초대 문화부장관 앙드레 말로André Malraux의 패러다임은, 프랑스 문화정책의 기틀로서 그 철학적 기조 등은 현재도 상당 부분 영향력을 유지하고 있으나, 오늘날 급격히 변화하고 있는 창조 사회 환경에서는 분명 역부족인 것으로 나타난다. 이미 만남과 소비의 공간이 변했다. 현대인은 모두가 함께 관람하는 전시회나 극장 같은 공적 소비 공간보다는 미디어나 인터넷 같은 사적 소비 공간을 선호한다. 순수 예술 작품보다는 문화산업 콘텐츠를 즐기고, 실제 상품을 소비하기보다는 가상 소비를 즐긴다. 디지털과 그 상호작용적 소비 양식은 생산자와 소비자의 역할 관계를 변화시키고 나아가 융합시키며 소비와 동시에 스스로도 생산을 하는 소위 능동적 프로슈머prosommateur/prosumer를 창출하였다.

문화는 시대를 따라 새로운 가치와 지표로 거듭나며 경제적, 사회적 혁신을 고무하는 자생적이고 역동적인 인류의 자산이라고 할 수 있다. 오늘날 문화는 문화부 고유의 영역을 넘어 사회 다방면에 영감을 불어넣으며 사회 영역 전반에 걸쳐 창조적 동인을 활성화하고 있다.

오늘날 문화정책은 한 분야 내지 어떤 일정 범주의 분야에 한정된 정책이 아니라 사회 전 분야, 사회 활동 전반을 대상으로 지원을 체계화한 정책이어야 한다. 이러한 방침의 정책을 추진하기 위해서는 무엇보다 사회 전 분야의 다양한 예술적 재능과 역량을 어떻게 선별, 육성, 결집해 가느냐 하는 문제가 관건이 된다. 다시 말해 어떤 대상을 어떻게 지원할 것인가, 이는 결국 '규제'와 '지원'의 정책 논리로 환원되는 문제라고 할 수 있다.

현대의 문화정책은 이제 무엇을 어떻게 규제하고 지원하느냐, 다시 말해 어떻게 예산을 확보하고 어떤 원칙에 따라 무엇을 지원하느냐 하는, 경제적 역학을 기본적인 정책 논리로 고려하지 않을 수 없게 되었다.

문화와 경제의 관계는 양가적이다. 상충적인 동시에 보완적인 상호 불가분의 관계를 이룬다. 문화와 문화산업 사이의 경계는 불분명해지고, 문화적 가치를 담보하는 예술적 혹은 창조적 가치는 이제 시장의 논리를 초월하는 곳에 자리하지 않는다. 세계 각국이 문화정책의 방향을 두고 서로 대립하게 되는 것은 결국 문화의 경제적 차원에서다. 따라서 오늘날 문화정책에 관한 실효성 있는 상당수의 담론이 그러하듯 프랑스 문화정책 담론 역시 기본적으로 경제적 관점의 분석적 논리를 요구한다. 물론 프랑스 문화정책은 여러 다른 나라 경우들에 비해 상대적으로 철학적, 미학적, 법적, 사회적 논의들을 두루 요구하는 종합적 성격을 띠지만, 현대에 들어서는 불가피하게 그 경제적 측면이 무엇보다 실질적인 의미를 지니게 되었다. 이제 경제 논리가 문화정책에 현실적인 구속력을 지니는 시대가 되었으며, 프랑스 문화부 역시 문화와 국가 경제 발전의 함수 관계를 가시적으로 강조하고 있다.

하지만 현실적으로 문화의 창조적 접근과 경제적 접근은 서로 이해가 상충할 수밖에 없는 것으로, 상호 긴장 관계에 이르는 경우가 빈번하게 연출된다. 예술적 창조성과 합리적 경제성 간의 상충은 사실 원론적으로 예견된 문제로서 결국 문화정책을 실제 추진하는 과정에서 운용의 논리로 풀어야 할 사안이라고 할 수 있다. 그런데 말 그대로 막대한 예산을 확보하고, 그 예산을 할당하고 이양하고 때로 환수해야 하는 등의 재정 운용이 현실적 문제가 되는 문화정책은 항상 재원의 합리적 운용 방식에 신경을 써야 하는데, 이 때 불가피하게 부딪히는 문제가 바로 창조적 가치와 경제적 가치를 평가하는 데 요구되는 시간이 서로 일률적이지 않고, 상당한 편차를 보인다는 사실이다. 경제적 가치는 상대적으로 단기간에 결과로 산출되지만 예술적, 창조적 가치는 장기적인 맥락에서 평가될 수밖에 없다는 난점이 있다. 따라서 어떤 나라의 경우는 단시간 내에 가시적인 성과를 기대할 수 없는 창조적 가치보다 경제적 가치에 확실한 비중을 두고 문화정책을 추진한다. 반면 프랑스 문화정책의 경우는 경제적 관점을 기준으로 평가하되 역으로 청중이나 관람객이 부족한 예술 분야에 오히려 재정을 지원하는 운용 방식을 고수해왔다. 문화 활동의 독창적 가치는 사실 누구도 단정할 수 없는 불확실한 것이고, 경제적 가치 역시 기대치가 아니라 결과로 드러나는 예측불허의 것이기 때문에, 이러한 현실의 가변성 앞에서 나라마다 지향하는 고유의 원칙은 다양할 수밖에 없으며, 또한 그에 따른 부양 및 장려 정책 역시 다양하게 나타날 수밖에 없다. 프랑스는 시장 논리가 문화정책의 주요 단면을 이루는 세계적인 변화 속에서도 소위 시장성에서 경쟁력을 상실해 가는 예술적 가치의 문화 대상 및 활동을 지속적으로 부양, 장려하는 정책을 지향하고 있다. 하지만 문화부 예산이 점차 축소되는 시기를 맞이하면서 프랑스 문화정책 역시 기존의 재정 운용 방식을 일정 한도 범위 내에서 추진하되, 성과 지표를 기준으로 재정 지원을 일정 부분 조정하기도 하는 단계에 이르렀다. 그리고 여기에 중앙정부 중심에서 점차 지방 분권 정책으로의 이행, 더불어 정책 재원의 분담 출자자로서 비중을 더해가는 문화 후원단체 등 민간기관과의 정책적 파트너십까지 현재 프랑스 문화정책은 문화 환경의 다변화에 따른 여러 자기 모색의 과정에 있다.

우리는 프랑스 문화정책을 기원부터 통시적으로 조명하되, 논의의 초점은 현 시점에서 유의미한 2000년 이후의 현대 프랑스 문화정책이 될 것이다.

5. 리딩 가이드

이 책은 프랑스 문화정책을 '원론'과 '실제', 두 부분으로 나눠 고찰한다.

제1부Part 1는 프랑스 문화정책에 대한 원론적 고찰로서, I~III장에 걸쳐 프랑스 문화정책의 역사와 철학 그리고 수단(양식)을

차례로 살핀다. I 장에서는 프랑스 대혁명 이전부터 문화 영역에서 역사적으로 이어져 온 국가개입주의 전통과, 1959년 문화부 창설 이래 현재에 이르는, 프랑스 문화정책의 형성 및 발전 그리고 현황을 큰 흐름을 중심으로 조망한다. 다음 II 장에서는 세계 최초로 문화부를 창설한 프랑스의 문화정책이 지향하는 원론적인 목표부터, 점차 중앙 중심에서 지방 분권 체제로 나아가는 국가 시책에 따른 문화부 행정 구조의 단계적 변화, 그리고 국제 사회에서 프랑스가 대외적으로 제안, 주도하고 있는 세계 문화정책의 기본 원칙인 '문화다양성la diversité culturelle'의 논리까지, 프랑스 문화정책의 대내외적 기본 철학들을 통찰한다. 그리고 III 장에서는 프랑스 문화부가 정책의 효율적 추진을 위해 동원하는 원칙상의 수단들을 검토할 것이다.

제2부Part 2는 프랑스 문화정책의 실제에 관한 고찰로서, 정책 실무 관련 제반 행정 조직 및 재정 구조를 I~II 장에 걸쳐 살피게 된다. 먼저 I 장을 통해 문화정책을 추진하는 행정 조직 및 체계를, 문화부를 비롯한 중앙 정부 조직부터 지방자치단체(이하 지자체) 조직까지, 구체적으로 정리하여 살펴본다. 이 과정에서 현재도 진행 중에 있는 문화 행정의 지방분권화 추이 및 지자체의 역할에 관해서도 함께 논의가 가능할 것이다. 그리고 II 장에서는 문화정책의 재정 구조 및 운용 양식에 관하여 상세히 분석 검토하게 된다. 문화부의 예산 편성 및 운용에서부터, 문화부와 (정책적 및 재정적으로 연관된) 중앙 유관 부처들 간 관계 및 예산 할당 구조, 지자체의 문화 예산 및 지출 체계, 유관 민간

기관의 역할과 재정 출자, 그리고 실제 주요 지원 문화정책 프로그램 사례까지 프랑스 문화 정책의 실제에 관한 전반적인 고찰을 해볼 것이다.

그리고 논의를 마치며, 우리의 문화도 함께 돌아보면서 생각을 정리해보자는 의미에서 프랑스 속 한국 문화에 대하여, 요컨대 "프랑스 한류의 의미와 글로벌 비전"에 대하여 필요한 성찰과 함께 전망을 잠정 개진해보는 것으로 결론을 대신할 것이다.

PART 1

프랑스 문화정책 원론

PART 1.
프랑스 문화정책 원론

I. 프랑스 문화정책의 역사와 전통

프랑스 국민에게 문화는 국가의 정신이자 자존심이다. 1981년 미테랑François Mitterrand 대통령은 예술을 비롯한 문화가 사회 제1의 위상을 지녀야 한다고 강조했다. 당시 문화부장관이던 자크 랑Jack Lang 역시 예술가를 후원하는 정책을 포기하는 국가는 스스로의 정체를 포기하는 것과 같다고, 문화 및 문화정책의 중요성을 강조했다.

이와 같이 프랑스는 문화가 국가의 정체성을 이루는 나라이다. 프랑스의 정책 연구자들에 따르면 문화의 영역은 일반적으로 네 축으로 나뉜다. 첫째는 예술성을 궁극적 목적으로 하는 미학적 축, 둘째는 문화를 상품으로 바라보며 시장 논리로 접근하는 경제적 축, 셋째는 의미와 가치를 생산하는 교육적 축, 마지막 넷째는 정서적 향유의 대상으로서 문화를 인식하는 유희적 축이다(Moulinier 2002: 33). 프랑스는 국가가 이 네 축이 균형 있게 발전하도록 모든 사회 구성원의 이해관계를 넘어 선 차원에서 개혁과 발전을 촉진할 수 있는 문화정책을 수립해야한다고 믿는다.

프랑스는 문화의 다양한 영역 및 기능을 포괄적으로 발전시킬 수 있는 국가 주도적인 문화정책을 지속적으로 개발, 시행하고 있다. 프랑스는 1993년 관세 · 무역일반협정Accord Général sur les Tarifs douaniers et le Commerce(AGETAC/GATT)(관세 및 무역에 관한 일반 협정으로, 1994년 '세계무역기구' 체제로 대체됨) 우루과이 라운드 회기에 '문화적 예외'의 원리를 제안하며 문화상품은 시장 논리에서 예외로 보호받아야 한다고 주장했다. 문화예술의 상품으로서 기능은 용인하되, 문화의 지역적 특수성은 보호되어야 한다는 것이다. 이러한 프랑스의 주장은 각 국가의 문화는 그 지역 고유의 가치로 보호받아야 하는 동시에 문화예술의 생산이나 보급에 있어 시장의 자율적 기능보다는 국가의 개입이 우선되어야 한다는, 프랑스 문화정책 고유의 철학을 잘 보여주는 것이라고 할 수 있다. 이는 국가의 개입이 예술의 자율성 및 표현의 다양성과 배치된다고 보는 여러 다른 나라의 시각에서 논란을 야기하기도 한다. 그러나 프랑스에서는 국가가 합법적 범위 내에서 문화예술의 교육 및 창작과 보급 과정에 개입하는 것은 자본의 논리가 예술 표현의 자유와 다양성을 제약하는 것을 방지하기 위함이며, 이야말로 공공서비스의 중요한 역할이라고 여긴다. 실제로 오늘날 시장자본을 중심으로 한 문화예술 후원이 증가함에 따라 그러한 자본이 선호하는 문화예술 장르와 그렇지 않은 장르 간 지원의 격차가 벌어지는 현상을 우려하는 연구 결과가 잇따르고 있는 것을 보면, 프랑스 문화정책의 철학은 여전히 그 나름의 의미와 가치가 있는 것으로 평가된다.

요컨대, 프랑스는 정부 주도의 문화정책을 시행하고 있는 대표적인 국가이다. 프랑스의 문화정책은 정치, 경제는 물론 국가 차원의 교육, 사회, 국방 정책 등과 연계적으로 추진된다. 프랑스는 문화에 대한 국가의 역할을 강조하며 문화적 역량을 곧 국가의 정신이자 국민의 자부심으로 인식한다. 국가는, 과거 왕실의 후원에서부터 오늘날 문화부 행정에 이르기까지, 학문과 예술의 진흥 및 제도화에 항상 주도적인 역할을 수행하고 있다.

1. 국가개입주의 전통

프랑스는 이미 르네상스 시기부터 군주와 귀족을 중심으로 국가가 문화의 소비와 진흥의 주체로서 예술의 든든한 지원자 역할을 수행하였다. 이와 같은 국가개입주의 전통은 오늘날 지자체나 민간기관 같은 새로운 관계 주체들의 등장이나 디지털 기술의 발전, 세계의 글로벌화 등 문화 환경이 다변화하면서 그 위상이 과거와 같지 않지만, 세계 다른 나라들의 경우에 비하면 여전히 그 영향력을 유지하고 있는 것으로 나타난다.

르네상스 시기부터 1959년 문화부 창설 이전까지, 프랑스 문화정책의 전통을 밝혀주는 주요 역사를 우선 요약 정리해보면 다음과 같다.

[글 1] 프랑스 문화부 창설 이전 문화정책 연대기

1253년 루이 9세, 수도사 로베르 드 소르봉(Robert de Sorbon)을 지원하여 신학 연구와 교육을 위한 콜레주 드 소르본(Collège de Sorbonne) 창설

1530년 프랑수아 1세, 현 콜레주 드 프랑스(Collège de France)의 전신인 왕립학술원(Collège Royal) 창설

1537년 12월 28일 프랑수아 1세, 출판물 납본의 전통을 세운 몽펠리에칙령(Ordonnance de Montpellier) 제정

1539년 왕국 공문서의 제1공식어로 프랑스어를 지정하는 빌레르코트레칙령(Ordonnance de Villers-Cotterêts) 제정

1635년 아카데미 프랑세즈(Académie Française) 창설

1648년 현 미술아카데미(Académie des Beaux-Arts)의 전신인 왕립회화 · 조형아카데미(Académie Royale de Peinture et de Sculpture) 창설

1661년 왕립무용아카데미(Académie Royale de Danse) 창설

1663년 금석학 · 문학아카데미(Académie des Inscriptions et Belles-Lettres) 창설

1669년 현 오페라 파리(Opéra)의 전신인 왕립음악아카데미(Académie Royale de Musique) 창설

1680년 현 코메디 프랑세즈(Comédie Française)의 전신인 테아트르 프랑세(Théâtre Français) 창설

1777년 피에르 보마르셰(Pierre Beaumarchais), 극작가 · 작곡가협회(Société des Auteurs et Compositeurs Dramatiques) 창설 ; 루이 16세, 상연권(Droit de Représentation) 승인

1790년 9월 7일 법령으로 국립기록문서국(Archives Nationales) 창설

1791년 1월 13일 및 19일 법령으로 상연권 유지

1793년 7월 27일, 현 루브르 박물관(Musée du Louvre) 전신인 공화국박물관(Museum de la République) 설립 법령 공포

1794년 국립공예원(Conservatoire National des Arts et Métiers) 창설

1795년 프랑스기념물박물관(Musée des Monuments Français) 개관

1830~1832년 7월 왕정 초기 총리 프랑수아 기조(François Guizot), 초기 역사기념물감독관(Inspecteur des Monuments Historiques)으로 비테(Ludovic Vitet)와 메리메(Prosper Mérimée)를 차례로 임명

1837년 9월 28일, 1840년 최초 작성된 보호문화유산일람의 초기 목록을 관장한 역사기념물고등위원회(Commission Supérieure des Monuments Historiques) 창설

1839년 8월 19일, 국방부장관 프랑수아 아라고(François Arago)의 발의에 따라 과학아카데미(Académie des Sciences), 루이 다게르(Louis Daguerre)가 발명한 은판사진술 사용을 무료화

1887년 국보급의 역사적, 예술적 가치가 있는 문화유산 및 미술품 보존에 관한 3월 30일 법령으로 문화유산보존법을 표준화하고, 역사문화유산 보호에 관한 국가 개입 조항을 명시

1905년 정교분리에 관한 12월 9일 법령으로, 법안 공포 이전 건조된 종교 축조물을 정부 관할로 귀속

1906년 예술적 성격의 자연 유적지 및 문화유산의 보호에 관한 4월 21일 법령(최초의 자연유적지 보호법) 공포

1913년 역사문화유산의 범주 · 등급 분류 및 규정 기관 창설에 관한 1887년 3월 30일 법안 조항을 수정 보완한, 역사문화유산에 관한 12월 31일 법령 제정으로 새로운 보호 기준에 따른 등재 추가 목록 초안 마련

1914년	7월 10일, 국립선사 · 역사기념물기금(Caisse Nationale des Monuments Historiques et Préhistoriques) 창설
1930년	자연 문화유산과 예술적, 역사적, 학문적, 전설적, 명소적(pittoresque) 유적지 보호에 관한 3월 2일 법령 제정으로 자연 문화유산의 보전 및 보호 범위 확대
1943년	1913년 법안을 보완한 2월 25일 법령으로 보호문화유산 반경 500m 이내 보호지역 설정
1946년	10월 27일 헌법 전문은 "국가는 어린이와 성인의 학습, 즉 전문 교육과 문화에의 접근 평등권을 보장함"을 공표 ; 현 국립도서센터(Centre National du Livre)의 전신인 국립문학기금(Caisse Nationale des Lettres) 창설 ; 10월 25일 법령으로 국립영화센터(Centre National de la Cinématographie) 창설 ; 영화 교역에 관한 프랑스와 미국 간 블룸-번즈협정(Accords Blum-Byrnes) 체결
1951년	장 빌라르(Jean Vilar), 1920년 설립된 국립민중극장(Théâtre National Populaire) 운영자로 취임
1957년	문학 · 예술소유권에 관한 3월 11일 법령 제정

Greffe et alii 2015: 15-17

근대 이전 프랑스 문화정책의 역사는 문화의 중흥을 위한 국가의 다방면에 걸친 광범한 영향력과, 이를 바탕으로 한 행정적 및 재정적 개입의 제도화로 특징지어진다. 과거 국가의 상징이라 할 수 있는 군주와 귀족 계층은 예술작품을 구매하거나 예술가를 후원하는 방식으로 문화를 활성화하고 증진시키는 데 직간접으로 개입, 영향을 미쳤으며, 점차 오랜 관행을 제도적으로 정비하고 성문화하여 오늘날의 프랑스 문화부 및 문화정책이 지향하는 철학적 및 법적, 행정적, 경제적 기조의 초석을 마련하였다.

전통적으로 중앙집권적인 프랑스에서 국가는 줄곧 문화 활동을 옹호하고 감독하는 역할을 견지했다. 왕정이건 공화정이건 통치자는 국가의 평화와 화합을 문화에서 찾고자 노력했다. 위정자들이 생각한 치정의 원칙은 문화유산의 보호와 예술 창작의 후원이었다. 프랑스의 역대 통치자들은 문화예술의 육성이 곧 국부의 원천이 된다는 신념을 지니고 있었다.

프랑스가 문화부를 창설하기 이전, 프랑스의 전통적 문화정책은 크게 프랑스 대혁명Révolution française 전후로 나눠 살펴볼 수 있다. 대혁명 전 왕정 시기에는 문화가 국가와 군주의 위대함을 과시하는 수단으로 인식되었다면, 대혁명 이후 국민이 국가의 주체가 되면서 문화정책은 국민의 문화에 대한 권리를 보장하는 방향으로 발전한다. 왕정 시기에 문화에 대한 국가의 지원 목적은 국가와 군주의 절대 권력을 상징하는 데 있었다. 군주의 문화적 역량은 곧 국가 권위의 상징이었다. 그러나 대혁명을 통해 왕정기의 문화유산을 국유화하고 국민에게 문화의 향유와 창작의 기회를 제공함으로써, 문화는 계몽의 확산과 개인의 자유라는 혁명정부의 이상을 구현할 수 있는 수단으로서 그 의미와 역할이 변화한다.

하지만 공화정 시기에도 왕정 시기와 마찬가지로 문화의 사회적 가치는 여전히 강조되었다. 또한 문화자산 자체를 소중히

하는 프랑스의 정신은 대혁명 과정에서도 왕정의 문화적 산물을 폐기하거나 단절시킴 없이 프랑스의 정체성을 이루는 예술적 가치를 지닌 자산으로 인식하고 '문화유산le patrimoine culturel'의 이름으로 보호하였다. 공화정의 가치에 위배되는 왕정기의 이데올로기가 담긴 예술작품이라 하더라도 대국민 교육의 공간인 박물관으로 이관되어 탈이데올로기적 유물로서 혁명정부의 새로운 역사적 문화자산으로 보호받았던 것이다.

프랑스 문화정책은 그 전통을 살펴보아도 알 수 있듯이 무엇보다 문화 기구의 제도화를 기반으로 형성, 발전되어왔다. 유럽 여러 다른 나라들의 경우에도 군주가 교회와 함께 예술가들의 활동을 옹호하고 후원했지만 대체로 사적 형태를 띠었고, 따라서 일시적인 후원으로 끝나는 경우가 대부분이었다. 하지만 프랑스에서는 제도적인 형태를 통해 지속적으로 문화를 옹호, 후원하였다. 1959년 세계 최초의 프랑스 문화부 창설도 이와 같은 전통의 역사적 배경을 토대로 이루어진 것이라고 할 수 있다.

1-1. 프랑스 대혁명 이전: 문화, 왕권의 상징

프랑스는 절대왕정기에 민족 고유의 특성과 타국의 문화를 융합하여 프랑스만의 새로운 문화를 창출하는 문예부흥을 이룬다. 민족의 전통 문화뿐만 아니라 타문화의 수용을 통한 프랑스 문화의 재창출은 문화에 국가 통합적 개념이 함축된 '프랑스 문화권의 특성francité'을 형성한다(오세정 2003: 237).

왕정 시기 군주에 의한 문화예술 후원은 군주의 권력을 과시하고, 인접 국가들 사이에서 프랑스의 우월성을 드러내는 데 그 목적이 있었다고 할 수 있다. 당시 왕은 예술의 이상적 관객이자 궁극적 판관으로 간주되었다. 왕의 재정적 후원을 받는다는 것은 예술가에게 있어 사회적 성공이자 최고의 판관으로부터 예술적 재능을 인정받는 것을 의미했다(원향미 2016: 20). 또한 왕권에 부응하는 문화를 창달하는 것은 국왕이 자신의 교양과 취미를 국가적 차원으로 승화시키는, 곧 문화적 국가주의의 표방으로 볼 수 있다. 이러한 절대왕권에 기초한 문화적 국가 이념은 루이 14세 이후 대혁명을 거치면서 문화적 민족주의와 문화적 자유주의라는 두 철학으로 양립하여 발전을 계속한다(오세정 2003: 238).

본래 프랑스 대혁명 이전 왕정 시기의 문화는 무엇보다 왕권의 상징으로서 가치를 지녔으며, 이러한 문화를 부흥시키기 위한 문화정책은 크게 국가의 주도로 이루어진 다양한 문화기관의 설립과 법제화, 군주에 의한 문화예술 후원, 그리고 범국가적 프랑스어 진흥의 세 방향으로 나타난다(이하 1)~3), 원향미 2016: 18-26 두루 참조).

1) 문화의 제도화: 국립 문화기관 설립 및 법제화

국가에 의한 문화 후원의 전통은 군주에 의해 설립된 다양한 문화 관련 기관들의 자취를 돌아보면 잘 드러난다. 상기 박스글 1로 보는 바와 같이, 왕정 시대부터 인문, 예술 관련 기관들이 국가의 주도 하에 설립되었는데 그 목적은 원활한 국정 운영과 더불어 군주에게 국가 권력을 집중하기 위함이었다.

흔히 문화의 암흑기로 일컬어지는 중세기인 1253년 이미 루이 9세Louis IX는 수도사 로베르 드 소르봉Robert de Sorbon이 신학 연구 및 교육을 위하여 콜레주 드 소르본Collège de Sorbonne을 설립하는 데 든든한 지원으로 일조한 바 있다. 그리고 르네상스기에 들어 실질적으로 국가가 주도한 최초의 문화기관 설립이 이루어진다. 1530년 문예 군주였던 프랑수아 1세François I는, 후일 콜레주 드 프랑스Collège de France가 될, 왕립학술원Collège Royal을 세워 학자와 예술가가 국왕의 지원하에 고등 교육과 각종 연구 활동을 할 수 있는 기반을 마련하였다. 이 기관은 특히 그리스어와 히브리어, 라틴어 원전들을 프랑스어로 번역하는 데 많은 기여를 했다. 또한 프랑수아 1세는 선왕의 장서를 전승하고자 루이 11세Louis XI 때 설립된 왕립도서관Librairie Royale을 학자들에게 개방하였고, 1537년에는 프랑스에서 출판되는 모든 저작물의 원본 1부를 국가인 왕립도서관에 의무적으로 제출하도록 하는 몽펠리에칙령Ordonnance de Montpellier을 공포하였다. 몽펠리에 칙령은 당시에는 출판물에 대한 검열의 목적에서 제정된 것이나, 결과적으로 납본법Dépôt légal의 효시가 되어 오늘날 국립도서관의 토대를 마련하였다(Larivière 2000: Chapitre 2).

루이 13세Louis XIII 시기의 재상 리슐리외Cardinal et Duc de Richelieu는 1635년 국가의 문예를 육성하고자 당시 유명한 문인, 지식인의 사교 모임을 아카데미 프랑세즈Académie Française라는 국가 기관으로 승격하여 설립하고 프랑스어의 규범화와 함께 프랑스 문학과 연극 이론을 정립하는 책무를 수행하도록 하였다. 현재도 아카데미 프랑세즈는 프랑스에서 가장 권위 있는 학술기관으로서 문인을 비롯한 철학자, 과학자, 사회학자 등 40인으로 구성된 종신회원을 중심으로 문학상 수여와 함께 프랑스어 사전 편찬을 기본 임무로 수행하고 있다.

"짐이 곧 국가"라 천명했던 절대 군주 루이 14세Louis XIV는 문화의 절대적 후원자로도 유명한 바, 1680년 기존의 마레극단Théâtre du Marais과 부르고뉴극단Hôtel de Bourgogne을 통합하여 후일 코메디 프랑세즈Comédie Française가 될 테아트르 프랑세Théâtre Français를 설립하고 국가 공식 연극단의 지위를 부여했다. 테아트르 프랑세는 창립 때부터 프랑스 연극의 독점 상연권을 부여받음으로써 프랑스 왕정이 관할하는 예술 영역에 연극이 포함되게 된다. 또한 문화예술 각 분야마다 독립된 아카데미를 설립하여 분야별 전문가를 육성함으로써 왕정의 문예정책이 본격적으로 시행되었다. 특히 이 시대에 일종의 문화부장관 격인 건축 · 예술 · 공예총감Surintendant des bâtiments, arts et manufactures 직책이 신설되었고 초대 총감으로 재상 콜베르Jean-Baptiste Colbert가 임명되었다. 그는 수준 높은 기술자나, 창조적 영감과 경제적 가치를 동시에 산출할 수 있는 예술가 등을 주목하였다. 이미 이때부터도 예술 역시 경제적인 발전 과정 속에 자리할 때 비로소 합법성을 가진다는 인식이 없지는 않았다고 할 수 있다.

이렇게 왕정에 의해 설립된 국가기관들은 대혁명 이후에도 일부 통폐합 및 변화의 과정을 거치며 계승되어 오늘날까지 건재하고 있다.

2) 국가 위상 제고: 군주의 문화예술 후원

왕정 시대에 이루어졌던 문화예술 후원과 언어 진흥 정책은 무엇보다 왕권을 강화하고 유럽 내에서 프랑스의 위상을 제고하려는 목적을 가지고 있었다.

프랑스의 르네상스, 즉 문예부흥의 본격적인 시작은 '예술의 아버지'라 불렸던 프랑수아 1세 시대를 기점으로 한다. 그는 앙시앵레짐Ancien régime(1789년 프랑스대혁명 이전의 '구체제', 즉 전제적 군주 체제)에서 가장 많은 문화적 치적을 남긴 왕으로 평가받는다. 그는 카를 5세Karl V 치하의 이탈리아 원정에서 군사적, 외교적으로 실패하였지만 당시의 이탈리아 르네상스 문화를 프랑스에 적극적으로 받아들였다. 예컨대 레오나르도 다 빈치Leonardo da Vinci나 벤베누토 첼리니Benvenuto Cellini와 같은 뛰어난 예술가들을 프랑스로 초청하는 등 이탈리아 문화를 능동적으로 수용하여 프랑스의 독자적 문화로 승화시켰다.

이후 절대왕정을 추구했던 루이 14세 시대에는 당시 재상이던 콜베르가 상업, 제조업, 무역업을 중심으로 한 중상주의를 적극적으로 추구하였다. 절대군주의 권력 강화를 위해서는 기본적으로 재원이 뒷받침되어야 한다는 원칙하에 콜베르는 국내 산업을 육성하고 국고를 엄격하게 관리하여 부를 축적하였다. 그는 문화 분야에서는 프랑스의 문인, 예술가, 건축가들이 소속된 아카데미를 적극 후원하였다. 이를 통해 국왕의 위상을 드높이는 예술작품을 양산하여 프랑스를 유럽 예술문화의 중심지로 만들었다. 나아가 루이 14세는 그의 절대 권력의 상징이었던 베르사유 궁Château de Versailles을 터전으로 많은 예술 활동 및 궁정문화를 주도하였다. 예술가들은 왕정의 후원 아래 베르사유 궁에 머무르면서 다양한 예술 활동을 펼칠 수 있었다. 루이 14세는 스스로 예술을 창조하고 향유한 군주로도 유명했다. 태양왕 루이 14세에게 예술 문화는 왕정의 당위성, 국가의 영광을 상징하는, 즉 군주의 절대 권력화의 장치였다고 할 수 있다.

3) 국가 정체성 확립: 프랑스어 단일화 및 진흥

왕정 당시의 프랑스 문화는 타국의 예술가나 여러 타 지역 문화의 집합체로서 다문화적 성격을 띠었다. 프랑스 문화는 외래 문화를 적극적으로 수용하여 프랑스적인 문화로 동화시킴으로써 범세계적인 위상을 지니게 되었고, 이에 군주는 왕권 강화를 위해 프랑스어 단일화를 통한 국가 정체성 확립을 추구한다.

(1) 프랑스어 전용 정책: '빌레르코트레칙령'

16세기 프랑스의 공식어는 라틴어로서, 공문이나 학술서는 라틴어로 씌어졌다. 당시 프랑스어는 파리 지역에서 쓰이던 방언으로서, 파리가 프랑스 왕국의 수도였던 까닭에 군주와 궁정의 일상어로 사용되고 있었다.

프랑수아 1세는 1539년에 빌레르코트레칙령Ordonnance de Villers-Cotterêts을 공포하여 사법이나 행정 관련 공식 문서에 라틴어가 아닌 프랑스어를 사용하도록 했다. 총 129개 조항으로 구성된 이 칙령은 교회가 세례자 명부를 의무적으로 관리하도록 하여 국가가 국민을 체계적으로 관리할 수 있는 중앙집권적 조치도 포함하고 있었다. 이 칙령의 중요한 의미는 무엇보다 언어 부문에서 프랑스어의 독점적 위상을 공고히 하고자 공식어로서 기존의 라틴어를 폐지함은 물론 당시 프랑스어에 비견할 만한 영향력을 지닌 다른 프랑스 지역어들에 대한 견제 조치를 규범화했다는 것이다.

당시 프랑스는 지방의 공국을 누르고 왕국을 통일하기 위한 수단으로 정치 체제의 정비보다 언어의 통일에 우선적으로 관심을 기울였다. 프랑수아 1세는 프랑스어의 표준화가 왕국의 단일성을 보장하고 왕권을 신장시키는 원동력이 될 것이라고 믿었다. 후대의 많은 역사언어학자들은 프랑스어가 규범 언어로 정착된 것은 빌레르코트레칙령에 힘입은 것으로 평가한다.

(2) 프랑스어 규범화 작업: '아카데미 프랑세즈'

루이 13세 시기의 재상 리슐리외가 설립한 아카데미 프랑세즈의 중요한 목적 중 하나는 프랑스어의 규범화였다. 리슐리외는 이 기관을 통해 프랑스어와 문학의 규범을 정립하고자 했고, 이 기관에 프랑스어 사전과 문법, 수사법, 작시법 문헌의 편찬을 맡긴다. 설립 목적에 나타난 아카데미의 중요한 임무는 "모든 정성과 노력을 다하여 국어에 올바른 법칙을 부여하며, 국어를 순화하고 표현력 있는 말로 고양하여 예술과 과학을 논할 수 있는 언어가 되도록 힘쓰는 일"이다. 17세기에 시작된 프랑스어 순수주의purisme의 영향으로 올바른 언어의 사용은 교양인이 되기 위한 필수 덕목이 된다.

이와 같이 프랑스는 왕국의 단일성을 수립하기 위해 무엇보다 언어적 통일이 전제되어야 한다는 사실을 일찍부터 인식하고 있었다. 프랑수아 1세의 프랑스어 전용 정책과 아카데미 프랑세즈의 프랑스어 규범화 노력은 이후 18세기에 프랑스어가 교양 있는 지식인의 언어이자 국제어로 도약하는 결과로 이어진다. 나아가 프랑스 대혁명 이후에도 프랑스어는 혁명 세력이 채택한 언어로서 변함없이 그 가치와 영향력을 지니게 된다. 혁명가의 한 사람인 바레르Bertrand Barère가 언어와 정치의 관계를 강조하며 남긴 말은 의미가 깊다. "군주제가 바벨탑과 속성이 유사하다는 것은 옳은 이야기다. 민주주의에서는 시민이 국어를 몰라 권력을 통제할 수 없게 방치하는 일, 그것은 조국을 배반하는 일이다. […] 자유를 가진 민중의 사회에서 언어는 모두를 위한 하나의 동일한 언어여야 한다(Barère 1794: Rapport)."

프랑스어는 대혁명을 기점으로 군주의 권력을 강화하기 위한 도구에서 역으로 그와 같은 전제 권력을 감시하고 통제할 수 있는 민주적인 국민의 도구로 변화하게 되었다.

1-2. 프랑스 대혁명 이후: 문화, 공동의 유산

프랑스는 1789년 대혁명 이후 신분제를 폐지하고 가톨릭의 권력을 박탈하는 등 '하나의 공화국'을 수립하고자 노력하였다. 특히 하나의 공화국이라는 기치 아래 무엇보다 절대왕정 시기부터 강조되었던 프랑스 문화정체성의 확립이 국가의 핵심 사안이 되었다. 대혁명을 지나면서 프랑스 문화는 군주의 후원이 아닌 시민의 지지로 성립된 정부에 의해 보호와 지원을 받게 된다. 프랑스 문화의 자유주의는 절대왕정이 붕괴되고 시민 계급이 역사의 주역이 되면서 시작된다. 대혁명 이후 프랑스의 문예사조는 격식 있고 장엄한 궁정풍을 탈피하여 점차 상류 시민의 문화 기호에 따른 탐미적 경향이 주조를 이루게 된다. 그리고 혁명기를 지나며 과거 왕실이 관장하던 각종 문화 지원 기관들이 정부로 이양되면서 프랑스 문화에 시민 정신이 반영되기 시작하고, 이를 통해 상류 계층의 탐미적 예술 양식에 서민적 취향이 더해져 보다 자유로운 프랑스 문화의 특성을 형성하게 된다. 이와 같이 절대왕정기에 형성된 국가주의적 문화정책은 시민 계급의 역사 참여가 허용되면서 문화적 민족주의와 문화적 자유주의의 양 갈래로 나란히 발전하는 양상을 보인다. 이는 결과적으로 하나의 공화국, 곧 국민 통합을 이루는 민족 문화와 자유로운 창조적 문화가 상호 조화를 이루는 프랑스 문화 고유의 특성을 낳게 된다.

프랑스 대혁명은 국가에 민주적인 기틀을 세웠지만, 문화적인 측면에서만 보자면 국가는 과거의 유산을 왕조와 교회로부터 전유하는 형식으로 귀속시켰다. 그 과정에서 건축 문화유산 중 가장 규모 있고 귀중한 것들이 국가에 귀속되었다. 대혁명은 '문화유산'과 '박물관'을 발굴한 혹은 창안한 기점으로도 평가된다. 대혁명을 계기로 왕정 시대의 유물은 모두 법의 테두리에서 관리되었다. 문화유산의 보호는 시민의 의무가 되었으며, 박물관은 혁명을 강화하는 수단으로 인식되어 국민의회는 루브르 궁Palais du Louvre을 박물관으로 개조하였다. 따라서 국가의 문화정책은 우선 문화유산과 박물관이라는 장치를 통해 국민에게 국가에 대한 공통된 기억으로서 문화를 제공하는 차원과, 그리고 다른 한편으로는 모든 문화에 대한 국민의 자유로운 접근을 보장하는 차원의, 크게 두 차원에서 이루어진다(이하 1)~2), 원향미 2016: 26-31 두루 참조).

1) 혁명정부, 왕정문화를 계승하다...

1789년 프랑스 대혁명은 기존의 군주제를 타파하고 민족으로 상징되는 새로운 국민 주권의 시대를 열었다. 그러나 군주제의 유산들은 혁명기 이후에도 부정되지 않고 전승되었다. 문화유산을 보존하고 건설하는 것이 새로운 프랑스의 국가 정체성을 살리는 데 도움이 된다는 판단에서였다. 이제 프랑스의 문화유산은 국민의 단합을 이끌어내는 역사적 공유 기억의 상징이자 장치로서 가치가 드높아진다. 그리하여 혁명정부는 문화유산을 보호하기 위해 1791년 역사기념물관리위원회Commission des Monuments를 설립했다. 이 기관은 박물관 설립을 비롯하여 교회나 개인이 소장한 작품의 수집 및 보존을 담당했다. 입헌 군주 루이 필립Louis Philippe 치하의 초대 내무장관이었던 기조François

Guizot는 1830년에 역사기념물Monument historique을 지정하고, 관리감독관으로 메리메Prosper Mérimée를 임명하여 프랑스의 많은 문화유산을 점검, 보수하였고 노트르담 성당Notre-Dame de Paris 등을 개축하였다. 또한 1887년에는 역사예술기념물 · 예술품보존법Loi du 30 mars 1887 sur la conservation des monuments et objets d'art ayant un intérêt historique et artistique이 제정되어 국가에 의한 역사적 문화유산의 보존 및 보수가 제도화되었다.

(1) 루브르, 궁에서 박물관으로

앙시앵레짐에서도 루브르는 박물관의 일부 기능을 수행했었다. 아카데미 프랑세즈를 비롯하여 금석학 · 문학아카데미Académie des Inscriptions et Belles-Lettres, 왕립회화 · 조형아카데미Académie Royale de Peinture et de Sculpture가 루브르에 설치되었다. 왕립회화 · 조형아카데미는 1667년 최초로 루브르에서 공식적인 전람회를 개최했는데 이 전람회가 바로 후일의 살롱의 전신으로서, 1725년까지 예술의 공식적 전시장의 기능을 수행하였다.

대혁명 이후 1789년 11월 프랑스 의회는 모든 교회의 재산을 국가에 귀속하는 조치를 취했다. 이후 귀속된 교회의 재산이 재정 문제로 처분되는 일이 빈번히 일어나자 문화유산의 보호를 위한 국가의 개입이 필요하다는 인식이 굳어지기 시작했다. 즉, 역사의 기념물이자 후대를 위한 교육 자산으로서 문화유산은 국가적 보존의 대상이 되어야 한다는 것이다. 그리하여 혁명정부는 1793년 루브르 궁에 예술박물관을 개관한다. 개관 당시 루브르 박물관Musée du Louvre의 소장품은 왕가와 성직자, 망명자들로부터 전유하여 국고로 귀속시킨 컬렉션, 전쟁의 승리로 얻은 전리품 등으로 구성되었다. 혁명이 타파하고자 했던 계층이나 지역의 상징물들을 파괴하지 않고 오히려 그 구체제의 심장부였던 루브르에 전시를 한 것이다. 루브르는 왕의 공간에서 특권층만이 향유하던 문화를 만인에게 공개하는 것이 시민 혁명으로 가능해졌다는 사실을 역설적으로 보여주는 상징적 공간이 되었다.

루브르 개관의 또 다른 의미는 박물관이 예술가나 예술애호가뿐만 아니라 시민을 교육하는 훌륭한 학교가 될 수 있음을 보여주었다는 것이다. 대혁명 이후 박물관은 낡은 옛 가치를 초월하여 공화국의 미래에 대한 신뢰와 전망을 밝히는 교육의 공간이 되었다. 박물관은 예술품의 정치적, 종교적 맥락을 넘어 순수한 예술적 가치에 주목하게 함으로써 자칫 혁명정부에 대한 반감을 부를 수도 있는 구체제의 유물을 문화유산으로 승화하여 전승시키는 하나의 문화적 교육 장치가 된 것이다. 박물관 건립은 문화유산의 체계적 보존이나 관리, 전시라는 목적도 있지만, 기념물과 예술품의 정치적 의미를 순화하겠다는 정치적 고려도 내재된 것이다. 이렇게 탈이데올로기의 과정을 밟아 구체제의 문화유산은 혁명을 거치면서도 파괴되지 않고 전승될 수 있었다.

루브르 궁의 박물관 개조는 프랑스가 유럽 엘리트 문화의 대표로서 문화의 전달자임을 천명하기 위해서였다. 혁명정부는 루브르 박물관을 선구적 혁명 정신과 시민 의식을 고취하고 전승시키는 '학교'라는 인식하에 공화국 수립을 상징하는 기념비적 공간으로 승화시켰다. 이로써 루브르 박물관은 프랑스 문화, 나아가 유럽 엘리트 문화의 동의어로서 국가적, 유럽적 상징이 된다.

루브르 박물관의 소장품은 나폴레옹 시대에 이르러 그 규모가 그야말로 방대하게 늘어난다. 1797년 이탈리아 원정군 사령관이었던 나폴레옹은 교황과 톨렌티노협정Traité de Tolentino을 체결하고 바티칸 박물관Musei Vaticani의 주요 걸작들을 인수하여 루브르로 보냈다. 또한 1798년 이집트 원정을 통해 이집트의 많은 문화유산을 프랑스로 들여오기도 했다. 그리고 그렇게 들여온 고대 문물들로 파리를 장식하고 국민에게 전시를 하는 방식의 문화정책을 펼치게 되는데, 결과적으로 이를 통해 문화가 국가의 정체성 확립과 직결되며, 우수한 문화의 창달이 곧 우수한 국민성의 고양으로 이어진다는 민족국가적 문화 사상이 프랑스에 확고히 자리 잡게 된다.

(2) 예술가 양성 특수학교 설립

대혁명을 기점으로 프랑스는 예술가를 양성하는 특수학교들을 설립하고 전액 국비를 지원함으로써 국가가 공인하는 체계의 교육 제도를 정립했다. 1794년에 국립공예원Conservatoire National des Arts et Métiers과 국립음악원Conservatoire National de Musique이 세워졌고, 일반 학교에서도 예술교육이 이루어졌다. 또한 1795

년에, 대혁명으로 잠정 폐지되었거나 난립하던 기존의 아카데미들을 하나로 통합한 프랑스학사원Institut de France이 설립되었으며, 현재 프랑스학사원은 산하에 아카데미 프랑세즈(1635)를 비롯하여 금석학 · 문학아카데미(1663), 과학아카데미Académie des Sciences(1666), 미술아카데미Académie des Beaux-Arts(1816)(기존의 왕립회화 · 조형아카데미(1648), 왕립음악아카데미(1669), 왕립건축아카데미(1671)를 통합한 아카데미), 정신과학 · 정치학아카데미Académie des Sciences Morales et Politiques(1795)를 두고 있다. 이 기관들은 현재도 존속하면서 국가에 의한 예술가와 지식인의 양성이라는 목적을 실현하고 있다.

2) 문화예술, 국민의 교육과 여가를 위한 장치

1870년 제3공화국(1870~1940)이 선포되면서 당시 수상이었던 페리Jules Ferry는 비종교, 무상, 의무 초등교육을 실시하였다. 페리는 6~13세 아동의 초등교육을 의무화하고 또한 무상으로 받을 수 있도록 규정함으로써 초등교육은 훌륭한 시민 양성을 위한 기본 과정으로 자리를 잡는다. 이는 나폴레옹 시대처럼 소수 엘리트에 한정된 교육이 아니라 대중을 위한 공교육의 실현으로서 교육의 민주적 가치를 세운 것이었다. 또한 단일한 국가 정체성의 정립을 위하여 공동의 기억과 역사적 상징을 발굴하는 작업이 이루어졌는데 이 일환으로 역사 교과가 초등학교 제1의 교과목이 되었다.

또한 제3공화국은 문화에 대한 접근권을 확대하는 정책을 펼쳤다. 특히 1884년 헌법 개정으로 공화정이 정식으로 프랑스의 공식 체제가 되면서 정부는 학교와 자유에 관한 공화주의적 대개혁을 실시하게 된다. 일례로 예술교육 분야에 있어, 1880년 여학생 중등교육 관련법인 카미유세법Loi Camille Sée에 의거하여, 여학생을 위한 수업 프로그램에 특별교육(재봉, 음악, 데생)이 추가되었다. 이후 초등 예술교육의 중요성이 더해지면서, 지식의 단순한 습득이 아니라 다른 교과목과 연계적인 동시에 감성을 고양할 수 있는 예술교육이 강조되었다. 그리고 시립음악학교, 조형예술학교와 같은 응용예술을 지향한 교육기관도 설립되었다.

1936년 인민전선 정부Front Populaire는 교육이 지식을 전달하는 것일 뿐만 아니라 학생 스스로 생각하고 추론하도록 유도하는 것이어야 한다는 신념에서 교육 개혁을 추진하였다. 예술교육은 스스로가 즐기는 '여가 생활'이어야 한다는 인식하에 토요일 오후 시간을 활용한 다양한 예술교육(데생, 독서, 스포츠, 음악 등) 프로그램이 개설되었다. 또한 정부는 모든 계층의 국민이 평생 지속적으로 문화를 적절히 이해하고 접근할 수 있도록 문화적 여가를 위한 정책들을 실현하였다. 여가는 문화적이어야 함을 강조하면서 청소년과 노동자들이 연극과 박물관에 쉽게 접근할 수 있도록 입장료 특별할인제를 신설하고 박물관 야간 개방 등을 시행하였다. 이제 국가는 문화유산 보존에 힘쓰면서 문화예술 창작을 지원하고, 예술교육의 비용을 부담하고, 다양한 예술교육센터를 설립하는 등, 국민 모두가 문화자원을 향유할 수 있는 문화접근권을 신장하는 일에 주력하기 시작했다.

2. 형성과 발전: 1960~1990년대 초반

1959년 프랑스의 문화정책을 공식적으로 추진하는 정부 부처로서 정식 창설된 문화부Ministère des Affaires Culturelles는 현재까지 다양한 명칭을 거쳐, 2017년 5월부터 현재의 공식 명칭은 문화부Ministère de la Culture이다. 초대 문화부장관 앙드레 말로를 시작으로 25명이 장관직을 수행했으며, 2018년 현재 문화부장관은 프랑수아즈 니센Françoise Nyssen이다. 먼저 문화부의 명칭 변화와 역대 문화부장관을 도표로 살펴보면 다음과 같다.

[표 1] 프랑스 문화부 명칭 및 역대 장관

샤를 드골 정부(Présidence de Charles de Gaulle)	
문화부(Ministère des Affaires Culturelles, 1959.01.08~1974.02.27)	
1959. 01	앙드레 말로(André Malraux)
조르주 퐁피두 정부(Présidence de Georges Pompidou)	
1969. 06	에드몽 미슐레(Edmond Michelet)
1970. 10	앙드레 베탕쿠르(André Bettencourt)
1971. 01	자크 뒤아멜(Jacques Duhamel)
1973. 04	모리스 드뤼옹(Maurice Druon)
문화환경부(Ministère des Affaires Culturelles et de l'Environnement, 1974.03.01~1974.05.27)	
1974. 03	알렝 페레피트(Alain Peyrefitte)
발레리 지스카르 데스텡 정부(Présidence de Valéry Giscard d'Estaing)	
문화청(Secrétariat d'État à la Culture, 1974.05.28~1977.03.29)	
1974. 06	미셸 기(Michel Guy)

1976. 08	프랑수아즈 지루(Françoise Giroud)
문화환경부(Ministère des Affaires Culturelles et de l'Environnement, 1977.03.30~1978.03.31)	
1977. 03	미셸 도르나노(Michel d'Ornano)
문화통신부(Ministère de la Culture et de la Communication, 1978.04.05~1981.05.13)	
1978. 04	장 필립 르카(Jean-Philippe Lecat)
1981. 03	미셸 도르나노(Michel d'Ornano)
프랑수아 미테랑 정부(Présidence de François Mitterrand)	
문화부(Ministère de la Culture, 1981.05.22~1986.03.20)	
1981. 05	자크 랑(Jack Lang)
문화통신부(Ministère de la Culture et de la Communication, 1986.03.20~1992.04.02)	
1986. 03	프랑수아 레오타르(François Léotard)
1988. 05	자크 랑
교육문화부(Ministère de l'Éducation Nationale et de la Culture, 1992.04.02~1993.03.29)	
1992. 04	자크 랑
프랑코포니문화부(Ministère de la Culture et de la Francophonie, 1993.03.30~1995.05.11)	
1993. 03	자크 투봉(Jacques Toubon)
자크 시라크 정부(Présidence de Jacques Chirac)	
문화부(Ministère de la Culture, 1995.05.18~1997.06.02)	
1995. 05	필립 두스트 블라지(Philippe Douste-Blazy)
문화통신부(Ministère de la Culture et de la Communication, 1997.06.04~2017.05.10)	
1997. 06	카트린 트로트만(Catherine Trautmann)
2000. 03	카트린 타스카(Catherine Tasca)
2002. 05	장 자크 아야공(Jean-Jacques Aillagon)
2004. 03	르노 돈느디유 드 바브르(Renaud Donnedieu de Vabres)
니콜라 사르코지 정부(Présidence de Nicolas Sarkozy)	

2007. 05	크리스틴 알바넬(Christine Albanel)
2009. 06	프레데리크 미테랑(Frédéric Mitterrand)
프랑수아 올랑드 정부(Présidence de François Hollande)	
2012. 05	오렐리 필리페티(Aurélie Fillippetti)
2014. 08	플뢰르 펠르렝(Fleur Pellerin)
2016. 02	오드레 아줄레(Audrey Azoulay)
에마뉘엘 마크롱 정부(Présidence d'Emmanuel Macron)	
문화부(Ministère de la Culture, 2017.05.17~현재)	
2017. 05	프랑수아즈 니센(Françoise Nyssen)

www.culture.gouv.fr

위 도표에서 비중이 단연 두드러지는 인물은 앙드레 말로와 자크 랑이다. 앙드레 말로는 현대 프랑스 문화정책의 기틀을 마련하였고, 자크 랑의 경우(사회당 출신으로 미테랑 대통령 시기 1981~1986년, 1988~1993년까지 두 차례 문화부장관을 역임. 이후 2000~2002년까지 교육부장관을 역임) 가장 오랜 기간 장관직을 수행하면서 말로 이후 프랑스 문화정책의 발전에 새로운 전기를 마련한 중추적인 인물로 평가된다. 다시 말해 두 사람은 프랑스 문화정책의 역사에서 발전의 핵심적 전기를 이룬 양대 문화부장관으로 꼽힌다. 이러한 1959년 이후 프랑스 문화정책사의 흐름은 일반적으로는 크게 네 시기, 즉 1기 1959~1969년과 1969~1973년(말로와, 이후 뒤아멜까지), 2기 1973~1981년(뒤아멜 이후 랑 이전), 3기 1981~1986년과 1988~1993년(랑 재임기), 그리고 4기 1993~현재

(랑 이후)로 나뉜다(Perret et alii 1996: 13). 하지만 말로와 랑, 두 문화부장관의 정책 기조가 결국 오늘날 프랑스 문화정책의 양대 패러다임을 설명하는 원론이 되고 있다는 관점에서, 두 인물을 기준으로 하여 우선 말로부터 랑 이전까지 60~70년대를 형성기, 이어 랑이 주도한 80~90년대 초반까지를 발전기, 그리고 이후 90년대 초중반부터 현재까지를 변화의 진행기로 구분해볼 수 있으며, 보다 큰 틀에서는 60~90년대 초반 랑까지와 그 이후의 두 시기로 나눠 이해해볼 수도 있다.

프랑스 문화정책사를 어떻게 나눠 바라보느냐는 결국 논의의 관점에 따른 선택의 문제가 될 것이다. 우리는 프랑스 문화정책에 대한 기본적인 이해의 차원에서 그 정책사를 두 시기, 즉 자크 랑까지의 '형성과 발전', 그리고 그 이후 현재에 이르는 '변화와 현황'의 두 시기로 크게 나눠 일별해보고자 한다. 이렇게 두 시기로 나눠 고찰하는 것은 상당히 포괄적인 접근이 될 것이나, 우리는 프랑스 문화정책사를, 주요한 기점이나 변화 등 큰 흐름을 중심으로, 개론적으로 살펴보고자 하는 만큼 논의의 편의뿐만 아니라 논지의 차원에서도 필요 적절한 구분이 될 것이다. 문화부의 명칭은 시기에 따라 다르지만, 논의의 통일과 편의상 이하는 현재의 명칭인 '문화부'로 통칭하기로 한다.

2-1. 프랑스 문화정책의 형성: 말로와 뒤아멜 (1960~1970년대)

인민전선 정부부터 시작된 문화 확산을 위한 노력은 오늘날까지 이어지고 있다. 대중문화의 발달로 문화의 영역이 확대되면서 제4공화국(1946~1958) 시기인 1946년에는 비록 상공부 산하이기는 하지만 국립영화센터Centre National de la Cinématographie(CNC)가 설립된다. 또한 프랑스의 대표적 연극 축제인 아비뇽페스티벌Festival d'Avignon의 창시자로 유명한 장 빌라르Jean Vilar의 노력으로 연극 장르의 지방 분산화가 이루어지고 연극이 공공 문화 장르로 부상한다.

제5공화국(1958~현재)이 출범하면서 문화부가 창설된 1959년부터 1981년까지 프랑스 문화정책 분야에서는 크게 두 시기를 주목해야 한다. 제1기는 1959~1969년까지 초대 문화부장관인 앙드레 말로의 주도 하에 문화정책의 기틀이 마련된 시기이다. 이 시기에는 무엇보다 국민 통합을 우선으로 하는 드골Charles de Gaulle 대통령의 정책 기조에 따라 일부만이 향유하던 고급문화를 대중에게 확산시키고자 하는 '문화민주화la démocratisation culturelle'의 제도적인 노력이 두드러졌다. 제2기는 조르주 퐁피두George Pompidou 대통령이 집권했던 1969~1974년까지로, 자크 뒤아멜Jacques Duhamel 장관이 예술 분야 중심의 말로의 정책에서 보다 대중적인 차원으로 방향 전환을 추진했던 시기이다. 뒤아멜은 예술에 대한 접근성의 차원을 넓혀 지역 사회를 기반으로 한 다양한 문화프로젝트를 개발 추진하였다. 다시 말해 문화를 예술의 차원을 넘어 대중의 문제로 확대 발전시킨 의미가 크다. 일반적으로 말로의 시기를 형성의 시기, 뒤아멜의 시기를 개발의 시기로 논한다.

1) 앙드레 말로와 문화부의 성립

(1) 문화민주화: '만인의 인류 문화유산 접근권'

앙드레 말로는 초대 문화부장관으로서 자신이 직접 조직 법령 및 이를 토대로 문화정책의 기조를 기초하게 되며, 이후 이 기조의 골격은 사실상 근본적인 수정 없이 유지된다. 특히 '만인의 인류 문화유산 접근권l'accès de tous aux trésors de l'humanité으로 집약되는 '문화민주화' 정책은 이후 논의의 여지가 있긴 하지만 프랑스 문화정책의 기조로서 지금도 그 기본 철학은 이어지고 있다.

1959년 2월 3일 법령에 따라 드골 대통령은 교육부를 비롯한 여러 부처가 분산적으로 수행하던 문화 행정 업무를 독립적으로 일괄 추진할 수 있는 문화부를 창설한다. 문화부는 각 부처로부터 다양한 문화 관련 부서, 그러니까 교육부로부터 문예총국Direction Générale des Arts et des Lettres과 프랑스기록문서국Direction des Archives de France, 건축국Direction de l'Architecture을, 청소년스포츠청으로부터 문화활동국Service chargé des Activités Culturelles을, 상공부로부터 국립영화센터Centre National de la Cinématographie 등을 이양받는다. 드골은 초대 문화부장관으로 앙드레 말로를 임명하고 1959~1969년까지 전적인 권한을 위임한다. 양차 대전으로 국가의 와해를 경험했던 프랑스의 당면 과제는 다시 국가를 부흥시키는 일로, 드골 대통령이나 말로는 국가의 재건을 제1의 정책 목표로 내세우고, 문화를 그러한 목표를 실현할 수 있는 원동력으로 간주하였다. 말로는 드골 대통령의 전폭적인 신임 하에 문화부의 기본 철학 및 기조를 수립하고 조직을 체계화하여 강력한 중앙집권적 문화정책을 펼친다. 국가의 재건에 있어 쟁점은 민족의 우위였는데, 이는 우수성보다는 고유성을 통해 구현되는 것으로 믿었다. 프랑스만의 고유성이 살아있는 문화라야 프랑스 국민의 소속감과 결속력을 진정으로 강화할 수 있을 것으로 판단했기 때문이다. 결국 말로의 궁극적 관심은 진정한 국민 통합에 있었으며, 따라서 말로의 관점에서 문화는 개개인의 실천 행위로서보다 개인 간의 결합, 즉 국민적 통합을 가능케 하는 매개로서 더욱 가치가 있는 것이었다. 말로는 문화적 공감대를 통해 국민에게 확고한 소속감을 심어주고, 동일한 신념과 가치를 공유하도록 함으로써 하나의 프랑스에 이를 수 있다고 믿었던 것이다. 이와 같이 문화는 국민 통합과 국가 재건을 위한 효과적인 수단으로 드골 이데올로기에 편입되면서 가장 중요한 국정 사안의 하나로 부상하게 된다.

요컨대, 문화적 공감대를 통한 국민 통합을 표방한 말로의 문화정책은 곧 '문화민주화'로 집약되는 것이었다. 말로의 대표적 치적으로 1959년 처음 창설된 문화의 집Maison de la Culture은 바로 그와 같은 문화민주화의 구현이었다. 문화의 집은 모든 사람에게 현실적으로 평등한 문화 환경을 보장하여 누구나 다 같이 문화자산을 접할 수 있도록 '만인의 인류 문화유산 접근권'을 널리 제도화한 것이라고 할 수 있다. 사실 제5공화국 수립을 전후로 당시 문화와 관련된 프랑스의 정책은 제대로 실효성을 거두지 못하고 있었다. 50년대 말 25세 이상 프랑스인 중 박물관 관람

인원은 3%에 불과했고, 서민층의 55%는 단 한명의 화가 이름도 모르는 상황이었다. 말로가 의회에서 토로했던 것처럼, 프랑스 국민에게는 '미적 충격le choc esthétique'이 절실하게 필요한 상황이었다(Caune 2006: 107). 따라서 말로의 문화정책은 필립 푸아리에Philippe Poirrier의 표현을 빌자면, 국가-구세주l'État-providence 관념의 발현이었다(Poirrier 1998: Chapitre 7). 다시 말해 국가는 국민에게 문화자산을 접할 기회, 미적 충격에 이를 기회를 제공하는 구세주의 역할을 자처한 것이었다. 예술작품과의 만남은 국민의 권리이며, 국가는 그 권리에 합당한 수단을 제공할 의무가 있다는 것이었다. 이러한 국가의 의무는 이미 1946년 헌법에 "국가는 어린이와 성인의 교육과 직업 양성, 문화에 대한 평등한 접근을 보장한다"고 명시되어 있었다. 이는 공화국의 문화적 사명을 공식화하는 준거 조항이 되며, 이 조항을 근거로 프랑스에서 문화는 국가가 제공해야 할 공공서비스로서 합법적 위상을 지니게 된다.

문화민주화를 비롯한 문화부의 임무는 말로가 직접 초안을 잡은 1959년 7월 24일 문화부조직법령Décret n° 59-889 du 24 juillet 1959 portant organisation du ministère chargés des affaires culturelles에 잘 나타나 있다. "문화부는 전 인류, 우선적으로는 프랑스의 중요한 작품에 가능한 한 최대 다수의 프랑스인이 접근할 수 있도록 하고, 우리의 문화유산을 최대한 많은 공중이 찾도록 지원하며, 공중의 삶을 살찌울 정신과 예술의 창조를 진흥하는 것을 사명으로 한다"고 밝히고 있다. 이러한 사명에 따라 말로는 문화민주화와 함께, 근본 취지에 있어 문화민주화와 맥을 같이하는, 핵심적인 두 가지 기조 정책, '문화자산의 보존과 복원' 그리고 '지역문화의 진흥 및 각종 예술창작 지원'을 동시에 추진한다. 이는 우선 만인의 인류 문화자산을 보호 확충하겠다는 것이며, 또한 지역 예술창작 활동의 지원을 증대하겠다는 것이었다. 이에 따라 앙드레 말로는 문화부 내 조사국을 설치하여 프랑스 전역에 흩어져 있는 모든 기념물과 예술품을 체계적으로 정리하고, 손상 정도에 따라 그 순차적인 복원 작업에 들어갔으며, 또한 프랑스 전국 구시가지의 역사적 유물을 보존, 보수하는 작업을 실시하였다. 그리고 다른 한편으로는 기존의 파리 중심 정책에서 탈피하여 프랑스 전 지역의 문화를 고르게 활성화하고, 나아가 당시까지 소홀히 다뤄졌던 분야의 다양한 예술창작 활동을 폭넓게 지원하기 위한 정책적 노력을 다하였다. 이렇게 문화부 초창기부터 말로가 추진했던 '문화민주화'와 '문화유산의 보존' 그리고 '창조의 진흥'은 현재까지 프랑스 문화정책의 3대 기조로서 골격을 유지하고 있는데, 말로는 이러한 세 가지 정책 기조를 통해 과거 찬란했던 프랑스 문화를 현대와 조화를 이루는 새로운 프랑스 문화로 재현하여 국가 재건의 의지를 구현한 것으로 평가받고 있다.

(2) 지역평등화: '문화의 집'

모든 프랑스 국민이 예술작품을 접하게 하려는 의지는 예술작품의 보급과 순환을 용이하게 할 수 있는 체계적인 제도나 시설 없이는 불가능한 일이다. 앙드레 말로는 "고속도로 25km를 건설할 비용으로 문화의 집을 지으면 향후 10년 안에 프랑스는 다시 세계 제일의 문화국이 될 수 있다(Biet 1987: 118)"고 공언했다. 말로가 지역적으로 취약한 지방에 '문화의 집' 설립을 추진한 것도 그와 같은 시설을 제공하고자 하는 목적에서였다. 그는 중앙에 집중된 문화 수용의 불균형을 해소하고 최대 다수의 국민에게 문화 향유의 기회를 제공하기 위해 전국의 주요 지방 도시에 '문화의 집'을 건립했다. 문화의 집에는 음악, 연극, 영화를 위한 다목적홀 1~2개, 전시실, 소규모 대중홀, 도서관, 음악감상실 등을 갖추도록 제도화했다. 이는 음악, 연극, 영화 등의 예술을 모든 계층의 주민에게 개방하고 이를 통해 프랑스 문화 전반을 폭넓게 활성화하려는 문화의 대중화 전략이라고 볼 수 있다. 특히 문화의 집은 지역이나 국적을 막론하고 그 누구의 접근도 제한하지 않았다는 점에서 문화에 대한 공공의 혜택을 실현한 의미가 크다. 지리적으로 열악한 환경에 속해 있는 사람들에게는 현실적으로 예술을 접할 기회가 쉽게 주어지지 않으므로 문화는 마치 소수가 누리는 특권처럼 인식되어 왔던 바, 국가는 문화의 집을 지방에 설립함으로써 문화를 모두가 가까이 누릴 수 있는 공동의 자산으로 바꿔 놓은 것이다. 그리고 아무도 사회 계급을 이유로 배제하지 않음으로써, 문화의 집은 그야말로 만인의 공유 자산으로서 지리적 불평등 해소와 함께 사회적 불평등 역시 해소한다는 의미가 있었다. 앙드레 말로 재임 당시의 예술국장 가에탕 피콩Gaëtan Picon은 문화의 집의 목적을

"우리의 사명은 현재와 과거의 문화로부터 개인이 소외되는 것에 종지부를 찍는 것이다. 하나의 특권을 공동의 자산으로 변화시키는 것, 그것이 문화의 집의 목적(Poirrier 2013: 22)"이라고 밝힌 바 있다. 이와 같이 문화의 집은 모든 국민이 문화적 평등권을 지니고 있음을 증명한 것으로, 프랑스인의 교양을 일상화하여 문화선진국의 길을 밝힌 것으로 평가되고 있다.

요컨대, 문화의 집은 지리와 사회 조건을 초월하여 누구나 문화를 즐길 수 있는 만남의 장소로서 설립된 것이다. 문화의 집의 핵심적 역할이 바로 '만남rencontre'에 있다는 것은 에밀 비아지니Émile Biasini의 다음과 같은 표현에 잘 나타나 있다. "문화의 집의 특성은 문화와 문화에 접근하고자 하는 사람들, 문화적 메시지를 전달하고자 하는 사람들과 그것을 받아들이고자 하는 사람들, 예술가와 대중, 즉 간단히 말해 모든 사람 간의 훌륭한 만남의 장이라는 것이다(Caune 1999: 154)."

따라서 말로가 주창한 문화민주화는 국민의 평등한 문화 접근의 권리를 이야기한 것으로, 대중의 능동적인 창작 참여라든가 직접적인 예술 활동을 지향하기보다 대중이 예술작품을 접할 수 있는 만남의 기회를 확대시키는 방향으로 추진된 것이었다. 즉 말로의 정책에서 핵심을 이룬 개념은 바로 예술작품과의 만남이었으며, 문화부의 임무는 이러한 만남을 장려하는 것이었다. 따라서 입장료를 낮추거나 개관시간을 늘리는 등의 방법을 통해 예술작품에 대한 접근을 용이하게 할 수 있는 구체적인 정책이 실시되었다.

그러나 당초의 계획대로라면 20여 개의 문화의 집이 세워져야 했으나, 말로가 문화부를 떠날 당시 문화의 집은 단지 8개에 불과했다. 문화의 집은 문화정책의 일관성 문제, 행정력 부족, 운용 계획의 빈약성, 실험적 예술 활동 수용 문제, 타 기관과의 협력 문제, 시설 부족, 예산 부족, 관객의 관심도의 차이 등 여러 문제점을 노출하며 더 이상 발전하지 못하고 퇴조하게 된다. 하지만 적어도 문화의 집은 탁월한 만남의 장으로서 역할을 다하였고, 국가와 지역 예술가 사이의 협력 관계를 활성화하는 중요한 구심점이 된 것만은 분명한 사실이다. 이후 문화의 집을 대신하여 문화 및 교육, 상업, 사회, 스포츠 시설을 복합적으로 갖춘 다목적 문화활동센터Centre d'Action Culturelle(CAC), 문화개발센터Centre de Développement Culturel(CDC)가 차례로 확산되며, 이 세 문화기관은 1999년 만남보다 창조 활동 지원을 우선으로 하는 국립무대Scène Nationale(SN)로 통합되어 오늘에 이르고 있다.

요컨대, 초대 문화부장관으로서 말로의 공적은 무엇보다 프랑스 문화정책의 철학이 되는 '문화민주화'와 '문화유산보존' 그리고 '창조진흥'의 기조를 정립하고, 이를 추진하기 위한 문화정책의 목표 및 문화부의 조직 법규를 수립했음은 물론 프랑스 고유의 중장기 문화정책 플랜을 마련한 데 있다. 앙드레 말로는 문화정책의 2대 기본 목표로 '창조création'와 '접근성accéssibilité'을 내세우고, 하위의 6대 세부 목표로 '창조'와 '보존–개발conservation-mise-en-valeur', '보급–촉매diffusion-animation', '교육formation', '연구recherche', '관리gestion'를 구체적으로 표방하여(Greffe et alii 2015:

18) 미래 프랑스 문화정책의 기반을 정립함으로써 프랑스 문화정책사에 지대한 공헌을 하였다.

(3) 앙드레 말로 정책의 한계

말로의 공적은 크지만 한편으로 문제점과 한계를 살펴보지 않을 수 없다. 앙드레 말로의 문화민주화는 문화적 욕구 자체의 형성보다는 일방적으로 수준 높은 문화를 제공하거나 입장료나 개관시간 등을 조정하여 물리적인 접근성을 용이하게 하는 방향으로 추진되었다. 말로는 1962년의 한 연설(1962년 5월 15일 뉴욕 프랑스문화원 50주년 기념식 연설)에서 문화에 대해 "렘브란트나 셰익스피어, 몬테베르디에 대한 연구는 지식이라고 해야 한다. 문화는 〈야경〉을 감상하거나 〈맥베스〉나 〈오르페우스〉 공연을 보면서 우리가 느끼는 감동, 그것을 말하는 것이다. 생명을 잃었을 수도 있는 그러한 작품들이 스스로 살아나 신비롭게 현존할 때 바로 우리 각자의 문화가 되는 것이다(Maze et alii 2000: 210)"라고 견해를 밝힌 바 있다. 우리 인간은 예술작품을 접하며 받는 감동을 통해 저절로 자신 속의 문화적 자아를 발견할 수 있다는 것이다. 결국, 예술은 그 자체로 감정 작용을 불러일으킬 수 있는 내재적 자질이 있어 예술에 대한 사전 교육 없이도 우리 인간은 최소한의 매개인 예술을 접하게 되면 자연히 감동을 받고 문화적으로 동화된다는 논리였다. 이와 같이 말로의 문화정책에서 문화의 개념은 매우 형이상학적이고 엘리트주의적으로 나타난다. 문화는 인류의 고귀한 유산으로서 인간을 인간다운 품격 있는 존재로 이끌어준다는 관점에서 출발하고 있는 것이다. 결국 말로의 문화정책은 예술과 대중의 만남을 지연시키는 사회적, 경제적, 문화적 저항 등의 현실적 요소를 다각적으로 고려하지 않고, 단지 전통적인 시각에서 단편적으로 판단하며 여러 체감적 현실을 도외시함으로써 부분적으로 실패를 하게 된다.

이후 68혁명Mai 68(1968)을 통해 프랑스 사회는 세계관의 변화를 겪으며 문화의 의미와 기능을 다시 돌아보게 되는데, 이로써 문화는 국민적 합일과 단결의 수단이기에 앞서 개인 및 대중의 욕구에 부응하는 것이어야 한다는 인식이 확대된다. 이러한 시대적 흐름 속에서 말로의 엘리트주의적 문화정책 역시 좌파, 우파를 막론한 비판을 받게 되며, 문화계는 문화예술의 공급이나 문화예술에의 접근성을 높이는 것이 문화정책의 성공을 담보하는 충분조건일 수 없다는 결론에 봉착하게 된다. 1968년 5월 25일의 빌뢰르반선언Déclaration de Villeurbanne은 그 단적인 예를 보여준다. 빌뢰르반선언은 당시 부르고뉴극장Théâtre de Bourgogne을 이끌었던 철학자 프랑시스 장송Francis Jeanson을 축으로 문화의 집 및 민중극장 행정관계자들이 빌뢰르반에 모여 열린 집회의 담화문이다. 그 선언에는 문화예술을 한 번도 접할 기회가 없었거나 문화예술에 관심 자체가 없는 소위 '비관객non-public'을 핵심 쟁점으로 하여 지난 문화정책의 시행착오를 돌아보는 문화관계자들의 자기 비판적 성찰이 잘 나타나있다. 빌뢰르반선언이 불가피했던 것은 결국 "예술작품의 단순한 '보급diffusion'을 통해, 좋게 말해 어느 정도 문화의 활성화가 이루어졌다 해도, 우리 사회 한 가운데서 생존을 위해 고군분투하며 여러 면에서 소외된 삶을 살아가는 대다수의 사람과 예술작품을 실제 서로 만나게 유도하는 일이 이미 현실적으로 불가능해진 때문이었다(Urfalino 2011: 241)."

빌뢰르반선언을 계기로 프랑스 문화정책은 문화의 사회적 역할에 대한 근본적인 성찰과 문화의 영역적 한계를 극복하기 위한 방법들을 모색하게 된다. 문화정책의 지향점이 변화하는 전환기를 맞이한 것이다.

2) 자크 뒤아멜과 문화 개념의 확장: '문화접근'에서 '문화개발'로

(1) 문화부 6차 계획: 문화개발 정책과 문화 개념의 확장

앙드레 말로 이후 문화부장관은 자주 교체되는 불안정한 추이를 보였다. 그런 가운데서 1971년 취임하여 비교적 단기간인 2년간 문화부장관으로 재임한 자크 뒤아멜은 '문화개발le développement culturel'로 일컬어지는 정책 비전을 새로이 제안하며, 후일 사회당 정부의 자크 랑 문화부장관이 정책 기조로 주력하게 되는 '문화민주주의la démocratie culturelle'의 기틀을 세워 프랑스 문화정책사에 의미 있는 치적을 남긴다.

자크 뒤아멜이 문화부장관으로 취임한 1971년 문화부의 6차 계획le VIe Plan에 관한 보고서는 말로의 문화민주화 정책을 실패로 평가하고 있다. 후기 산업사회의 결과로 나타난 도시집중화 현상, 일과 여가의 분리, 계층과 세대의 분리 등으로 인해 일상의 규율이 흔들리고 혜택을 받은 계층과 받지 못한 계층 사이의 문화적 불평등이 깊어져 결국 국민적 화합은 달성되지 못한 것으로 분석하고 있다. 또한 기술 및 산업화의 발달로 문화의 초점이 예술창작 중심에서 문화산업 중심으로 옮겨간 사실도 지적하고 있다. 그리고 결국 입장료 할인이나 공연 횟수 늘리기와 같은 물리적 정책이 문화적 불평등을 사실상 줄일 수 없다는 결론을 내리고 있다(진인혜 2007: 309).

따라서 뒤아멜은 말로의 문화민주화를 계승하되 보다 실천적인 방안으로서, '문화접근' 정책에서 나아간 '문화개발' 정책을 제시하게 되는데, 우선 그 세 가지 정의 혹은 목표는 다음과 같다(Urfalino 2011: 271).

- 최대 다수가 인류의 주요 작품을 접하도록 하기
- 일상생활의 제반 조건 개선, '기초적인 문화생활(건축, 경관, 디자인, 매스미디어, 광고 등)' 보장, 대중의 자율적 창작 활동 진흥의 차원으로까지 문화정책의 실행 범위를 확장하기
- 창작 활동을 지원하고 보호하기

이상의 목표를 중심으로 뒤아멜은 문화의 개념을 말로의 엘리트주의적 개념에서 일상적이고 대중적인 개념으로 확장하고자 한다. 뒤아멜의 문화개발 정책은 문화를 숭고한 유산과 같은 일종의 종교적 관념으로 바라보는 말로의 상징적 문화 개념에 이의를 제기하고, 나아가 프랑스 문화의 보편성을 자부하는 배타적 혹은 독단적 문화주의를 경계하는 것에서부터 출발한다.

즉 문화는 소수 엘리트만이 아니라 다수 대중이 일상에서 향유할 수 있는 것이어야 하며, 또한 문화는 상호 대립을 야기할 수 있는 씨앗을 내재적으로 간직한 다양성의 산물이기에(Caune 1999: 162) 모든 문화는 그 자체로 존중되고 자유롭게 발현될 수 있어야 한다고 보았다.

문화의 대중화와 다양화를 지향한 뒤아멜의 문화개발 정책은 기본적으로 '만인을 위한 문화예술교육'과 '문화의 다양화'로 집약될 수 있는 조치들로 구체화되어 나타난다. 뒤아멜이 우선 문화예술교육 쪽으로 방향을 전환한 것은 문화의 단순한 보급 차원을 넘어 문화적 인식의 제고를 통해 잠재된 욕구를 일깨워 능동적으로 문화를 향유할 수 있는 대중의 역량 자체를 개발하기 위해서였다. 이는 또한 60년대 당시 대중소비문화의 경향으로 인해 문화 활동이 단순한 상품의 소비행위로 전락해가는 소모적인 상황에 대처하기 위한 조치이기도 했다. 이러한 문화의 대중화는 결국 문화의 다양화와 맞닿는 것으로, 1972년 문화개발 정책전망 심포지엄Colloque Prospective du développement culturel의 발제 보고문 「복수형 문화La culture au pluriel」(Certeau, 1974)에 잘 나타나있듯, 뒤아멜의 문화는 더 이상 거창한 예술이나 미적 충격을 위한 매개만이 아니라 다양성의 산물로 거듭난다. 따라서 문화개발 정책은 고전적 의미의 문화는 물론 다양한 분야, 다양한 계층, 다양한 지역의 문화까지 정책 대상으로 포괄함으로써 문화의 개념 및 범주를 확장하게 된다.

(2) 문화개발 전략: '문화촉매'와 공공예술 정책

앙드레 말로는 미적 충격을 이야기했지만 뒤아멜은, 굳이 표현하자면, 미적 실천을 강조하며, 문화에의 '접근'에서 '개발'로 전략을 전환하여 대중 참여적 문화정책을 펼치고자 하였다. 이를 위해 뒤아멜은 전략적 논리로 '문화촉매운동l'animation culturelle'를 표방하게 되는데, 여기서 촉매animation('생명력을 불어넣다', '활기를 띠게 하다', '촉진하다' 등을 의미하는 동사 'animer'의 명사형으로, 여기서는 '활성화'나 '촉진', '촉매'를 의미하며, 번역어로는 '촉매'로 일반화됨)란 창작자와 작품 그리고 대중 간의 만남을 활성화하는, 문화정책의 촉진적 매개 기능을 이야기하는 것이다(Duhamel 1972: 6). 본래 '문화촉매'는 기존의 개념으로, 앙드레 말로 역시 문화적 만남의 장으로 문화의 집의 목적을 설명하며 강조하기도 했던 바, 뒤아멜은 이 개념을 전면에 내세우게 되는데, 이후 이 개념은 다소 성격의 차이는 있지만 '문화매개la médiation culturelle'라는 개념으로 발전하게 된다(Denizot 2008: 68-70). 이러한 '문화촉매'는 문화정책이 단순히 예술작품의 보존이나 전시 등을 통해 대중에게 문화를 일방적으로 제공하는 '접근성'의 차원을 넘어, 대중의 의식을 개발하고 창조의 실천적 수단을 제공하여 문화적 참여의 차원으로까지 대중이 나아가도록 촉매의 역할을 수행해야 함을 강조한 것이라고 할 수 있다. 이러한 문화촉매의 사회적 성격으로 인하여 문화촉매를 사회문화촉매l'animation socioculturelle로 일컫기도 한다. 예컨대, 문화예술교육이나 지자체별 축제는 문화

촉매의 전형적인 반영이라고 할 수 있다. 뒤아멜이 문화부장관이 되던 해인 1971년 시작된 로리앙Lorient의 켈트문화축제Festival Interceltique는 우연의 산물이 아니다. 축제는 대중의 참여, 일상의 문화화, 문화의 다양성 등으로 발현되는 문화적 만남의 장, 실천의 장, 즉 뒤아멜이 실현하고자 한 문화촉매의 바람직한 구현이라고 할 수 있다(진인혜 2005: 460–462).

더 나아가 뒤아멜은 "천년을 갈 50개의 위대한 궁전보다는 50년이라도 대중이나 개인을 위한 천 개의 건축물을 구하는 것이 더 낫다(Girard 1996: 15)"라는 신념하에, 대중이 따로 시간을 내거나 굳이 어딘가를 찾아가지 않아도 예술을 삶의 공간에서 생활처럼 향유할 수 있게 기존의 공공예술 정책을 보다 확장하고자 하였다. 이미 1951년부터 시행 중이던, 공공건축 예산의 1%를 내외부의 미술품 장식이나 설치에 할애하도록 하는 이른바 '1% 아르티스티크1% Artistique'의 적용 범위를 전면적으로 확대한다. 본래 초중고 및 대학 건축에 한정 적용되었던 조항을 모든 공공건물에 적용하도록 하여 생활공간에서 향유할 수 있는 공공예술의 확산 방안을 법제화한 것이다. 이로써 전쟁 기념 조형물이나 위인 동상 위주의 권위적 조각들 대신 현대미술 조각들이 거리에서 대중을 반기게 된다. 이 정책은 세계 여러 나라가 벤치마킹을 하게 되는데, 우리나라도 1982년 '1% 건축조형물법'을 채택하고 있다.

이렇게 국가는 문화의 일방적 제공자가 아니라 상호간의 촉매로서 모든 국민이 일상에서 문화를 향유할 수 있는 기본 여건을 개선하고 문화적 참여를 활성화하는 조력자를 자처한 노력을 시작한 것이다.

(3) 탈문화부 시책: 부처 간 공조와 레지옹문화사무국 입안

뒤아멜은 문화 부문에서 국가의 역할에 대해 "국가는 문화를 창조하기 위해 있는 것이 아니다"라고 밝히면서 공권력 개입의 한계를 분명히 하였다. 국가는 문화의 생산을 돕고, 또 문화가 과거와 현재의 작품을 통해 전승되는 것을 도우는 존재라고 강조하였다. 다시 말해 국가는 문화의 생성 주체인 창조자들의 문화 활동을 지원하고 보조하는 위치에 있어야 하며, 그 역할은 과거와 현재의 문화자산을 보존하고 전수하는 일이라고 규정한 것이다.

또한 뒤아멜은 문화를 문화부 영역 내에서만이 아니라 프랑스 행정 전반을 통해 다루어야 하는 필요성에 대해 그 인식을 확산시켰다. 뒤아멜은 문화 분야의 주요 안건을 효율적으로 추진하기 위해 문화부와 타 부처 간 긴밀한 공조의 필요성을 역설하며 1971년 교육부, 지자체 등과 공동으로 문화중재기금Fonds d'Intervention Culturelle(FIC)을 창설하였다. 이 기금은 정부의 타 부처나 지자체들이 문화부가 그 정책을 추진하는 문화 분야에 혁신적인 제안을 할 경우 이를 지원하기 위한 목적으로 설립된 것이다. 이러한 정책 전략은 문화부 외의 정부 부처들이 문화 개발에 관심을 가지도록 하는 견인차 역할을 하였고, 문화 정책을 문화부라는 특정 부처에만 국한시키지 않고 국정 전반의 활동

으로 확장시킴으로써 정치의 문화화를 이끌게 된다.

그리고 더 나아가 뒤아멜은 문화 영역에서 국가가 주도권을 독점하지 않도록 지자체와의 상호 관계를 제도화하고 지역 기반의 문화시설 계획을 다양화하고자 노력하였다. 그는 1972년 국회에서 "문화 활동은 우선 지역 현실에 근거를 두어야 하고 그에 따라 다양한 형태를 띠어야" 하며, 따라서 "문화정책은 정부만의 사안일 수 없으므로 지자체에 역할 비중이 돌아가야 한다(Urfalino 2011: 275)"라고 밝히며, 지자체의 자율성을 옹호하였다. 이러한 정책 기조에 따라 결국 말로가 지역의 문화 메카로 설립을 주창한 문화의 집 역시 국가가 아니라 지자체의 문화정책 대상이 되며, 지자체가 그 책임 주체로서 권리를 이양 받게 된다. 그리고 무엇보다, 말로가 퇴임하던 1969년 그 초안을 밝혔던, 문화부와 지자체 간의 중재 기관으로서 문화부의 지부격인 레지옹문화사무국Direction Régionale des Affaires Culturelles(DRAC)의 신설을 위한 입법을 제안하여 지자체별로 소관 문화정책을 주도적으로 끌고 갈 수 있는 지방분권화의 기반을 마련하게 된다.

앙드레 말로의 문화정책은 문화예술의 보급과 그 접근성의 증대에 초점을 맞춘 것이었다. 이후 자크 뒤아멜로 대표되는 과도기의 문화개발 정책은 무엇보다 문화의 대중성 및 다양성을 공론화하여 문화의 개념 확장을 시도한 의미가 크다. 문화예술교육 시책 등을 통해 국민의 인식을 제고하고 일상의 문화적 여건을 개선하여 대중 참여적 문화 환경을 현실화하는 데 주력하였다. 특히, 문화 확산에 있어 촉매로서 국가의 역할을 강조한 것은 결과적으로 문화정책의 권리를 분산시켜 대중과 지자체를 각기 하나의 문화적 주체로 자리매김하였다. 요컨대 프랑스 문화정책사에서 뒤아멜의 공적이라고 한다면, 우선 기본적인 인식의 측면에서 말로의 문화민주화 정책을 보다 현실적이고 실천적인 관점으로 수용하여 '예술'만이 아닌 '대중'의 문제를 고려하기 시작했다는 것이고, 다른 한편으로는 제도적인 측면에서 레지옹문화사무국(DRAC)의 입법화를 추진하여 향후 지방분권화의 기반을 마련한 성과를 꼽을 수 있을 것이다. 레지옹문화사무국은 1977년 전면화가 시작되며, 1992년 2월 6일 법안 등 여러 번에 걸친 단계적 수정을 거쳐 문화부의 지방분권부서로서 관할 지방의 문화정책을 추진하는 일은 물론 심의 및 평가 기능까지 일괄 수행하게 되는데, 이로써 지방분권화는 한층 풍부한 의미를 띠게 된다.

2-2. 프랑스 문화정책의 발전: 자크 랑 (1980~1990년대 초반)

1) 문화민주주의: 만인의, 만인에 의한 문화

뒤아멜 이후 자크 랑의 부임까지 약 8년 동안 차례로 국정을 수행한 여섯 명의 문화부장관은, 각기 혁신을 시도한 부분도 있었지만, 사실상 말로의 기본 기조와 뒤아멜의 확장 정책을 연속성을 가지고 그대로 계승 추진한 경향이 강했다. 그러나 1981년 사회당이 집권하면서 프랑스의 문화정책은 새로운 전기를 맞이한다. 물론 미테랑 정부 역시 그 세계관의 차원에서는 국가를 축으로 창조와 접근성의 목표를 구현하고자 한 말로의 비전을 거시적으로 계승한 측면이 있었지만, 현실적인 차원에서 분명 새로운 전기라 할 만한 가시적인 성과를 보여준다. 자크 랑의 문화부는 뒤아멜이 길을 열어 놓은 문화 확장 정책을 보다 광범위하게 체계화하여 실행함으로써 문화의 개념 및 범주를 제도적으로 널리 확장하여, 그야말로 어떤 엘리트적 함의나 프레임의 한정 없이, 문화를 완전히 열린 관점에서 수용하고자 하였다. 그리하여 문화에 대한 접근 경로를 확장하고 문화의 전수와 실행 공간을 전국적으로 확산시키게 된다.

사회당 정부 초기의 문화정책은 기본적으로 문화는 모든 계층의 것이고, 총체적이며, 생활의 한 차원을 구성한다는 관념에서 출발하는 것이었다(Rigaud 1975: 189). 사회당 정부의 출범과 함께 문화부장관으로 임명된 자크 랑은 1959년의 법령을 대신하여 1982년 문화부조직수정법령Décret n° 82-394 du 10 mai 1982 modifié portant organisation du ministère de la culture을 공포하고 문화부의 역할을 다음과 같이 규정한다.

> "문화부는 다음을 사명으로 한다. 모든 프랑스인이 자신의 발명과 창조의 능력을 함양하고, 자신의 재능을 자유롭게 표현하며, 자신의 선택에 따른 예술교육을 받을 수 있도록 한다. 공동체 전체의 공익을 위하여 국가나 지역 혹은 여러 사회단체 차원의 문화유산을 보존하도록 한다. 예술과 정신의 작품 창조를 장려하고, 최대 다수가 그 작품을 접할 수 있도록 한다. 그리고 자유로운 세계 문화 교류

의 장에서 프랑스의 예술과 문화를 전파하는 데 기여하도록 한다."

68세대의 대표적 한 인물로서 문화부를 이끌게 된 자크 랑이 구현하고자 한 '문화민주주의'의 정신을 잘 집약하고 있는 텍스트라고 할 수 있다. 앙드레 말로는 사실 '문화민주화'라는 말을 선호하지 않아 그 스스로는 자신의 정책을 주로 '문화접근성' 혹은 '문화접근권'으로 피력했지만, 결과적으로 '문화민주화'로 일컬어지는 말로의 문화정책은 미테랑 정부의 출범과 함께 문화의 범주를 확대 평준화하는 '문화민주주의' 정책으로 연계 발전하게 된다. 평등상대주의le relativisme égalitaire를 원칙 기반으로 하는 문화민주주의 정책은 상대적으로 소외된 계층이나 지역의 문화, 아마추어 예술, 지역민의 창작 활동 등과 같은 사회 저변의 문화 및 창작 활동에 대한 지원부터 제도화에 들어간다. 1982년 문화부 내에, 현 예술창작총국Direction Générale de la Création Artistique에 해당하는, 조형예술대표국Délégation aux Arts Plastiques을 창설하여 만화, 사진, 디자인 등의 분야를 지원하기 시작하며, 나아가 비디오와 테크놀로지 아트, 패션, 요리까지 지원 분야를 지속적으로 확대한다. 그리하여 당시까지 문화의 범주에 포함되지 않았던 만화, 대중음악, 패션, 서커스, 요리 등이 문학이나 고전음악과 동등한 차원에서 문화부의 다양한 지원을 받을 수 있게 된다. 앙굴렘Angoulême에 국제만화 · 이미지단지Cité Internationale de la Bande Dessinée et de l'Image(CIBDI)가 조성되고 샬롱 앙 샹파뉴Châlons-en-Champagne에 국립서커스예술센터Centre National des Arts du Cirque(CNAC)가 건립된 것은 바로 그러한 지원을 토대로 이뤄진 것이다.

자크 랑은 전 국민이 문화를 수동적으로 제공받는 것이 아니라 능동적으로 창조하고 향유할 수 있는 다양한 조치를 제도화하고, 현실화하고자 노력하였다. 이러한 국민의, 국민에 의한 문화민주주의 정책은 문화 제국주의가 기세를 더하고 있는 오늘날의 관점에서 보아도 문화의 대중화와 다양화라는 세계 보편의 가치를 구현할 수 있는 이상적인 문화 창달의 한 패러다임이라고 할 수 있다. 국민 전체의 교양을 일상 보편화하는 문화의 대중화 전략은 상업적 패권주의를 앞세운 강대한 외래의 문화적 침략에 대응하여 국가의 정체성을 확고히 하고 국민의 정서를 고양함으로써 세계 각국이 상호 문화의 다양성을 지켜갈 수 있는 생활 속 일상의 전략이 되기 때문이다.

자크 랑은 더 나아가 노동시간 단축, 여성의 권리 신장, 사형제 폐지 등이 궁극적으로 모두 문화적 문제이며, 따라서 사회 공동의 책임이고 의무가 되는 문제임을 역설하여 문화부는 물론 법무부, 교통부 등 타 부처의 정책 변화를 이끌어 내기도 하였다. 프랑스에서 문화는 더 이상 한 영역에 국한될 수 없는 국민의 삶 전반에 걸친 총체적 문제가 된 것이다.

'자크 랑 같은 문화부장관 어디 없나?'라는 우리 문화계의 부러움 섞인 푸념은 어느 한 부분도 그의 시선, 손길이 닿지 않은 데가 없을 만큼 전 문화 분야에 걸쳐 열정과 전력을 다한 한 정치적 장인에 대한 경의의 표현이자 바람 같은 것이 아닐까. 실제로 랑이 구현한 문화민주주의의 결실은 프랑스 문화 전 분야에 걸쳐 나타난다.

2) 문화민주주의의 구현

(1) 문화부 예산 증가

자크 랑은 재임 기간인 1981~1986년과 1988~1993년 동안 문화정책사에 남을 여러 치적을 남기는데, 우선 문화부 차원에서 국가예산의 1% 확보는 괄목할 만한 것이었다. 자크 랑은 1982년, 전년도 대비 두 배의 예산을 확보하며 말로와 뒤아멜이 꿈꾸던 이상을 구현할 수 있는 여건을 갖춰 문화부를 활성화하고 현대화하는 데 박차를 가하게 된다. 국가예산 7천억 프랑에 견주어 극히 소규모였던 예산(정부 예산의 0.5 % 미만) 내지 소액이었던 예산(1981년 약 30억 프랑)이 두 배로 증액되어, 랑은 충분한 예산으로 문화부의 내실을 다지고 합리적인 선에서 예술가나 문화전문가들의 요구에 탄력적으로 부응할 수 있게 된다. 예술 분야에 따라 가히 충분하다고 할 만한 수준으로 2배에서 5배 혹은 10배의 증액 지원이 이루어진다. 3개에 불과했던 '현대미술센터'가 14개로 확산되었으며, 역사 유물 보존사업 및 고고학 분야에 집중 지원을 할 수 있게 된다. 극장의 경우도 7배나 늘어난 지원을 받아, 기자재도 상당수가 현대화된다. 특히 예산의 일부는 미래의 문화인프라, 예컨대 문화 분야의 프로가 되길 꿈꾸는 아마추어 고등학생을 위한 지원에도 할애되었다.

물론 박물관의 현대화도 이루어졌다. 랑의 임기 내에 1,200개 박물관이 지원 혜택을 받았고, 임기 말에는 300개 박물관의 리노베이션이 이루어졌으며, 22개 레지옹박물관소장품구매기금Fonds Régional d'Acquisition des Musées(FRAM)이 정부와 지자체간 3억 프랑 계약 출자 형식의 파트너십으로 설립되었다. 현대미술 분야의 경우, 22개의 레지옹현대미술기금Fonds Régional d'Art Contemporain(FRAC)이 동일한 계약의 파트너십을 통해 설립되었다. 결과적으로 최종 출자 기금이 4억 프랑에 이르는 등 지원은 순조로웠으나, 이러한 지원 정책을 미학적 관점에서 결산했을 때는, 풍요로운 지원을 통해 산출된 작품들의 상당수가 미학적으로 빈곤한, 즉 예술의 경계가 어디까지인지를 반성케 하는 것들이었다는 사실은 아이러니한 일이다. 문화정책에 있어 경제가 창조의 충분조건은 아니라는 사실, 배부른 예술의 문제를 다시 한 번 생각하도록 하는 대목이다.

(2) 레지옹문화사무국(DRAC)

문화민주주의로 대변되는 자크 랑의 문화정책은 문화 지원 차원에서뿐만 아니라 문화부의 행정 차원에서도 제도의 현대화를 이룬다. 문화 행정 차원에서 중앙과 지자체를 잇는 중재 기관의 설립은 본래 앙드레 말로의 구상이었다. 말로는 문화민주화 과정에서 국가의 정체성과 지역의 자율성을 조율하기 위해 문화부와 지자체 간 중재 기능을 수행할 현 레지옹문화사무국 성격의 기관을 설립하고자 하는 포부를 밝힌 바 있었다. 그러나 뒤아멜의 입안을 거쳐, 실제 신설된 것은 지스카르 데스탱Valéry Giscard d'Estaing 재임기인 1977년에 이르러서다. 앞서 밝혔듯, 뒤아멜은 1972년 국회에서 국가 주도보다는 지자체와의 공조를 역설하며 지자체의 자율성과 문화다양성을 이슈화하였고, 이를 기점으로 국가와 지자체 간 파트너십 관계가 시작된다. 하지만 계약에 의한 파트너십 정책은 그 과정에 항상 단발성의 문제나, 지역 간 이해관계에 따른 불협화음이 개재될 수밖에 없는 것으로, 문화부는 장기적인 관점에서 중앙과 지방 간 정책을 일관성 있게 끌어갈 수 있는, 문화부 산하 중재 기관으로서 레지옹문화사무국을 전면 제도화하게 된다.

1982~1983년 자크 랑은 지방분권화 정책에 관한 일련의 '데페르법Lois Defferre de 1982~1983(데페르는 당시 입법을 추진한 내무부장관의 성)'에 힘입어 레지옹문화사무국의 전면화에 박차를 가하였고, 그 결과 문화의 집과 같은 문화의 단순한 보급 기관이 아닌, 정책 조율 및 수행 기관으로서 레지옹문화사무국을 본격화하게 된다. 이후 10년에 걸쳐 22개 레지옹문화사무국의 인력은 매년 배로 증원되었으며, 관계 지자체와의 별도 협약convention 조항도 매년 100여 개가 도출되었다. 더불어 랑은 앞서 언급한 레지옹박물관소장품구매기금(FRAM), 레지옹현대미술기금(FRAC) 등도 설립을 추진하여 문화민주화, 랑의 표현에 따르면 문화민주주의를 현실적으로 구현할 기반을 갖추게 된다.

레지옹문화사무국은 1977년 창설 직후에는 그 역할이 중앙의 문화정책과 지역별 특수성을 조율하면서 정부 정책의 효율성을 높이고 국가적 문화 역량을 지역에 전파하는 선에 그쳤으나, 이후 점차 실질적인 권한을 이양 받으며 지자체별 문화정책을 장기적인 관점에서 다각도로 지원함으로써 한층 효율적인 지방분권화, 문화분산화 정책을 수행하게 된다.

1986년 3월 14일 법령Décret n° 86-538 du 14 mars 1986이 규정한 레지옹문화사무국의 임무는 다음과 같았다(www.legifrance.gouv.fr).

- 국가의 문화 분야 활동을 활성화하고, 레지옹 차원의 문화개발에 대한 공적 개입의 일관성을 보장하며, 레지옹의 환경에 적합한 조치를 제안 및 시행한다.
- 정책 규정의 과학적, 행정적, 기술적 관리를 책임지며, 추진 사업의 효율성을 평가한다.
- 레지옹이나 데파르트망 지자체장이 주관하는 위원회 업무에 참여한다.
- 지방분권화 및 개발계획계약의 범주에서 추진 가능한 활동, 특히 문화설비의 구축이나 문화유산의 보존 · 개발, 문화예술의 창조와 보급을 위한 교육 · 지원과 같은 활동의 구상 및 검토를 위한 지원을 한다.
- 지자체에 기술 자문을 제공한다.

(3) 문화장(le champ culturel)의 확장

문화부는 예산의 증가에 힘입어 지원 분야와 규모를 대폭 늘리며 문화장을 확장한다. 소위 마이너였던 장식예술(패션, 광고,

디자인)이나 재즈와 같은 대중음악, 샹송 등의 분야로까지 지원을 확대한다. 이러한 확대 지원 조치를 통해 문화 대중의 저변화 나아가 문화 개념의 대중화가 이루어진다.

실제로 문화부는 국립샹송센터Centre National de la Chanson(CNC) 창설, 록밴드 작업실 지원, 80여 개 소규모 공연홀 및 제니트Zénith로 불리는 파리와 지방의 5~6개 초대형 공연장 지원 등을 추진하였다. 재즈 분야의 지원도 이루어져 1986년 국립재즈오케스트라Orchestre National de Jazz(ONJ)가 창단된다. 사진 분야 역시 1982년 제도권으로 편입되어 국립사진센터Centre National de la Photographie(CNP)가 창설된다. 패션계도 루브르 박물관 인접 공간에 사옥을 설립할 수 있는 혜택을 누렸으며, 광고포스터와 만화박물관의 건립도 성사되었다. 게다가 대규모 문화기관 건립 프로젝트인 '그랑트라보Grands travaux'의 일환으로 막대한 예산을 투자하여 오페라 바스티유Opéra Bastille, 루브르 박물관 유리 피라미드Pyramide du Louvre, 라데팡스 그랑다르슈Grande Arche de la Défense, 라빌레트La Villette, 일명 미테랑 도서관으로 불리는 국립도서관Bibliothèque Nationale(BN) 등을 건설하였다. 마찬가지로 문화와는 거리가 먼 것 같은 산업적 양산형 생산품도 일상 속의 요리도 모두 예술로 인정되어 '산업형창작la création industrielle'과 '요리예술l'art culinaire'로서 문화부의 행정 및 재정 지원의 대상이 되었다.

더욱이 국민 누구나가 참여할 수 있는 축제는 문화장 확장의 극치를 보여준다. 자크 랑은 국민이 주도하는 문화축제라는 새로운 프레임으로 대중 참여의 새로운 장을 열고자 '음악축제Fête de la Musique'와 '문화유산의 날 축제Journées du Patrimoine'를 조성하게 되며, 그 성공으로 영화축제, 독서축제, 사진축제, 재즈축제 등 다양한 문화축제가 파생한다. 특히 랑의 주요 치적의 하나가 되는 음악축제는 프랑스 젊은이의 절반 이상이 악기를 연주한다는 관점에서 68혁명 이후 새 문화를 창출할 젊은 층을 화합의 장으로 이끌어 낸 의미가 무엇보다 깊다. 1982년 처음 열린 음악축제는 내외국인, 프로와 아마추어를 가리지 않고 약 5백만 명에 달하는 음악인들이 거리로 나와 펼치는 다채로운 음악의 향연으로서 프랑스 민주주의를 상징하는 문화행사가 되었으며, 현재 세계 120여 국가에서 유사한 축제가 개최되고 있다.

하지만 위와 같이 대규모 건설이나 일상의 요리까지 거의 모든 분야에 걸친 문화장의 광범한 확장은 한편으로 프랑스의 문화정책이 더 이상 문화정책이 아니라 소위 '모든 문화'를 지원하는 '대중정책la politique publique'이라는 비난을 초래하였으며, 이러한 비난은 사실 오늘날도 여전한 쟁점이 되고 있다.

자크 랑의 문화 확장 정책은 가시적인 결과로만 보면, 겨우 명맥을 유지하던 '산업형창작' 지원은 결국 실패로 돌아갔고, 만화박물관이나 국립샹송센터의 경우는 계속 기복을 겪는 등 난제를 남겼지만, 적어도 문화장에 있어 변화의 분위기를 조성하고, 실제 변화를 유도하고, 그리하여 문화에 대한, 문화정책에 대한 관점을 열어놓은 것만은 분명 프랑스 문화정책사의 결실이라 할 수 있을 것이다.

(4) 문화예술교육의 확장 1: 교육기관 설립

예산 1%를 확보한 자크 랑의 문화부는 장기적인 플랜과 상당한 규모의 예산을 요하는 문화예술교육 부문의 현대화를 추진하기에 이른다. 고등영화학교Institut des Hautes Études Cinématographiques(IDHEC)(1986년 국립고등영상·음향학교(FEMIS)로 전환)의 복원이 이루어지고, 이어 리용과 파리의 두 국립고등음악원Conservatoire National Supérieur de Musique(CNSM)(2001년 국립고등음악·무용원(CNSMD)으로 전환)이 1988년과 1990년 차례로 초현대식 건물로 자리를 옮기게 된다. 에콜 뒤 루브르École du Louvre가 확장, 강화되고 나아가 박물관 및 역사기념물의 관리 인력 양성을 위한 국립문화유산학교École Nationale du Patrimoine(ENP)의 설립 방안에 대한 논의가 본격화된다. 이외 다른 분야의 전문 인력 양성을 위해서도 50여 고등전문연구학위Diplôme d'Études Supérieures Spécialisées(DESS)(대학원 과정의 학위로, 2002년 학위 개혁법으로 석사 학위로 대체됨) 과정 등의 학제 개편이 이루어진다. 이러한 문화예술교육의 확장으로 12년간에 걸쳐 무용수와 배우, 고고학자, 민속학자뿐만 아니라 전문기술자, 행정가 등 8천여 직군이 창출되었다.

(5) 문화예술교육의 확장 2: 문화예술교육 의무화

프랑스에서 문화예술교육에 관한 논의는 1968년부터 있어왔다. 특히 만인을 위한 문화예술교육을 강조한 뒤아멜은 앞서 언급한 바 있는 문화중재기금(FIC)을 창설하여 어린이를 위한 박물관 교육 등 다양한 문화예술교육을 지원하였다. 이 같은 문화예술교육에 대한 시대적 요구가 더해지면서 랑은 1988년 문화예술교육관련법Loi n° 88-20 relative aux enseignements artistiques을 제정하고 정규교육 과정에 문화예술교육을 의무화한다.

고등학교 과정에는 예술 전형 바칼로레아를 준비하는 100개 이상의 '특수반la section de spécialité'이 신설 되고, 매년 700여 '문화수업la classe culturelle'이 전 과정에 걸쳐 개설된다. 중학교 과정에는 12만 명의 학생과 1만 5천 명의 교사가 참여하는 '중학교영화교육Collège au cinéma'을 개설하여 영화 예술에 대한 청소년의 관심을 유도하게 된다. 그리하여 프랑스의 어린이는 중학교에서 영화에 대한 관심을 가지게 되고, 고등학교 영화 특수반에서 그 관심을 키우고, 영화 특수 전형으로 바칼로레아를 거쳐 대학전 학위 과정을 통해 영화 예술을 전공할 수 있게 된다.

그러나 위와 같은 일련의 학제 개편 역시도 여전히 단편적이라는 평가가 지배적이었다. 하지만 2000년 문화예술교육을 위한 전면적인 학제 개편의 결실은 자크 랑의 선도적 노력 위에 가능한 것이었음은 부정할 수 없는 사실이다. 2000년 문화부와 교육부는 '만인을 위한 문화예술교육'을 협약 형식으로 성문화하고 국가 및 지자체의 지원을 받는 모든 교육기관에 문화예술교육 과정을 의무화하여 문화예술교육의 장을 전면 확장하게 된다.

(6) 도서정가제 시행

자크 랑은 창작 지원뿐만 아니라 창작의 윤리와 수익 구조 자체의 체계화를 추진하였다. 1985년 저작권법Loi n° 85-660의 공포로 창작계에도 현대적인 입법화가 이루어져, 창작 그룹에 연간 20억 달러 이상에 달하는 정기적인 높은 수익원을 보장하게 된다.

그리고 무엇보다 일명 '랑법Loi Lang'으로 불리는 1981년 '도서정가제법Loi n° 81-766 du 10 août 1981 relative au prix du livre, dite loi Lang'은 프랑스 문화정책의 중요한 이정표가 된다. 대형서점에 밀리는 경쟁력이 약한 소규모 전문서점 및 소매서점을 보호하기 위한 목적으로 시행된 도서정가제는 가격 경쟁을 규제하고 책의 고유 가치와 논리를 보전하는 데 그 목적이 있었다. 자크 랑은 의회에서 이 법의 취지를 다음과 같이 밝혔다(Lang 1981).

> "법적 예외인 이 제도의 근본 취지는 책을 일반 상품과 동일하게 취급하지 않겠다는 것이며, 또한 책은 본질적으로 단기적인 수익 논리만으로 재단할 수 없는 '문화자산'이란 사실을 분명히 고려하여 기꺼이 시장 원칙을 굽히겠다는 것이다."

이 랑법을 통해 프랑스의 서점은 가격이 아닌 신간 안내, 서지서비스 강화, 다양한 종의 도서 확보 등 유의미한 질적 서비스로 경쟁하게 된다. 그리고 창작자와 수요자에게는 집필 및 출간의 다원화, 평등한 가격 접근권, 도서유통망의 지방분권화 등을 보장하게 된다.

(7) 시청각미디어의 부상

랑의 재임기는 시청각미디어의 발전이 가속화된 시기로 프랑스뿐만 아니라 전 세계 문화정책에 있어 시청각미디어는 쟁점 사안이 되고 있었다. 인간에서 인간으로 전파되는 문화 활동의 관점에서 보자면 기술 및 자본 사회를 토대로 전파되는 (미디어의) 매체 활동은 반문화적 성격을 띠는 것이기도 하여 자크 랑 역시도 시청각미디어의 발전을 긍정적으로 바라보지만은 않았다. 하지만 시대적 변화에 부응하여 1984년 프랑스 최초의 민영 채널이자 세계 최초의 지상파유료채널인 4번 채널 카날플뤼스 Canal+가 출범한다. 뒤이어 1985~1986년 사이에 역시 민영채널인 5번 채널 라생크La Cinq와 6번 채널 테베6TV6가 차례로 방송을 시작한다. 이 시기에 일종의 불법 해적 라디오로 난립하던 자유 라디오Radio libre가 국가의 전파 독점 원칙의 예외로 합법화되어 상업 네트워크에 연합한다.

자크 랑은 시청각미디어의 선택접근권을 다양화하고, 민영화를 통해 표현의 자유와 시장 논리를 공인함으로써 시청각미디어의 제작 환경을 강화한 것은 물론, 이를 통해 상업적 패권주의를 앞세운 강대한 외래 미디어의 침략에 대응할 수 있는 기반을 마련하게 된다.

시청각미디어는 국가의 정체성을 확고히 하고 국민의 정서를 고양함으로써 세계 각국이 상호 문화의 다양성을 지켜갈 수 있게 하는 생활 속 일상의 전략 매체로서, 당시의 총리 미셸 로카르Michel Rocard는 시청각미디어 정책의 중요성을 다음과 같이 강조했었다. "시청각미디어는 분명 문화 그 자체다. [···] 이제 흐름을 돌려 시청각미디어를 문화정책의 최우선 과제로 삼아야 할 때이다(Girard 1996: 38)."

3) 문화민주주의의 국제적 및 경제적 차원

(1) 국제적 차원: 세계 문화 개방 정책

자크 랑 재임 당시는 우루과이 라운드Uruguay Round(UR)가 국제 교역의 원리를 이루던 시기로 문화 분야에서도 국가 간 개방의 논리가 거세진 때였다. 랑의 문화민주주의는 국제적 차원에서 세계 문화 개방 정책을 표방한다. 엄밀히 말해 프랑스 자국의 문화정체성은 보호하되 다른 외국의 문화 역시 탄력적으로 수용하는, 이른바 보호와 개방의 이원적 원칙을 지향하였다. 랑은 프랑스 문화의 세계적 전파뿐만 아니라 세계의 문화를 능동적으로 수용하여 자국 문화의 보편성을 극대화하고 세계의 문화로 승화시키고자 한 포부가 있었다. 그리하여 '대외활동l'action internationale' 예산을 대폭 늘리고, 일종의 '세계 문화의 집Maison des Cultures du Monde(MCM)'을 창설한다. 자크 랑은 오데옹Odéon이나 파리 오케스트라Orchestre de Paris, 오페라 파리Opéra Paris 등을 이끌어갈 예술가를 비롯하여 외국의 유수한 예술가들이 파리에서 열정을 꽃피울 수 있도록 초빙 시스템을 체계화한다. 아프리카 음악과 영화가 파리에서 전문화, 국제화되어 나아갔다. 국제시청각기금Fonds Audiovisuel International(FAI)을 조성하고, 이는 러시아로까지 확산된다. 이러한 랑의 대외활동 정책은 그 이후에도 계속 추진되며, 지속적으로 강화되는 방향으로 나아간다.

(2) 경제적 차원: 문화산업, 민관파트너십, 메세나(mécénat)

본래 프랑스 문화정책은 고유하고 회고적이며 보수적이라, 마치 경제 논리와는 무관한 것 같은 경향을 띠어왔다. 따라서 문화와 경제가 융합된 문화산업이나 민관파트너십, 메세나는 프랑스 문화정책 차원에서 여러 새로운 의미로 나타난다.

자크 랑의 문화민주주의가 추구한 경제적 현대화는 무엇보다 문화산업 진흥 정책으로 나타난다. 자크 랑은 문화의 산업적 가치와 기능에 대해 개방적이었다. 그는 도서, 음반, 영화, 시청각미디어와 같은 문화산업을 적극 육성하고자 하였다. 하지만 경제적 지향성이 강한 문화산업 정책은 자금의 지원 이상으로 자금의 유치를 위한 정책이기도 했다. 문화산업이 가진 경제성의 순기능을 살리면서, 동시에 예산 문제를 탄력적으로 조율하기 위해 자크 랑은 산업 내지 시장 논리와 타협점을 찾아 민관파트너십을 정책화한다. 대표적인 예로, 창조의 리스크를 산업 분야와 분담 지원하는 공공 지급 보증 기구인 '영화 · 문화산업 지원기구Institut du Financement du Cinéma et des Industries Culturelles(IFCIC)'나 세제 혜택을 통해 유치한 민간 자본을 기금의 일부로 하는 공공 투자 법인인 영화 · 시청각산업지원기구Société de Financement du Cinéma et de l'Audiovisuel(SOFICA) 등을 적극 설립하였다. 그리고 이러한 민관파트너십 기구들을 통해 조성된 영화 기금으로 1천여 영화관이 재정 지원을 받을 수 있었다. 도서산업 분야도 앞서 이야기한 랑법의 발효로 도서정가제나 시스템 전산화 등에 힘입어 다양한 형태의 서점이 그 고유성을 지키며 현대화에 동참할 수 있었다.

이러한 랑의 문화산업 진흥 정책은 결국 중앙 중심 지원 방식의 다변화 및 기존 기관의 위상 전환으로 이어진다. 예컨대, 본래 문화부 산하 공공기관으로 국립박물관 소장품 구입 재원을 관리하는 국립박물관연합Réunion des Musées Nationaux(RMN)은 민간기관 자격으로 박물관 파생 상품 관련 '기업프로젝트Projet d'entreprise'를 추진하여 7억 프랑이라는 매출을 올리며 이윤을 창출하였다. 또한 정부와 출판사 간 기구로 출판사가 운영 주체인 국립문학센터Centre National des Lettres(CNL)는 정부 예산이 아니라, 판매 도서 및 제반 복사reprographie에 부과된 세금 수익을 기금으로 하며, 이 기금은 융자나 출판 및 번역 지원 등으로 재분배되었다. 국립영화센터의 경우 티켓에 부과된 세금 수익을 기금으로 영화 전문인을 지원하는 데 충당하는 등, 문화산업 및 민관파트너십 정책은 결과적으로 중앙 지원 방식의 방향 전환과 함께 문화부 공공 행정의 다양화, 전문화로 이어졌다.

이렇게 랑의 문화정책에서 문화산업 분야의 역할 비중이 커지면서 민간기관과 문화부 간 민관파트너십은 물론이고, 개인 및 민간 중소기업의 문화 후원 활동인 '메세나'가 중요한 의미를 띠기 시작한다. 2005년 문화메세나개발헌장Charte pour le développement du mécénat culturel으로 성문화되는 메세나는 비록 그 한시성이나 태생적인 기업 논리 등으로 하여 공공 정책을 대신할 수는 없지만, 문화적 분권화의 한 형태로 창조와 그 확산에 기여하고 문화의 다원주의를 이루는 문화 영역의 한 축을 이루게 된다.

3. 변화와 현황: 1990년대 초중반~2000년대

3-1. 21세기 전후의 문화 환경

자크 랑 이후 21세기에 들어서 문화 환경은 국내외적으로 다변화하여 프랑스 문화정책 역시 변화를 모색할 수밖에 없게 된다. 본연의 정책적 불확실성entropie에 시대적 불확실성까지 가중되어 프랑스 문화부는 그에 따른 리스크를 조율, 타개할 수 있는 여러 방안을 다각적으로 추진하게 된다.

우선 문화부는 정책상의 불확실성을 타개하기 위한 방안으로, 첫째 경제적 리스크가 낮은 '문화산업의 장려'와 동시에 시장 논리에 취약한 분야의 문화 보호, 말하자면 '예외적 문화의 보호'라는 지원과 규제의 이원적 정책을 강화하게 된다. 문화부는 영화, 도서, 음반, 시청각 산업 등의 문화산업을 지원하는 동시에 문화적 예외로 스크린쿼터, 도서정가제, 라디오방송 샹송 쿼터 등 시장의 자율적 메커니즘을 보다 강도 있게 조율하는, 지원과 규제의 이원적 정책을 강화하고 문화산업에 본격적으로 개입하기 시작한다. 이는 국제적 차원에서도 마찬가지로 나타난다. 자크 랑의 후임인 자크 투봉Jacques Toubon(1993~1995)은 우루과이 라운드 회기에 프랑스적 '문화적 예외l'exception culturelle' 정책에 대한 국제적 지지를 이끌어내며, 이후 프랑스는 국제 사회에서 '문화적 예외' 정책의 구심점으로서, 또 이후에는 '문화 다양성' 정책으로 선회하여 지속적으로 세계 문화정책의 흐름을 주도하게 된다. 이어 두 번째 방안으로, 문화부는 행정 차원에서 정부와 지자체나 민간기관 간 협약 기관을 다양화함으로써 정책적 불확실성을 최소화하고자 한다. 레지옹문화사무국 이외에 문화적 사명을 지닌 정책기관들, 예컨대, 뒤에서 좀 더 상세히 살펴보겠지만, 문화협력공공시설법인Établissement Public de Coopération Culturelle(EPCC)이나 공익단체Groupement d'Intérêt Public(GIP), 민간과 공공 협력 자본의 민관합자회사Société d'Économie Mixte(SEM) 등 다양한 국책기관을 설립하여 정책적 리스크에 다각적으로 대처하고자 하였다. 세 번째 방안으로, 지자체의 행정 및 재정 자치권을 강화하고 지자체가 관할 지방 차원의 정책 전반을 주도적으로 수행할 수 있게 하여 권리와 동시에 책임을 부여함으로써 정책적 리스크를 분담 및 최소화 하고자 하였다.

나아가 문화부는 국제간 미디어 전쟁의 가속화, 디지털의 발전, 국내외 경제 위기, 유럽연합 관계의 변화 등 불확실한 시대에 따른 리스크 대처 방안도 강구한다. 먼저 사르코지Nicolas Sarkozy 정부는 2007년부터 '우리' 문화산업을 강화하는 정책 개편을 단행한다. 특히 시청각산업 분야에서 프랑스 문화를 세계에 전파하는 데 최적인 TV 네트워크를 중심으로 한 시청각미디어 지원 정책을 강화하여 미국의 무차별한 미디어 공세에 대처하면서 동시에 프랑스 문화의 국제적 위상 및 주도권을 안정적으로 유지, 보장하고자 하였다. 다음 두 번째로, 21세기 새로운 문화 주자인 디지털 콘텐츠 맞춤 정책이 마련된다. 플랫폼도 유통 방식도 전혀 다른 디지털 기반의 콘텐츠에 지원이든 규제든 기존의 문화정책을 그대로 적용하는 것은 사실상 무리였다. 따라서 디지털 콘텐츠의 질적 문제, 규제가 용이하지 않은 불법 해적에 대한 저작권 보호 등과 같은 디지털 고유의 정책 법안이 제도화된다.

위와 같은 문화부의 다각적인 대처에도 불구하고 프랑스 문화정책의 현황이나 비전은 불확실한 측면이 크다. 2007~2008년 경제 위기 이후 국내외적으로 더욱 견고해진 시장 논리는 문화의 산업화를 가속화하고 문화정책에서 문화산업의 비중을 높여가고 있다. 게다가 유럽 내에서는 리스본조약Traité de Lisbonne으로 위상과 권한이 강화된 유럽연합이 공적 지원을 요구하며 압박하고, 대내적으로는 2012년 이후 매년 문화예산이 삭감되어 문화민주화 차원의 문화예술교육 이외 다른 부문의 정책을 적극적으로 추진하지 못한 상황이 2016년까지 지속되어 프랑스 문화정책은 일정한 후퇴를 할 수밖에 없었다. 이후 예산은 회복세를 보이며 증가일로에 접어들었으나 격변이 심한 국내외 정세의 영향으로 정책적 및 시대적 불확실성은 여전히 높아 상황이 낙관적인 것만은 아니다.

21세기 프랑스 문화부는 현재 문화의 예술적 가치와 경제적 가치의 조율, 창조와 접근성의 새로운 플랫폼으로서 디지털의 상용 극대화 및 법제 보강, 유럽연합과의 조율, 대내외적 문화 선양 등 타개해야 할 쟁점들이 산적한 가운데 문화정책사의 전환기를 맞고 있다.

3-2. 2000년대 주요 문화정책

프랑스 문화정책은 1959년부터 1990년대 초반까지 형성과 발전의 시기를 거쳐, 이후 다변화하는 시대에 따른 자기 변화를 모색하며 오늘에 이르렀다. 이 시기에는 앙드레 말로나 자크 랑처럼 오랜 기간에 걸쳐 재임하며 장기적인 관점에서 자신의 신념을 펼치거나 혁신적인 정책으로 어떤 전기를 이루었다고 할 만한 문화부의 수장은 더 이상 등장하지 않는다. 하지만 자크 랑 이후 자크 투봉부터 2017년 5월 취임한 현임 프랑수아즈 니센까지 12명의 문화부장관은 급변하는 사회와 국제 정세에 탄력적으로 대처하며 각기의 소신에 따른 문화정책을 펼치고자 노력하였다.

현 시점에서 유의미한 2000년대 주요 문화정책을 도표로 요약해 보면 다음과 같다.

[표 2] 문화부장관별 주요 정책

정부	문화부장관별 주요 정책
자크 시라크 정부	**카트린 타스카 (2000.03~2002.05)**
	• 저작권 등록 디지털 매체 및 콘텐츠에 대한 과세 관련법 통과
	장 자크 아야공 (2002.05~2004.03)
	• (신)저작권법(Loi Dadvsi) 발의 • 메세나 관련한 국보급 유물 구매 시 90%까지 감세 혜택 • 문화부 산하 공공기관의 독립 행정 법인화(오르세 박물관, 기메 박물관 등) • 문화유산 행정권 지자체에 이양 • 엥테르미탕제(Intermittence, 예술인 실업보험제) 개정안 통과
	르노 돈느디유 드 바브르 (2004.03~2007.05)
	• (신)저작권법 통과 • 실업수당임시기금(AFT) 설립 • 루브르 박물관 분관 루브르 아부다비(Louvre Abu Dhabi) 설립 결정 • 그랑팔레(Grand Palais) 재개관 및 그랑네프(Grand Nef) 전시관 활용
니콜라	**크리스틴 알바넬 (2007.05~2009.06)**
	• 문화부 조직 개편 구상: 1개 총괄사무국, 3개 사무국(문화유산국, 예술창작국, 문화산업국) • 문화 분야 국정라벨제 재정비 • 지역 문화정책에 있어 지자체 역할 강화 • 청소년 대상 박물관 상설전시 무료입장제 실시 • 기록문서(아카이브) 접근성 향상 및 보호 강화 관련법 통과 • 디지털 시대 창작 관련법, 아도피법(Loi Hadopi) 구상

<table>
<tr><td rowspan="2">사르코지 정부</td><td>프레데리크 미테랑 (2009.06~2012.05)</td></tr>
<tr><td>• 아도피법 통과
• 문화부 조직 개편 법안 승인
• 국립음악센터(CNM) 설립
• 음악공연 활성화를 위한 컬처카페(Cafés-Cultures) 사업 추진
• 전자책(e-book) 정가제 추진
• 예방고고학 관련 로열티 개혁</td></tr>
<tr><td rowspan="6">프랑수아 올랑드 정부</td><td>오렐리 필리페티 (2012.05~2014.08)</td></tr>
<tr><td>• 전년대비 문화예산 2% 감축
• 아도피법 재정비</td></tr>
<tr><td>플뢰르 펠르렝 (2014.08~2016.02)</td></tr>
<tr><td>• 창작자유 · 건축 · 문화유산법(Loi n° 2016-925) 발의
• 연주자와 음반사 간 권리 조율
• 서커스 분야 예술가 지위 공인
• 영화 운영 관련 경영투명도 개선
• 아마추어 예술 활동 지원
• 예술 및 건축 분야 전공생 장학금 지원</td></tr>
<tr><td>오드리 아줄레 (2016.02~2017.05)</td></tr>
<tr><td>• 창작자유 · 건축 · 문화유산법 통과
• 18세 미만 관람불가 규제 완화 관련 영화 법안 개정
• 공연예술가 · 기술자실업보험제 타결 (엥테르미탕제)
• 전쟁, 테러 등 문화유산의 파괴에 저항하는 '유엔문화유산 보호결의안' 동의</td></tr>
</table>

에마뉘엘 마크롱 정부	프랑수아즈 니센 (2017.05~현재)
	• 공영미디어 개혁안 발표 • 창작자유 · 건축 · 문화유산법 시행 법령 발표 • 교육부 공동 주관, '음악과 함께 하는 새 학기(Rentrée en musique)' 시행 • 영상물 관련 세제 개편 법령, 일명 '유튜브세(Taxe YouTube)' 공포 • 공연 예술 지원을 위한 국립공연예술장기고용기금(FONPEPS) 설립 • 루브르 박물관 분관 루브르 아부다비 개관 • 중증질환 환아 대상 프로젝트 '로댕, 병원에 가다(Rodin va à l'hôpital)' 시행 • 국가 공식 인증 라벨 부여 • '문화'를 유럽 재건의 핵심 사안으로 표방 • 문화접근성 향상을 위한 학교 및 공교육 시스템 지원 • 문화 소외 지역 대상 프로젝트 '문화가 있는 삶(Vie culturelle de proximité)' 추진 • 예술창작 및 프랑스식 문화다양성 모델 보호 및 지원 • 미디어의 자유 · 독립성 · 다양성 보장 및 지원 • 문화부 및 관련 공공기관 구조 개혁

최보연 2016: 71 ; www.culture.gouv.fr

3-3. 투봉부터 니센까지, 정책 철학과 성과

1) 자크 투봉: 문화적 예외(l'exception culturelle)

자크 랑의 뒤를 이어 문화부장관에 임명된 자크 투봉은 선임자의 정책을 계승하면서 지역 정비, 대중 문화연수교육, 국가 대외활동 증대를 3대 핵심 사안으로 하는 문화정책을 추진하였다. 그가 특히 비중을 두고 임했던 국가 대외활동 증대는 1993년 '문화적 예외'에 대한 논의에서 프랑스가 주도적인 역할을 하며 가시적인 성과로 나타난다. 1993년 관세 · 무역일반협정(AGETAC/GATT)의 우루과이 라운드 회기에 발의된 '문화적 예외'에 대한 논쟁은 1990년대 문화정책을 좌우하는 새로운 관점의 원칙적 방향을 제시한다. 투봉은 시청각 작품에 한하여 관세 · 무역일반협정의 적용을 선별 배제하는 '문화적 예외' 정책의 목적은 반미에 있는 것이 아니라 유럽 문화의 생존과 다원주의에 있는 것이라고 밝혔다. 문화는 교류를 통해 전승되는 것이므로, 교류에 필요한 최소한의 균형과 상호성을 보장하기 위해 획일적인 원칙 적용에 예외를 두어야 한다는 것이다. 사실상은 미국발 할리우드 영화나 미디어를 견제하여 프랑스를 축으로 유럽연합이 힘을 합쳐 추진한 '문화적 예외'는 비단 영화나 시청각 분야의 생존 차원에서 뿐만 아니라, 그 직접적 영향을 받는 국민의 정서와 생활방식의 보호 차원에서도 불가피했던 원칙으로, 유럽의 문화적 정체성을 보존하기 위해서는 필요불가결한 정책이었다. 이와 같이 투봉은 대외적으로 문화의 예외적 가치를 천명하면서, 대내적으로는 프랑스 문화정책의 초심을 다지고자 1993년 법령의 첫머리에 1959년 말로가 밝힌 문화부의 사명, 즉 "문화부는 전 인류, 우선적으로는 프랑스의 중요한 작품에 가능한 한 최대 다수의 프랑스인이 접근할 수 있도록 하고, 우리의 문화유산을 최대한 많은 공중이 찾도록 지원하며, 공중의 삶을 살찌울 정신과 예술의 창조를 진흥하는 것을 사명으로 한다(Décret nº 59-889)"는 사실을 다시 한 번 적시하며, 대내외적으로 프랑스 문화 및 문화정책을 강화하고자 노력하였다.

2) 필립 두스트 블라지: 문화정책의 재건

1995년부터 문화부를 이끌게 된 필립 두스트 블라지Philippe Douste-Blazy의 정책 이슈는 프랑스 문화정책의 재건이었다. 두스트 블라지는 앙드레 말로 이래의 문화정책 기조, 즉 창조와 접근성을 근간으로 하는 기조 정책을 재천명한다. 먼저 그는 국민 어느 누구도 계층에 따라 문화적으로 배제되는 일이 없도록 사회 계층 간 격차를 줄이는 문화접근 정책의 재건에 심혈을 기울인다. 블라지는 1995년 11월 의회에서 "문화정책은 공화국의 규약을 재창조하는 데 전적으로 참여해야 하고, 누구에게나 개인의 발전과 상호연대의 길을 열어놓아야 한다. 어떤 면에서 문화부는 실험을 주저하지 않는 부처라, 나는 소위 문화적 배제라는 것을 견제할 수 있는 우리의 능력을, 우리의 방식으로 입증해 보여주고자 한다(Poirrier 2013: 32)"라고, 문화접근 정책 재건의 의지를 표명한다. 두스트 블라지는, 문화정책의 큰 목적은 공화국을 완성하는 것, 다시 말해 모든 국민에게 문화예술에 접근할 수 있는 기회를 차별 없이 제공하여 시민의식을 고양하고 상호연대를 이끌어 국가통합을 이루는 것이라고 믿었다.

그리고 다른 한편으로 두스트 블라지는 여러 전임 장관의 선례를 좇아 창작의 자유를 옹호하고 문화적 다원주의를 장려하는 등 창조 정책 역시 재건하고자 총력을 다하였다.

3) 카트린 트로트만: 문화다양성(la diversité culturelle) 제안

카트린 트로트만Catherine Trautmann은 두스트 블라지가 천명한 문화정책의 재건이라는 이슈를 표면적으로 거론하지는 않았지만 선임 장관의 신념을 계승한다. 트로트만의 정책은 첫째, 모든 예술 작품과 문화적 실천에 대한 국민의 접근을 용이하게 하기, 둘째, 예술가에게 창작과 보급 활동의 자유를 전적으로 보장하기, 셋째, 모든 시민에게 문화적 실천의 선택 자유를 최대한 보장하기 등을 핵심 사안으로 하였다.

트로트만의 주요 공적이라고 한다면, 우선 1999년 6월 30일 대중문화교육목표헌장Charte d'objectifs culture-éducation populaire을 통해 앙드레 말로 시절 단절되었던 교육부와의 관계를 재개하여 연합함으로써 이후 프랑스 문화정책에서 교육을 비중 있게 다룰 수 있는 초석을 마련한 것을 들 수 있다. 그리고 무엇보다 국제적 차원에서, 트로트만은 1999년 유네스코 총회를 기회로 "문화적 예외는 법률적 수단이고, 문화다양성은 도달해야할 목표이다(Trautmann 1999)"라는 유명한 선언을 남기며 1993년 이래의 '문화적 예외'를 옹호하면서 동시에 현재까지 효력을 발하고 있는 '문화다양성' 개념을 세계 문화정책 무대에 대두시킨다.

4) 카트린 타스카: 문화다양성 증진

카트린 타스카Catherine Tasca는 전임 트로트만이 제안했던 문화다양성의 원칙을 지지하고 본격적으로 추진한다. 자크 시라크 Jacques Chirac 대통령은 2001년 유네스코 총회에서, "문화의 세계 단일화에 대한 대응책은 바로 문화다양성이다. 다양성이란, 각 민족은 저마다 세계에 내어줄 고유의 메시지가 있고, 각 민족은 그들의 미와 진리를 내보여줌으로써 인류를 풍요롭게 할 수 있다는 확신 위에서 정립되는 것이다(Chirac 2001)"라고 세계를 향해 프랑스 문화부의, 나아가 유럽연합의 대외 정책 기조로서 '문화다양성'을 공고히 한다. 이에 탄력을 받아 타스카의 문화부는 '문화다양성'을 새로운 대외 문화정책의 원칙으로 본격 표방하게 되며, 이후 '문화다양성'은 오늘에 이르기까지 프랑스 문화부의 핵심적인 대외 정책 논리가 되고 있다.

2000년 5월 의회에서 카트린 타스카는 문화정책의 세 가지 핵심 방향으로, 문화다양성의 증진과 문화접근성의 증진 그리고 문화의 지방분산화 확대를 공식화한다. 그리고 2002년에는 예술 및 문화 교육의 역할이 필수적임을 강조하면서, 우선적으로 문화정책에 문화예술교육을 정규 교육 과정으로 필수화하는 방안을 포함시키고자 하였다. 문화예술교육은 문화접근과 창조 그리고 다양성이라는 문화정책이 지향해야 할 중요한 목적들에 부응하는, 문화정책이 제공할 수 있는 최상의 공공 서비스라고 확신했기 때문이다. 문화예술교육은 창조의 진흥을 위한 기본 조건으로서, 문화와 예술에 대한 미래의 아마추어, 프로들의 호기심과 열정을 고무함으로써 문화 대중, 문화 창작자를 기르는 초석이 된다고 믿었다.

5) 장 자크 아야공: 메세나 재시행

타스카의 뒤를 이은 장 자크 아야공Jean-Jacques Aillagon은 개인 및 기업 차원의 민간 문화예술 후원 활동인 메세나의 재개를 문화정책의 핵심 사안으로 삼는다. 그는 메세나의 퇴보 이유를 세 가지로 보았다. 첫째는, 프랑스인의 15% 정도만이 기부 활동에 동참하여, 예술 작품에 대한 개인 후원의 기반이 약하다는 것이다. 둘째로 기업 차원에서, 개인보다 메세나 참여가 더 저조하여 2천여 기업만이 동참하고 있으며 그 후원금도 미미하다고 지적한다. 그리고 셋째는, 재단의 수가 부족하다는 것이다. 당시 독일이 2천 개, 미국이 1만 2천 개인데 비해 프랑스는 6백 개에 불과하였다. 이와 같은 저조한 메세나 구조를 개선하기 위해 아야공은 (신)저작권법인 '정보사회시대 저작권 · 저작인접권법Loi n° 2006-961 du 1er août 2006 relative au droit d'auteur et aux droits voisins dans la société de l'information(Loi Dadvsi)'을 발의하여, 세제 차원에서 개인이나 기업에 혜택을 주어 메세나 참여를 장려하고자 하였다. 또한 재단에 세금 감면 혜택을 부여하고, 재단 설립 조건을 완화하여 재단 설립을 촉진하였다. 이러한 개혁안의 목적은 결국 메세나의 활성화, 즉 시민과 기업 혹은 사회 전체가 국가가 추진하는 궁극적인 목적에 동참하게 하고자 하는 것이었다.

6) 르노 돈느디유 드 바브르: 문화다양성 옹호

르노 돈느디유 드 바브르Renaud Donnedieu de Vabres의 정책은 무

엇보다 1990년대 이후 줄곧 문화부의 대외적 관심사가 되어 온 문화다양성의 옹호가 핵심 사안이었다. 그는 유럽의 정체성은 다양성과 다원주의에서 찾아야 한다고 강조하면서, 이를 구현하기 위해 유럽 국가에 다섯 가지 임무의 협력 단체를 제안한다. 첫째는 문화유산과 관광 분야의 협력 단체로서, 유럽의 문화유산에 공동 라벨을 부여하여 유럽 내 예술작품의 순환을 용이하게 하기 위한 것이었다. 둘째는 유럽 내 영화의 순환을 권장하고 지원하는 단체이며, 셋째는 유럽 차원의 예술과 문화 교육을 담당하는 단체, 넷째는 유럽의 음악 작품 보급과 선양을 담당하는 단체, 그리고 다섯째는 유럽 내 도서의 번역 및 보급을 임무로 하는 단체였다. 이는 사실상 미국의 거세지는 문화공세에 맞서 유럽 공동의 대처를 촉구한 제안으로서, 경제 논리에 의해 문화가 잠식, 획일화 되는 상황을 유럽공동체가 함께 방어하자는 취지였다. 사실 프랑스의 문화정책은, 1993년 발효된 마스트리흐트조약Traité de Masstricht(일명 유럽연합조약으로 유럽연합 체제를 기초) 151조에 명시된 유럽연합의 문화정책과 그 행보를 같이해 왔는데, 이는 유럽연합의 문화정책 중심국인 프랑스의 정책 철학이 다분히 반영된 때문이기도 하지만, 무엇보다 공동체 차원의 정책과 문화 협력이 필요불가결 했기 때문이다. 마스트리흐트조약이 표방한 유럽연합의 문화정책은 상호 문화유산의 공유와 다양한 문화의 수용을 통한 유럽문화에 대한 인식 및 보급의 증진, 주요 문화유산의 보존과 복원, 비상업적 문화 협력과 교류, 시청각 분야를 포함한 문화예술의 창조 등을 핵심으로 하는, 요컨대 '문화 협회association'로 집약되는 정책이었다. 이 문화 협회는 사실상 돈느디유 드 바브르가 제안한 다섯 협력 단체의 역할 범주에 포괄될 수 있는 정책이기도 했다. 결국 유럽 연합의 문화정책이든 돈느디유 드 바브르의 문화정책이든, 지향하는 근본 원칙은 문화적 획일화를 지양하는 문화다양성이었다. 문화다양성의 원칙은 2005년 10월 20일 유네스코의 '문화적 표현의 다양성 보호 및 증진에 관한 협약Convention sur la protection et la promotion de la diversité des expressions culturelles'을 통해 구체적으로 옹호되며, 현재까지 국제적 원칙으로 영향력을 발하고 있다.

돈느디유 드 바브르는 문화다양성을 또 다른 시각, 즉 '사회단결la cohésion sociale'이라는 차원에서도 중요하게 인식하였다. 그는 자신의 문화정책 키워드를 '문화민주화', '문화다양성', '사회단결'의 세 가지로 꼽은 바 있다(Donnedieu De Vabres 2005). 사회단결의 문제는 문화부 초기 앙드레 말로가 지향한 국가통합과 유사한 맥락에 있는 것으로 볼 수 있으나, 동시에 차이점이 존재한다. 두 사람은 다 같이 문화를 사회적 단결의 수단으로 여기고 문화를 통한 통합을 꾀했지만, 이를 위해 말로가 지향한 것은 프랑스 문화의 보편성과 단일성이었다. 하지만 돈느디유 드 바브르는 문화다양성을 통해, 즉 다양한 문화 간의 만남과 대화를 촉진함으로써 사회단결을 이루고자 하였다. 사회단결을 저해하는 요소에는 실업이나 주거 환경 등의 경제적 요인이 크게 작용하는 것이나, 그러한 위기는 궁극적으로 문화적 정체성의 부재라는 본질적 문제에서 비롯하는 것이라고 그는 주장하였다. 따라서 문화부는 다양한 문화적 실천을 고무하여 국민 저마다의 문화적 정체성을 확립시키고 나아가 계층 간 차이점을 존중하고 그 물리적 격차를 줄여 상호 대화와 관용의 정신을 고양시킴으로써 더불어 살아갈 수 있는 사회 문화적 기반을 구축하는 데 전력을 집중하였다. 결국 문화다양성이란 타인과 세상에 대해 마음의 문을 열게 하고, 이를 통해 상호 연대감을 강화하여 사회단결을 이룰 수 있는 인간 삶의 원리라고 보았던 것이다. 이러한 의미에서 문화는 국가의 부차적 임무가 아니라, 가장 기본적이고 중요한 필수적 임무가 된다.

7) 크리스틴 알바넬: 공공지원 정책 강화

사르코지 대통령의 취임과 함께 새로 임명된 크리스틴 알바넬Christine Albanel은 앙드레 말로가 꿈꾸었던 조밀한 문화네트워크를 통한 문화 공급, 그리고 탈중앙집권을 통한 지방분권화를 주요 정책 전략으로 제시한다. 이는 사르코지 대통령의 국정 개혁 방안과 맞닿는 것이었다. 처음부터 알바넬은 사르코지 대통령이 지향하는 개혁 정책의 큰 줄기를 따라 그와 맥을 같이하는 정책을 추진할 것임을 밝혔었다. 그 개혁이란 당시 프랑스와 더불어 여러 유럽 국가가 함께 고민하던 화두로서, 개혁의 초점은 국가 임무의 제고와, 공공투자 및 공공서비스의 증진, 그리고 국가 임무 수행 방식의 개혁에 맞춰진 것이었다. 이를 위해 알바넬은 문화부 차원에서 국가 임무 제고의 일환으로 문화예술 분야의 국정라벨제도를 재정비한다. 또한 공공투자 및 공공서비스 증진의 범주에서, 청소년을 대상으로 박물관 상설전시 무료입장제를 실시하고, 기록문서(아카이브) 접근성 향상 및 보호를 강화하기 위한 관련 법안을 통과시켰으며, 나아가 디지털 문화 환경에 발맞춘 인터넷 창작 배급 및 보호 관련법인 일명 아도피법Loi n° 2009-669 du 12 juin 2009 favorisant la diffusion et la protection de la création sur internet(Loi Hadopi)('Hadopi'는 관할 국가 기관 '인터넷작품배급 · 권리보호고등기구', 즉 'Haute autorité pour la diffusion des œuvres et la protection des droits sur Internet'의 약호)의 초안 구상에 들어간다. 그리고 문화부 국정 개혁의 차원에서 문화부의 조직 개편을 단행하는 한편, 중앙집권 방식에서 탈피하여 파트너십 정책을 확대하고, 지역 문화정책에 있어 지자체의 역할을 대폭 강화하는 정책을 펼쳤다.

8) 프레데리크 미테랑: 문화산업 지원 강화

프레데리크 미테랑Frédéric Mitterrand은 2011년, 전년대비 2.1% 증가한 예산으로 직무를 시작한다. 그는 문화 부문(문화창조, 문화민주화, 문화유산)과 문화산업 부문의 예산을 증액시킨다. 특히 프랑스의 오랜 숙원 사업으로서, '만인이 문화예술을 향유할 수 있는 문화민주화'와 '영상산업 중심의 문화산업 진흥'이라는 목표를 동시에 구현할 수 있는, 국립영화센터를 중심으로 한 프랑스 영상산업 지원 사업을 중점 지원할 수 있게 된다.

본래 미테랑은 문화유산과 지역문화 개발, 공연문화 활성화, 문화와 건축예술 프로젝트(예컨대, 이동 박물관인 '움직이는 퐁피두센터' 프로젝트 등) 수행, 문화예술교육 지원, 디지털 문화산업 진흥, 영상산업 중심의 문화산업 진흥, 공영방송 지원 등을 정책 로드맵으로 제시했는데, 재임 기간 동안 무난히 임무를 수행한 것으로 평가받는다.

미테랑은 알바넬이 구상한 디지털 창작 관련법인 아도피법의 통과와 문화부 조직 개편 법안의 승인을 무리 없이 이루어 내었다. 또한 국립음악센터Centre National de la Musique(CNM)를 설립하고, 대중음악 활성화를 위한 음악 공연 공간인 컬처카페Cafés-Cultures 사업을 추진하였다. 뿐만 아니라 전자책의 정가제를 추진하고, 예방고고학l'archéologie préventive(미발굴 유물의 보호법이나 유물 발굴시 훼손 예방법 등을 연구하는 고고학의 한 분야) 관련 로열티를 개혁하였다.

9) 오렐리 필리페티: 문화예술교육 강화

프랑수아 올랑드François Hollande 정부의 출범과 함께 문화부장관으로 임명된 젊은 오렐리 필리페티Aurélie Filippetti는 정부의 방침에 따른 '문화예술교육'의 증진에 총력을 집중하였다. 하지만 경기 침체를 이유로 정부는 문화부 예산을 2% 삭감하는 동시에, 올랑드의 주요 공약이었던 '국가문화예술교육계획Plan national d'éducation artistique'의 추진을 위해, 관련법인 '국가교육재정립·계획방침법Loi nº 2013-595 du 8 juillet 2013 d'orientation et de programmation pour la refondation de l'école de la République'에 의거하여, 문화부가 교육부와 긴밀한 협력 관계를 유지하도록 만든다. 문화부와 교육부가 연계하여 문화예술교육의 발전에 힘쓰는 것은 프랑스의 오래된 관례이기는 하지만 이미 거대해진 교육부 산하에 문화부가 가려질 것을 우려하는 문화부의 불만 섞인 목소리도 적지 않았다.

필리페티는 2013년 1월, 문화예술교육을 위한 실질적이고 효과적인 정책 방안 모색을 위해 직접 프랑스 전 지역을 순회하는 '프랑스문화예술교육투어Tour de France de l'éducation artistique et culturelle'를 실시했으며, 문화예술교육 분야의 연구 증진과 접근성 확대를 위해 경기 침체에도 불구하고 예산 증가 계획을 모색하고, 문화예술교육 지방분권화를 지지하였다. 이와 함께 아도피법을 재정비하였다.

10) 플뢰르 펠르렝: 교육, 융합 그리고 디지털

필리페티 후임의 한국계로 알려진 플뢰르 펠르렝Fleur Pellerin은, 이미 2012~2014년 중소기업 · 혁신 · 디지털경제부Ministère des Petites et Moyennes Entreprises, de l'Innovation et de l'Économie Numérique 장관을 거쳐, 2014년 8월 문화부장관으로 임명되었다. 펠르렝의 문화 분야 관련 이력은 화려하다. 유엔감사위원회United Nations Audit Commission(UNAC)에서 대외감사 임무를 수행했고, 프랑스 감사원Cour des Comptes 부수석감사관le conseiller référendaire으로 문화 업무를 비롯하여 시청각, 미디어, 국가교육 업무 등을 담당했으며, 2010년부터는 유럽의 다양성, 기회 평등, 교육 확대 등에 관심 있는 프랑스 정치, 경제, 미디어계 인사들 간 담화 모임인

‘21세기클럽Club XXIe Siècle’의 회장으로, 또한 디지털 경제 및 사회 관련 다양한 비정부 시민단체 멤버로도 활동한 이력이 있어 펠르렝의 문화부장관 임명은 당연한 결과라고 할 수 있다. 펠르렝은 여러 문화 분야의 경험과 전직 중소기업 · 혁신 · 디지털 경제부장관으로서의 연륜을 바탕으로 교육과 융합 그리고 디지털을 정책 키워드로 한 다양한 문화정책을 수행하였는데, 대표적으로 ‘창작자유 · 건축 · 문화유산법Loi nº 2016-925 du 7 juillet 2016 relative à la liberté de la création, à l’architecture et au patrimoine’ 발의, 연주자와 음반사 간 권리 조율, 서커스 및 인형극 분야 예술가의 지위 공인, 영화 운영 관련 경영투명도 개선, 아마추어 예술 활동 지원, 예술 및 건축 분야 전공생 장학금 지원 등을 실시하였다.

11) 오드리 아줄레: 문화의 힘 강화

오드리 아줄레Audrey Azoulay 문화부장관은 프랑스 문화의 힘을 강화하자는 목표 아래 다양한 정책을 수행하였다. 무엇보다 전임 펠르렝이 틀을 잡은 초안에 ‘국가의 역할 재확인’ 및 ‘라디오 샹송 쿼터 강화’라는 두 조항을 추가하여 입안한 ‘창작자유 · 건축 · 문화유산법’을 통과시킨 공적이 크다. 아줄레는 ‘2017년 문화부 신년사Vœux au monde de la culture’를 통해, 발효 법안이 창작과 프로그램 기획에 있어 자유를 신장시키고, 라디오 음악 프로그램의 다양화에 박차를 가하고, 창조 정책의 주요 사안인 라벨 인증제를 보강하고, 프랑스인의 일상 속에 건축을 자리 잡게 하여 그 역할을 다하게 하고, 세계적 선망의 대상인 프랑스 문화유산 보호 제도를 한층 명시화하는 데 기여하는 등, 향후 다양한 방식으로 프랑스 문화정책의 개혁을 고무하고 프랑스 문화의 힘을 강화하게 될 것이라는 전망을 밝힌 바 있다(Azoulay 2017).

아줄레는 영상미디어 부문에서 '미디어의 자유 · 독립성 · 다양성'을 강조하며 미디어가 경제적 원칙에 앞서 독립성을 확보하는 데 힘을 실어주었으며, 일각의 반대와 비난에도 불구하고 18세 미만 관람불가 조항의 규제를 완화하는 영화법 개정을 강행하였다. 또한 '공연예술가 · 기술자실업보험제Régime d'assurance-chômage des artistes et techniciens du spectacle', 일명 엥테르미탕제 타결을 통해 프랑스 예술창작을 활성화하는 데 필요불가결한 실업보험제를 보다 현실부합적인 새로운 권리와 경제적 가치를 창출하는 방향으로 개혁하고자 노력하였다. 다른 한편으로, 문화접근성 강화의 차원에서 특히 청소년을 주 대상으로 지역접근성을 향상시키는 방안에 주안점을 두고 일요일 도서관 개관제를 실시하였다. 그리고 국제적 차원에서, 전쟁과 테러 등 문화유산의 파괴에 저항하는 '유엔문화유산보호결의안Résolution 2347 de l'ONU pour protéger le patrimoine culturel'에 동참하였다.

12) 프랑수아즈 니센: 공공 문화서비스 혁신

프랑스 현 문화부장관인 프랑수아즈 니센은 2017년 9월 27일, 2018년 문화부 예산안과 더불어 새로운 프랑스 문화정책의 방향성 및 세부 계획을 발표한다.

이에 따르면, 우선 2018년 프랑스 정부의 문화 관련 총 예산은 100억 유로에 달하며, 이는 문화에 우선순위를 두려는 프랑스 정부의 전통적 의지 표명으로 해석된다. 이 문화 관련 총예산 100억 유로 중 문화부 예산은 36억 유로로, 작년 대비 총 2,400만 유로가 증액된 것이다. 문화부와 타 부처는 공조하여 공영시청각 분야 진흥에 39억 유로를 지출할 계획인데, 이는 작년대비 3,600만 유로가 삭감된 것이나 전체예산으로 보면 1% 미만의 미미한 감소세라고 할 수 있다. 또한 창작 및 문화산업 진흥 예산은 16억 유로로 전년대비 3,600만 유로 증액되었으며, 국립영화센터를 통해 지원될 영화산업 진흥 예산은 7억 2,400만 유로로, 특히 영상제작 및 비디오 게임에 중점 지원될 예정이다. 이외에도 국립도서센터Centre National du Livre(CNL), 국립샹송·가요·재즈센터Centre National de la Chanson, des Variétés et du Jazz(CNV), 사립극장지원협회Association pour le Soutien du Théâtre Privé(ASTP)에 9,300만 유로가 배정되었다.

니센은 2018년 문화부 예산안을 혁신적이라 자평하며, 문화부의 행정 체계와 집행 방식 등 내부 개혁과 함께 '공공 문화서비스의 혁신적 개선'을 핵심 사안으로 하는 새로운 문화정책 로드맵을 밝힌다.

2018년 문화정책 로드맵의 6대 주요 정책 사안은 다음과 같다.

① 문화접근성 향상을 위한 학교 및 공교육 시스템 지원

② 문화적으로 소외된 지역을 중심으로 '문화가 있는 삶Vie culturelle de proximité' 실현

③ '문화'를 유럽 재건의 핵심 주제 및 방법으로 표방

④ 예술창작과 프랑스식 문화다양성 모델 보호 및 지원
⑤ 미디어의 자유와 독립성, 다양성 보장 및 지원
⑥ 문화부 및 관련 공공기관 구조 개혁

니센의 정책은 곧 프랑스 문화부의 현황 및 쟁점을 그대로 보여주는 프랑스 문화정책의 현주소인 바, 좀 더 구체적으로 살펴볼 필요가 있다.

2017년 5월 취임한 니센은 자신의 정책 로드맵에 따라 현재까지 다양한 정책을 추진하고 있다. 우선 소외 지역의 '문화가 있는 삶'을 위한 조치의 일환으로, 6월 음악축제의 의전 콘서트들을 2017년에는 파리의 중심 팔레 루아얄Palais-Royal 대신 수도권과 6개 지방 도시에서 개최하도록 하였다. 그리고 대체 행사로 여름 바캉스 기간 내 7월 26일부터 약 한 달간 문화 입문 워크샵 성격의 '발루아의 여름Étés de Valois'을 주관하여 발루아가(문화부 소재지), 팔레 루아얄 등 주요 도심의 문화 공간에서 파리의 젊은이들을 맞이하였다. 또한 6월 말 화재로 불탄 라쿠르뇌브La Courneuve의 미디어라이브러리Médiathèque의 재건 조치를 바로 7월에 발표하는 등 의욕적인 행보를 보였다.

마찬가지로 창작 분야의 혁신도 추진하였다. 우선 창작자유 · 건축 · 문화유산법 시행 법령을 발표하고, 교육부와 공동 주관으로 '음악과 함께 하는 새 학기Rentrée en musique' 프로젝트를 시행하였다. 특히 음악계의 오랜 구조적 폐단인 성적 불평등을 개선하기 위해 여성 음악인에게 무대의 기회를 보장하고, 지원 제도를 보강하였다. 나아가 이러한 문화 분야의 구조 및 처우 개선의 연장선상에서, 문화부의 임금 불평등 조정과 공공 문화기관 고위 인력의 50% 여성 고용의 목표를 현실화하기 위해 50만 유로를 지원하기도 하였다. 공연 예술 분야와 관련해서는, 지원을 강화하기 위하여 국립공연예술장기고용기금Fonds National pour l'Emploi Pérenne dans le Spectacle(FONPEPS)을 설립했으며, 인형극에 국가 공식 인증 라벨을 부여하였다.

2018년 6월에는 공영방송 구조 개혁의 일환으로, 라디오 채널 '프랑스 ÔFrance Ô'의 폐지를 비롯하여 '프랑스 4France 4'의 디지털 전용 채널로의 전환, '프랑스블뢰France Bleu'와 '프랑스 3France 3'의 합병, 그리고 국민 의식의 환기를 위한 참여미디어 le média engagé의 활성화 등을 골자로 하는 공영방송 개혁안을 발표하였다. 그리고 이전에도 이미 온라인 영상물 유튜브 관련 2% 과세를 결정한 세제 개편 법령, 일명 '유튜브세Taxe YouTube'를 공포하는 등, 니센은 문화 분야의 혁신을 위해 다각적으로 노력하였다.

하지만 니센의 행보와 성과에 대한 문화계의 시각이나 여론은, 2018년 4월 24일자 『리베라시옹*Libération*』의 「문화부, 니센 장관을 구해야 하는가?Ministère de la Culture faut-il sauver Nyssen?」라는 기사 제목이 말해주듯, 상당히 비판적이다.

우선 영화 및 미디어 배급 정책, 그 중에서도 프랑스 영화에 대한 재정 지원 관련 조치들이 문제로 집중 거론되는데, 이는 기존 여러 배급사의 배급 허용 시한을 줄이고 대신 자본력 있는 아마존 등 온라인 플랫폼 배급사를 적극 가동하여 배급 속도를 더 빠르게 바꿀 수 있는 조치가 요구되나, 현실적으로 다른 배급사에 피해를 주지 않으면서 이들 온라인 배급사를 활성화할 수 있는 효과적인 방안을 문화부가 내놓지 못하고 있기 때문이다.

공공 문화시설 서비스 확충과 관련하여서는, 특히 '공동 음악의 집Maison Commune de la Musique(MCM)'이 내세운 모든 장르의 음악인을 연합하겠다는 포부는 실현 가능성 없는 이상이라는 비난에 니센은 개선안을 제시하겠다고 밝혔으나 여전히 침묵만 지키고 있어 역시 비판의 대상이 되고 있다. 게다가 예술가에 대한 보조수당의 조율 없이 '일반사회보장세Contribution Sociale Généralisée(CSG)'를 인상한 정부의 일방적 조치에 대해, 예술계가 문화부에 시정을 요구하며 규탄에 들어가는 등 마찰을 빚고 있으나, 이 역시 일시적 방안 이외 후속 조치가 없다는 문제점도 노출되고 있다.

또한 문화 지방분산화 정책과 관련하여, 국립무대(SN)를 필두로 문화예술 공간 간 전국 네트워크 시스템을 강화하는 방안의 정책은 오히려 중앙집중화를 강화하는 패착이라는 비난을 면치 못하고 있다. 마찬가지로 현 정부의 주요 정책 과제인 '문화패스Pass Culture'에 대해서도 방향성을 잃은 조치라는 비난이 거세다. 청소년의 문화접근성을 높이기 위해 만 18세 청소년에게 연간 500 유로 상당의 문화상품권을 지급하겠다는 것이나 아직 실행 방안이 모호하다는 것이다.

결국, 이러한 일련의 비판들과 맞물려 장관실에 대한 쇄신

이 따를 것이라는 추측도 나오고 있는 상황이다. 물론 이제 겨우 1년 정도가 지난 시점에서 이러한 비판들은 성급하다거나 지나치다고 보는 시각도 있을 수 있다. 하지만 프랑스 언론이나 국민들이 문화적 문제에 대해서는 유독 민감하고 혹독하다는 사실을 감안하더라도, 분명 시사점이 많은 비판들인 것은 부정할 수 없을 듯하다. 더구나 어쩌면 이러한 비판들이 곧 프랑스 문화정책을 끌고 가는 힘인지도 모른다.

II. 프랑스 문화정책의 철학

'문화'는 우리가 일상에서 가장 빈번하게 사용하는 용어의 하나인 만큼, 그에 대한 정의 역시 다양하게 나타난다. 하지만 문화에 대한 정의가 무엇이든 프랑스에서는 전통적으로 문화정책의 필요성에 대한 국가적 합의가 존재했으며, 그리고 문화정책 대상으로서 문화의 개념도 일정한 시대적 합일이 있어왔다.

프랑스 문화부 초창기인 1960년대 문화정책 대상으로서 문화는, '문화민주화'의 원칙에 따라 '다수의 국민이 접근할 수 있는 작품으로서 고급 예술'을 가리켰다. 이후 1980년대에 이르러 문화는, 고급 예술의 범주를 넘어 문화의 상대성을 수용하는 '문화민주주의'의 원칙하에 '정책 대상 분야의 모든 산물'로 그 개념 및 범주가 확장된다. 자크 랑은 앞서 언급한 1982년 문화부 조직수정법령을 통해 문화정책 대상으로서 문화의 개념과 범주를 확장 제시하며, 이후 프랑스 문화정책 내에서 '문화'는 그 자체로 '어떤 것'이라는 단정적 정의 대신 '정책이 담아낼 수 있는 범주 내에서 생성되는 모든 산물'이라는 경험적 정의를 지향하게 된다. 이와 같이 현재 프랑스 문화정책은 그 대상으로서 '문화적인 것'들에 대한 원론적인 정의를 내리고 있지 않다. '문화적인 것'들은 선험적 대상이 아니라 문화유산을 '보호'하고 문화예술을 '교육', '창작'하는 활동들 가운데서 발현되는 것이란 인식에서, 문화부는 그와 같은 문화 활동을 지원함으로써 '문화'

가 다양하게 공존하도록 하는 것이 문화정책의 사명이라고 믿는다. 프랑스 문화정책이 지속적으로 변화 발전하는 것은 이렇듯 '문화'를 정책 대상으로 삼되, '어떤 것'이라고 단정하기보다 인간 활동의 값진 경험적 결과로 바라보는 열린 문화관에 힘입은 것이라고 할 수 있다.

프랑스는 과거의 왕실부터 오늘날의 문화부에 이르기까지 국가가 적극적으로 문화 활동의 장에 관여해왔다. 프랑스에서 문화정책은 사회정책, 교육정책, 국방정책, 경제정책 등과 마찬가지로 반드시 국가가 수행해야 할 국가정책의 하나이다. 프랑스가 문화를 주로 국가의 공적 서비스 차원에서 다루는 점은, 문화를 사실상 사적 영역으로 간주하는 영미권의 문화 관점과 대비를 이룬다. 하지만 여기서 짚고 넘어가야 할 점이 있다면, 프랑스에서 문화 분야에 대한 국가의 개입은 정책적 차원에서 이루어지는 것으로, '창작적 차원'에서는 그 어느 나라보다 자유를 인정한다는 사실이다.

대혁명 이후 프랑스에서 문화정책이라고 하는 것은 곧 문화에 대한 국민의 자부심과 직결되는 것으로, 문화정책의 필요성에 대한 국민의 직간접적 합의는 줄곧 존재해왔으며, 이러한 국민적 지지는 국제적으로도 프랑스가 문화는 특수하다고 하는 '문화적 예외'의 원칙을 표방할 수 있는 원동력이 된다. 사실 프랑스는 왕정과 공화정의 대립, 좌파와 우파의 대립, 중앙집권과 지방분권 등 여러 시대적 변화를 거치면서도 문화 분야에 대한 국가적 지원을 멈추지 않았다. 물론 오늘날도, 국가가 문화 지원 정책을 포기하는 것은 곧 국가의 정체성을 포기하는 것이라는 신념에서 문화에 대한 국가와 지자체의 지원은 계속되고 있다. 특히 문화부는 문화예술에 대해 당장의 가시적 결과를 기대하기보다 장기적인 관점에서 지역 발전과 국가 이미지 제고를 이루는 시너지의 의미가 깊은 공공자산으로 인식하고 끈기 있는 문화예술투자를 이어가고 있다.

요컨대, 프랑스 문화부는 문화적 가치의 '창조'와 최대 다수의 문화 향유, 즉 '접근성'을 양대 정책 철학으로 삼고, 그 효율적 추진을 위해 현재 중앙정부 중심에서 지자체와 권한 및 책임을 나누는 분권 체제로 구조적 전환을 모색하는 과정에 있다. 그리고 대외적으로는 '문화'가 인류의 기타 산물과 다른 차원의 예외적 산물('문화적 예외')이자, 각기의 고유성을 보호받아야 하는 다양성의 산물('문화다양성')이라는 정책 철학으로 세계 문화 질서를 선도하며 국제적 위상을 유지하고 있다.

본 장에서는 프랑스 문화정책의 철학 기조 차원에서 문화정책의 철학적 목표와 문화행정의 지방분권화 경향, 그리고 프랑스가 표방하는 대외 문화정책인 '문화적 예외'와 '문화다양성'의 논리를 원론적으로 살펴보기로 한다.

1. 정책 철학: 문화정책의 거시적 비전, 창조와 접근성

정책 철학은 문화정책이 지향하는 거시적 비전으로, 문화정책의 초점 및 가치 기준에 대한 이해를 가능케 한다. 프랑스 문화정책의 철학은 문화부 창설 당시부터 명시적인 것으로, 여러 법령을 거치며 세부적으로 부각되지 못하거나 이견의 소지가 있어 일부 모호해진 부분도 있기는 하지만, 큰 틀은 변함없이 유지되고 있다.

우리는 '창조'와 '접근성'을 근간으로 하는 프랑스 문화정책의 철학적 목표를 이해하면서, 이를 통해 문화(정책)의 사회적 및 경제적 발전 기여도, 국제적 영향력과 같은 문화정책의 가치 기준에 대한 이해도 함께 할 수 있을 것이다.

1-1. 준거 법령들

프랑스 문화정책의 철학은 초창기부터 명시적이었다. 1959년 7월 24일 문화부조직법령은 "문화부는 전 인류, 우선적으로는 프랑스의 중요한 작품에 가능한 한 최대 다수의 프랑스인이 접근할 수 있도록 하고, 우리의 문화유산을 최대한 많은 공중이 찾도록 지원하며, 공중의 삶을 살찌울 정신과 예술의 창조를 진흥하는 것을 사명으로 한다"고 밝히고 있다. 이 사명은 거시적으로 '창조'와 '접근성'이라는 양대 정책 철학으로 포괄되며, 이 상징적인 정책 철학으로부터 하위의 구체적인 정책 목표 내지 기조들이 파생한다. '창조'와 '접근성'의 정책 철학은 프랑스 문화부가 '문화예술의 창조', '문화의 민주화', '문화유산의 보호'를 정책 기조로 표방하게 되는 지표가 되며, 2002년 법령 n° 2002-

898, 2014년 법령 n° 2014-411, 최근 2017년 법령 n° 2017-1077에 이르기까지 문화부장관 권한 관련 법령Décret relatif aux attributions du ministre de la culture을 통해 프랑스 문화정책사에서 지속적으로 반복 강조된다.

따라서 당연한 이야기지만, 프랑스 문화정책의 변화나 발전은 철학 내지 목표 자체가 아니라 그 목표를 추진하는 과정상의 정책 대상이나 제도, 수단 등을 조율하는 다양한 정책 조치들을 통해 이뤄지는 것이다. 예컨대 2014년 당시 장관인 오렐리 필리페티는 역시 기본적인 '창조'와 '접근성'의 철학 아래, 문화유산과 창작의 보급을 증진할 수 있는 신기술의 개발, 초등학교부터 대학까지 전 과정에 걸친 문화교육의 정규화, 디지털 문화 콘텐츠 및 서비스의 가치 극대화 등의 정책 조치들을 공약하고, 공연예술과 조형예술의 문화적 위상을 제도적으로 한층 더 강화하는 수준까지 나아가며, 정책의 대상 범주를 문화유산부터 고급예술, 대중예술, 교육, 문화산업, 인터넷에 이르기까지 경계 없이 확장한다. 여기에 덧붙여 필리페티는 장관의 권한 관련 법령을 통해 "문화통신부장관은 […] 공연예술 및 조형예술에 대한 정부의 정책을 규정하고 총괄하며 평가한다(Décret n° 2014-411)"라고 밝히며 문화정책의 차원에 평가라는 개념 내지 정책 수단을 부가적으로 명시화한다. 이와 같이 프랑스 문화정책에서 대상과 제도적 원칙, 수단 등은 선험적으로 규정되거나 하나의 틀에 갇히지 않고 시대의 요구에 부응하며 탄력적으로 변화 발전한다. '창조'와 '접근성'이라는 정책 철학은 프랑스 문화정책의 거시적 비전으로, 각 시기 혹은 정부의 구체적인 정책 목표 내지 정책 기조를 파생하는 지표가 된다. 오늘날 이 정책 철학은 문화예술 창조 진흥, 문화접근성의 증대, 문화유산의 보호, 문화산업과 디지털 신기술의 발전, 문화다양성의 증진 등의 구체적인 정책 기조로 나타난다.

문화정책의 목표에 비하여 제도적 원칙은 보다 유연하다. 프랑스 헌법은 문화 분야의 관할권을 여러 조항으로 안배하여 명시하고 있는 다른 여러 국가의 헌법들과는 달리, 특별 조항들 가운데 문화 분야와 관련하여 기준이 될 만한 조항을 단 하나로 집약하여 제시한다. 1946년 헌법 전문 제13항에 "국가는 아동과 성인의 교육과 직업교육 그리고 문화에의 평등한 접근권을 보장한다"라고 밝히고 있다. 이는 사회구성원으로서 당연히 누려야 할 문화적 평등권에 대한 명시로서, 이 헌법 전문의 조항은 1958년 헌법에 다시 수록되나 역시 부가 조항 없이 압축적인 본래의 법문 그대로 실린다. 이 국민의 문화접근권은 오히려 헌법 외 다른 법령들을 통해 구체화된다. 1998년 배제방지 관련법Loi du 29 juillet 1998 relative à la lutte contre les exclusions 제140조는 다음과 같이 "모든 국민은 일생 동안 평등한 문화접근권을 가지며, […] 국가와 지방자치단체는 이 목표의 달성에 기여하고 문화예술 활동 접근권 보장을 위한 구체적인 활동 프로그램을 시행할 수 있다"라고 문화접근권을 보다 구체화하여 명시하고 있다.

유럽 차원에서는, 유럽연합의 여러 조약은 중심국인 프랑스의 정책 철학을 상당 부분 반영하고 있을 뿐만 아니라 프랑스 역시 그 조약들을 준수하고 있어 유럽연합의 문화 노선을 부가적으로 살펴볼 필요가 있다. 유럽연합은 문화 분야와 관련한 권한의 귀속을 명시적으로 표명하고 있지는 않지만, 여러 경우에 있어 문화 분야와 관련한 지표를 제시한다. 대표적으로, 일명 유럽연합조약으로 유럽연합 체제를 기초한 마스트리히트조약 제3조를 보면 유럽연합의 활동 목표들 가운데 하나로 "회원국의 문화 번영뿐만 아니라 수준 높은 교육 및 직업교육을 제공하는 데 기여하여야 한다"는 조항이 있으며, 이 조항은 다시 유럽연합 체제의 쇄신 방안으로 2009년 발효된 리스본조약 제167조에 "유럽연합은 공동의 문화유산을 부각시키는 동시에 회원국의 민족적 및 지역적 다양성을 존중하고 각국의 문화 번영에 기여하여야 한다"고 하는 '문화다양성'의 원칙이 부가된 내용으로 반복 적시된다. 프랑스와 유럽연합이 대외적으로 문화정책 철학을 같이한다는 사실을 단적으로 보여주는 법령이다.

1-2. 창조: 문화예술 창작 활동의 보호와 지원을 위하여

오늘날 우리는 창조도시, 창조경제 그리고 창조문화 등 사실상 인간이 추구하는 모든 활동 혹은 대상에 창조라는 말을 붙인다. 창조는 상당히 능동적인 개념으로 일단은 진보적이고 생산적인 가치를 함의한 조어로 받아들여진다. 창조는 가장 능동적이고 생산적인 문화의 차원이라고 할 수 있다. 프랑스 문화정책이 '창조'를 정책 철학의 하나로 상정하는 이유도 바로 여기에 있다. '창조'는 곧 문화적 가치의 산출을 의미하는 것으로, 구체적으로 문화예술 창작 활동의 보호와 지원 정책으로 나타난다.

프랑스 '창조' 문화정책은, 물론 기대효과가 확실한 특별공공외주의 경우는 예외라 하더라도, 오랜 기간 대중과는 별개인 예술가와 기업 위주의 지원을 고수하여 편중된 정책이라는 비난을 받기도 하나, '창조'가 프랑스 문화정책의 일관된 철학이라는 것만은 분명한 사실이다. 오늘날 창조 문화정책은 특히 디지털 창작 진흥 차원에서 디지털 부문의 새로운 예술적 재화와 용역의 직접적 창출을 활성화하는 방향으로 정책을 보다 체계화하고 있다. 이는 창조 기조의 새로운 전환적 국면이라고 할 수 있다. 하지만 한편으로 과거 예술에서 이제 다시 디지털로 편중되는 이러한 선택적 방향 전환에 대하여 정부나 문화부의 중립성에 문제가 있다고 하는 목소리가 공개적으로 대두되기도 한다. 예를 들어 시각예술 분야에서 디지털 기기를 차용할 경우 바로 특별 공적 지원을 어렵지 않게 받게 된다는 것이다.

현재 '창조' 정책 철학은 두 방향으로 나아가고 있다. 첫째는 예술가를 지원하는 방향으로서, 예술가를 위한 양성기관 조직과 실업보험의 제도화, 지적재산권 보호, 국내외 시장 환경 조성 등으로 나아간다. 둘째는 문화 기업 및 단체를 지원하는 방향으로서, 조세 및 재정 지원 방식을 통한 다수의 공공 거래나 외주 체결, 전시 및 행사를 위한 특수 공간 조성 등으로 나아간다. 문화 창조 분야에서 국가의 개입은 원칙적으로 예술뿐만 아니라 모든 문화 분야에 걸친 것이며, 각 분야의 공적 지원이나 전문가 채용 등과 관련한 장관의 공식 결정은 관례적으로 해당 분야의 저명인사들로 구성된 각 자문위원회의 중론을 따른다. 그러나 이러한 창작 지원 행정은 항상 국가의 중립성 문제나, 역으로 특정 예술가층의 편파적인 수혜에 대한 논쟁의 소지를 남긴다.

또한 최근에는 문화다양성에 대한 연구가 창조 정책의 토대로 제시되고 있는데, 이는 시장 논리에 취약한 문화예술의 창작을 보호하고 극대화하는 것은 기본적으로 창작의 다양성을 존중하는 데서부터 시작되는 것이라는 인식에서 비롯한 것이다. 그렇다면 구체적으로 문화다양성의 원리가 어떻게 창조 진흥의 지침이자 원동력이 된다는 것일까? 이는 우선 문화다양성이, 트로트만이 유네스코에서 "문화유산은 [···] 본질적으로 민족의 정체성과 사회 유대관계의 보호와 결부된다. 문화유산은 가치와 사상, 의미를 전달한다. 문화유산의 특수성은 명백하게 인정되어야 한다. 문화유산은 다른 상품들과 차별적인 상품이다(Trautmann 1999)"라고 밝혔듯, 문화정체성의 존중과 맞닿기 때문이다. 그리고 문화다양성은 사상과 예술적 표현의 다원주의와 합일하기 때문이라고 할 수 있다. 이러한 문화다양성의 논리는 또한, 역시 창작의 보호와 극대화를 위한 정책의 하나인, 문화적 예외의 논리와 맞닿는다. 이 프랑스의 두 대외 문화정책은 아야공이 "문화적 예외는 사실 '프랑스 전형적인' 개념이 아니라, 모든 문화를 지키고자 하는 의지이며, 이러한 관점에서 문화적 예외는 실질적으로 문화다양성의 토대(Greffe 2015: 26)"라고 강조한 바 있듯, 서로 밀접한 관련성을 지닌다.

하지만 문화다양성의 개념이 창조의 개념을 한층 풍부하게 확장시킬 방안이라 하더라도, 문화다양성의 개념은 경우에 따라, 예컨대 창조의 범위가 어디까지인지, 그 한계를 설정하는 민감한 문제가 개입될 경우, 충분한 답이 될 수 없다. 예를 들어, 표현의 자유는 미성년자 보호와 같은 다른 원칙과 어떻게 일치를 이룰 수 있을까? 사실상 프랑스에서, 코스타 가브라스 Costa Gavras의 영화 〈아멘Amen〉에 대한 상영 금지 요청이나 2002년 〈스크림Scream〉이 아직은 정서적으로 취약한 청소년층에 끼친 영향에 대한 우려 등과 같은 표현의 자유를 둘러싼 갈등은 수없이 있어왔다. 그동안 주로 언론이나 영화 분야에 국한되었던 갈등들이 오늘날 특히 방송이나, 웹콘텐츠, 모바일 분야로도 전면 확장되고 있어, 그에 대한 규제 요구가 한층 높아지고 있다. 이에 역시 책임 기관으로 고등시청각위원회Conseil Supérieur de l'Audiovisuel(CSA)가 나서서 프로그램의 질과 다양성 보호, 프랑스 방송의 개발 및 생산 증진, 프랑스의 문화와 언어 진흥 등의 조치를 통해 해결 방안을 모색하고 있다. 그러나 현실적으로 이 위원회의 '규제' 조치는 다른 공정거래 규제 관련 기관인 공정거래청Autorité de la Concurrence이나 통신 규제 관련 기관인 전자통신 · 우정규제청Autorité de Régulation des Communications Électroniques et des Postes(ARCEP) 등, 다른 관련 규제 기관들의 조치와 종종 상충하며 불협화음을 연출하기도 한다.

따라서 문화다양성이라는 프레임을 통해서도, (원론적으로 자유를 기본 사상으로 하는) 창조 분야에 대한 국가의 개입을 정당화할 필요 충분한 명분을 찾을 수가 없다면, 문화유산의 보호라는 또 다른 가치의 프레임을 내세울 수가 있다. 오랫동안 프랑스 문화정책의 핵심 기조가 되어온 문화유산의 보호는 오늘날 창조와 결부되어 보다 복잡한 방식의 접근을 요한다. 문화유산 보호의 관점에서, 창조는 문화유산에서 출발하여 문화유산을 강화한다고 말할 수 있다. 유무형 문화자산의 보존은 창조의 잠재적 원동력을 강화하는 것이며, 다시 창조는 문화유산을 풍부하게 만든다. 국정기념물센터Centre des Monuments Nationaux(CMN) 정책은 이러한 창조와 문화유산 보호의 상호 시너지를 극대화한 정책의 일환이라고 할 수 있다. 국립기념관센터 정책은 기념관 내 미술 오브제나 현대 설치미술 배치에 관한 정책으로, 2008년 제프 쿤스Jeff Koons부터 2009년 자비에 베이앙Xavier Veilhan을 거쳐 2014년 이우환Lee Ufan에 이르는 베르사유 지역 현대 예술가들의 연속 전시회 등을 추진하였다.

1-3. 접근성: 최대 다수의 최대 향유를 위하여

모든 시민을 위한 평등한 문화접근권은 헌법에 명시되어 있다. 보다 일반적인 차원에서 보면, 프랑스는 문화가 경제 및 사회 발전을 비롯하여 지속 가능한 발전을 이루는 중심 기반이며, 따라서 문화가 삶의 질과 각 개인의 성취를 보장하는 핵심 요소라는 사실을 널리 인식하고 있다.

문화접근권은 세 가지 차원에서 고려해볼 수 있다. 첫 번째는 물론 경제적인 차원이다. 문화에 대한 접근은 우선 비용 문제가 장애가 될 수 있다. 따라서 이러한 걸림돌을 제거하기 위해서는 무료 관람 여부가 관건이 되는데, 이는 박물관 및 문화유산의 날 축제Journées du patrimoine나 파리백야축제Nuits blanches, 그리고 특정 조건의 공연들을 무료화 하는 정책으로 나타난다. 그러나 때로 입장료는 유지되어야한다는 의견도 만만치 않은데, 이 경우는 주로 고가의 입장료를 받는 기관들의 이해관계에 따른 것이다. 또한 문화상품권Chèque-Culture과 같은 방책은 흔히 사설 기관의 차원에서 통용될 수 있는 조치이다. 이러한 조치로 인해 야기되는 주된 문제는 그러한 방책이 일반적으로 소비자의 니즈가 아니라 공급자의 입장에 따라 조율되며, 그 결과 모든 소비자가 소득의 수준에 관계없이 일괄적으로 접근 가능하게 되었다는 것이다. 이로 인해 논쟁이 생기는데, 이러한 논쟁은 다른 공공 정책의 경우에도 해당하는 것으로, 문화상품권과 같은 방책들은 굳이 홍보를 하지 않아도 관람을 할 계층에게 국고를 할애하는 격으로, 바로 이런 경우가 평등을 표방한 문화접근권 정책이 비생산적이라는 비판을 받는 대표적인 예가 된다.

다음 두 번째는 교육적 내지 인식적 차원이다. 자신에게 제공된 문화의 가치를 파악하고 이해하는 대중의 문화적 인식 능력의 차원이다. 이는 곧 인적 인프라의 문제로, 여기서 접근성 정책에 관한 논쟁은 구체적인 성격(교육, 정보, 매개 등)을 띠게 되며, 시행 조건이나 여건도 훨씬 복잡해진다. 이는 곧, 어느 차원에서보다도, 비평가들의 가장 열띤 논쟁 내지 비판을 낳는 이유가 된다.

마지막 세 번째는 지리적 차원이다. 이는 문화부 설립 당시부터 부각되었던 문제로, 프랑스인은 사는 지역에 따라 접근할 수 있는 문화자산이 서로 매우 다양한 환경에 살고 있다. 따라서 문화 활동과는 거리가 먼 지역에 거주하는 주민이 겪는 장애를 해소하는 것이 정책의 관건이 되며, 이를 위해서는 문화 활동 공간을 분산 보급하거나 프랑스인이 전 지역으로 보다 용이하게 이동할 수 있도록 하는 방안이 필수적으로 요구된다. 따라서 이에 대한 다양한 조치로서, 극장 지방분산화, 이동도서관, 순회영화관, 지역 문화유산교실 등을 추진한다. 이 지리적 접근권은 앙드레 말로 당시 '문화의 집'을 중심으로 한 지역재정비 정책을 통해 매우 강력하게 추진되었다. 하지만 오늘날 이 지리적 접근권은 더 이상 우선순위가 아니다. 인터넷이라는 대안적 접근 방식이 등장했기 때문이다. 더욱이 도시화가 가속화됨에 따라 규모의 경제(문화정책과 관련하여 쉽게 말하면, 장기적인 관점에서 공급(투자)이 늘어나 소비의 평균비용이 낮아지는 현상)와 접근 비용의 감소 등이 가능해졌다. 그럼에도 문화의 지역분산화 정책은, 차후 다시 논의하겠지만, 누구나 의지만 있다면 접근 가능한 유형의 문화들과 관련해서는 여전히 매우 의미 있는 기능을 수행하고 있다.

1-4. 몇 가지 특수한 문제들

문화부의 정책 목표 내지 기조들은 시간이 지남에 따라 변화할 수 있다. 이는 단순한 행정권의 변화를 넘어 문화정책의 쟁점들에도 영향을 미치게 된다. 오늘날 첫 번째 기조 변화는 프랑스어의 방어와 진흥 정책 차원에서 나타난다. 공식적으로 프랑스어에 관한 문제는 문화부 관할이며, 문화부의 정책 기조 중 하나라고 할 수 있다. 그럼에도 불구하고, 이 정책 기조는 두 가지 이유로 시간이 지남에 따라 다소 형식적인, 심지어는 지엽적인 문제가 되어버렸다. 첫 번째 이유는, 문화부가 이 정책 기조를 외무부와 교육부, 이 다른 두 부처와 분담을 하고 있기 때문인데, 사실 외무부는 프랑스 문화의 방어 및 진흥을 위한 광범위한 네트워크를 갖추고 있어 상당한 권한을 부여받고 있다. 게다가 교육부는 폭넓은 정책 수단과 중책을 부여받고 있는 것이 명백한 상황이다. 다음 두 번째 이유는, 프랑스어권 국가들이 공동으로 창설한 기관인 프랑코포니고등심의회Haut Conseil de la Francophonie가 국제적 차원의 특별정책을 수립했기 때문이다. 이에 따라 문화부는 프랑스어의 사용을 직접적으로 홍보하는 역할보다는, 프랑스어 문화 상품의 창작과 보급을 지원하는 쪽으로 역할 방향을 전환한 것이다.

두 번째 기조 변화는 미디어 통신 부문의 규제 정책 차원에서 나타난다. 문화부는 문화통신부라는 명칭으로 개편되는 경우가 자주 있는데, 이는 문화부의 임무에서 그만큼 통신의 비중이 크다는 것을 의미한다. 하지만 이는 사실 형식상의 명칭이라고도 할 수 있는데, 왜냐하면 통신 관련 규정은 문화 관련 규정과는 완전히 다르며, 따라서 예를 들면 행정도 기본적으로 고등시청각위원회와 전자통신 · 우정규제청과 같은 특별 기구들이 담당하고, 규정 역시 자체적인 고유의 입법 조항을 따르기 때문이다. 이러한 미디어 통신 규제는 중앙 행정부가 개입하기보다 자유와 독립성이 보장된 기관을 통해 집행되는데, 이러한 조직 관계는 프랑스의 경우나 다른 여러 나라의 경우나 마찬가지로 나타난다. 그러나 어떤 경우에서든, 통신 분야는 여러 규제나 여러 기관이 서로 중복되거나 상충하는 분야라고 할 수 있다. 일반적으로 기술 장비 또는 기기 장치 관련 규정은 전자통신 · 우정규제청 소관이고, 콘텐츠 관련 규정은 고등시청각위원회 소관이며, 경우에 따라 문화부가 간접적으로 개입하기도 한다. 공정거래 관련 규정은 공정거래청이 담당한다. 물론 여러 관련 문제를 고려할 때 통신 규정은 단순할 수는 없지만, 일단 관련 규정이 입안이나 입법화 되면 그에 따른 복잡한 관계로 하여 문화부가 개입하기 쉽지 않게 된다.

마지막 기조 변화는 문화다양성의 원칙과 관련해서 나타난다. 시간이 지남에 따라 문화적 예외 원칙이 힘을 잃으면서, 상대적으로 문화다양성의 원칙이 점하게 되는 위상이 높아진다. 세계화와 신기술을 통한 문화산업의 급속한 발전은 국제 사회가 문화다양성을 보호해야 할 필요성을 인식하도록 만들었다. 이는 곧 국가 간 문화 평등의 원칙이 기정사실화된 차원에서, 국가에 자국의 문화를 보호 지원할 수 있는 정책 권한을 인정해야 한다는 요구이기도 하였다. 문화적 예외가 보호주의적 뉘앙스로 반감을 살 개연성이 있는 상황에서, 문화다양성의 원칙은 국가가 국제적 차원에서 취약한 구조를 지닌 문화 상품에 대한 지원 조치를 취할 수 있다는 또 다른 논리를 제시한 것이다. 이렇게 문화다양성의 논리 속에는 불가분의 관계에 있는 두 원칙, 즉 '특수한 고유 문화유산으로서 문화의 보존'과 '대외 개방'이라는 두 원칙이 내재한다.

문화다양성의 원칙들은 곧 2005년 10월 유네스코가 채택한 '문화적 표현의 다양성 보호 및 증진에 관한 협약'이 표방하는 원칙들과도 맞닿는 것이다. 하지만 원칙에 따른 실천은 프랑스 국내와 국제 사회에서 다양한 형태로 나타난다. 프랑스는 자국의 문화를 국제적으로 널리 격상시키면서, 동시에 다른 나라의 문화를 수용하고 개발한다. 특히 국제 협력 및 개발을 목적으로 프랑스 밖 다른 나라의 영토 내에서 추진된 활동들 중에는 창조의 자유 확대, 최대 다수를 위한 문화자산 접근권 보장, 문화적 재화의 유통 향상, 다국어 지원을 위한 창작자와 저작자의 권리 보호 등이 있다.

2. 행정 철학: 정부 주도에서 지방 분권으로

프랑스는 다른 국정 정책과 마찬가지로 문화정책에 있어서도 중앙집권적 전통을 유지해왔다. 특히 16~18세기는 강력한 군주와 파리를 중심으로 문화의 중앙집권화가 확고히 자리를 잡은 시기이다. 문화는 권력을 과시하는 한 방편이었으며, 특히 '빌레르코트레칙령'을 통해 프랑스어를 공식어로 반포한 프랑수아 1세는 문화정책을 국가의 위대한 국책으로 인식하였으며,

태양왕 루이 14세는 베르사유 궁으로 대변되는 문화의 전성기를 이끌었다.

문화를 권력으로 인식하며 중앙집권화한 전통은 프랑스 근현대사에 그대로 이어진다. 초대 문화부장관 앙드레 말로는 첫째, 공공정책은 국가가 주도하고 둘째, 공공재는 국가의 소관이며 셋째, 지자체 및 민간단체는 국가가 관할한다고 하는 세 원칙에 입각한 중앙집권적 문화정책을 표방하였다. 이후 각 정부가, 특히 미테랑 정부의 경우 문화부 예산의 약 25%에 달하는 막대한 재원을 동원하며 심혈을 기울인 대형국책프로젝트 '그랑트라보'도 파리를 중심으로 이뤄진 중앙집권적 문화정책의 전형이라고 할 수 있다. 이와 마찬가지로 국민의 문화 수준 향상을 위해 국가 전 지역에 교육의 장을 제공하고 문화를 접할 기회를 넓히고자 하는, 프랑스 문화정책의 기조인 문화민주화도 초창기에는 국민, 특히 지방민에게 국가의 존재를 인식시켜 국가적 연대감을 강화하고자 한 방안이었다는 관점에서 역시 중앙집권적 성격을 내포하고 있었다.

따라서 문화 분야에서 지역 문화를 진흥하기 위한 민주적 혹은 분권적 움직임이 어느 정도 가시적으로 나타나기 시작한 것은 20세기 초부터다. 이러한 움직임은, 전통적인 문화 장르의 하나이지만 문학이나 음악, 미술보다 대중과 가깝다고 할 수 있는 연극 장르로부터 시작되었다. 파리에 비해 문화적으로 소외된 지방의 지역민에게 문화를 향유할 수 있는 기회를 확대하고자 지방에 극장이 설립되기 시작하면서 지역 문화가 활성화할 수 있는 계기가 마련된다. 동시기에 좌파가 집권한 생테티엔Saint-Étienne 같은 코뮌에서는 노동자를 대상으로 한 사회주의 교육의 일환으로 연극이 활용되면서 지역 문화정책의 모습이 갖춰지기 시작했다. 그리고 1936년 인민전선 정부가 집권하면서 여러 코뮌에 보다 많은 대중이 문화를 향유할 수 있는 기관들이 생긴다. 그리고 1938년 정부로부터 연극의 지방분산화에 관한 조사를 의뢰받은 샤를 뒬렝Charles Dullin은 문화예술이 파리에 집중되어 연극의 지방분산화가 시급하다는 보고서를 제출한다. 이어 2차 대전 중 비시Vichy 정부는 비점령 지역의 일부 도시에 '청소년의 집Maison de Jeunes', '청소년작업실Chantier de Jeunesse' 등을 설립했고, '젊은 프랑스Jeune France'라는 민간 문화예술 단체가 전시회와 순회공연, 독서 및 영화 클럽 등을 운영하기도 한다. 이렇게 각종 문화기관이 지방에 설립되면서, 당시까지 한정된 계층만이 향유하던 문화를 민중도 함께 누릴 수 있는 환경이 조성되기 시작했다. 2차 대전 직후에도 연극의 지방분산화는 계속되어, 1947년부터 국립연극센터Centre Dramatique National(CDN)가 각 지방에 설립되기 시작했다. 이러한 연극 분야의 지방분산화는 전국적으로 문화 관객을 확대하고, 예술가의 창작 의욕을 고취할 수 있는 가능성을 보여주었다는 점에서 무엇보다 의미가 깊었다. 현재 프랑스 전역에 설립된 33개 국립연극센터는 1972년부터 '연극지방분권계약Contrat de décentralisation dramatique'에 따라 문화부와 3년 기한, 2회 갱신의 조건부 계약으로 임용된 센터장의 관할 하에 운영되기 시작했으며, 문화부의 지원 예산은 이미 2002년 기준으로 지방 국립연극센터 전체 예산의 54.3%에 이르렀다. 이 계약에 따라 공무원이 아닌 현장의 극작가나 연출가, 배우가 직접 센터를 효율적으로 지휘할 수 있게 되었다.

그러나 지방 고유의 가치를 수호하기 위하여 사회 전반적으로 하나의 흐름이 형성된 것은 1960년대 말이다. 1960~1980년대는 프랑스 사회가 급격한 변화를 맞이한 시기로, 1940년대 말부터 20여 년에 걸친 베이비붐 이후 출생률이 하락한 시기이며, 경제적 차원에서는 소위 농업 시대가 가고 산업화가 급속히 진행된 시기이다. 정치적으로는 1965년 첫 직접보통선거에 의한 대통령 선출로 직접민주주의가 강화되었으며, 문화적으로는 도시에서 지식 관련 직종 종사자와 학생 인구의 증가로 문화적 수요가 증가하고, 더불어 두터워진 중산층과 문화산업의 발달로 대중문화가 출현하며 문화예술계의 전문화가 이루어진다. 이와 같은 사회적 변화는 68혁명을 통해 사상적으로 그리고 집단적으로 가시화된다. 지방의 지역민은 자신들의 정체성을 자각하고 지방의 자율권을 요구하는 소위 '지방 혁명(Lafont 1967)'이라 불리는 운동에 직간접으로 동참한다. 본래 지방의 자유를 옹호한 계층은, 예컨대 향토에 뿌리내린 문화의 중요성을 역설한 『뿌리 뽑힌 사람들*Les Déracinés*』(1897)의 바레스Maurice Barrès나 모라스Charles Maurras와 같은 극우 민족주의 계열의 작가들이었으나, 1960년대에 들어 지방분권화를 주장하는 쪽은 좌파로 바뀌었다. 라퐁Robert Lafont은 '내부 식민주의le colonialisme intérieur'를 고발하며 지방의 문화를 수호하고자 했고, 민족 집단과 소수 집단을 보호하기 위해 작가들이 대거 참여한 것도 이 시기였다. 푸지롤라스Pierre Fougeyrollas는 "지역분권주의는 압제, 착취, 억압에 대항하는 새로운 유형의 투쟁(우무상 2003: 358에서 재인용)"이라고 주장하기도 했다.

문화의 실질적인 제도적 지방분권화는 크게 세 단계를 거치며 현재에 이르렀다. 우선 첫 단계는, 초대 문화부장관 앙드레 말로가 구상하고 추진한 '문화의 집'을 통하여, 다음 단계는 1977년 전면화된 문화부 산하 레지옹문화사무국을 통하여, 그리고 세 번째는, 실질적인 지방분권화라고 할 수 있는데, 지자체와 계약에 의한 파트너십을 통하여 순차적으로 나아가면서 지방분권화는 보다 현실에 부합하는 효율적인 체계로 발전하였다. 초창기 '공공 서비스 차원'에서 프랑스의 각 도마다 하나의 문화의 집을 세워 '만남의 공간을 활성화'하고자 한 말로의 계획은, 점차 '문화부 행정조직 차원'에서 레지옹문화사무국을 신설하여 '행정권 자체를 분산'하는 방향으로 발전하였다. 레지옹문화사무국은 지자체와 '문화헌장la charte culturelle'이나 '문화협약la convention culturelle'과 같은 법적 계약에 의거하여 문화 행정을 분담하는 문화부의 지방분권부서로서, 관할 지방의 문화정책을 지원하는 기능을 수행하며 국가 문화정책의 효율성을 극대화하는 데 기여한다. 관련 주요 법령은, 2부 1장에서 상세히 이야기하겠지만, 1983년 정부와 레지옹région(광역지자체), 데파르트망département(중간지자체), 코뮌commune(기초지자체) 간 지방 분권 관련법인 '데페르법Loi nº 83-8 du 7 janvier 1983(Loi Defferre)'과 레지옹문화사무국의 임무를 규정한 1986년 3월 14일 법령, 그리고 1992년 2월 6일 법령 및 이후 2000년대 지속적으로 보강되는 수정법령 등이 있다. 그리고 현재는 문화부 및 레지옹문화사무국과 지자체 간 또는 민간기관 간 헌장이나 협약 등 계약을 토대로 한 파트너십 정책이 확대 강화되고 있는 과정에 있다. 사실 지방 분권은 점진적으로 이루어졌다. 오늘날 문화부는 개입보다는 지자체 소관의 행정권을 강화하고, 적극적인 개입보다는 지지하고 지원하는 방향으로 나아가고 있다. 하지만 여전히 지자체의 관점에서나 문화부의 관점에서나 문화의 지방분권화는 진행형이라고 할 수 있다.

현재 지방분권화와 관련한 쟁점은 우선, 여전히 중앙 문화부가 정책의 기조를 기본적으로 설정하고 주도한다는 점이다. 또한 지자체 차원에서 보면, 부여받은 권한에 비례하여 부담해야 하는 책임, 특히 재정적 책임을 어떻게 완수해야 할 것인가도 만만치 않은 문제다. 그리고 광역, 중간, 기초 지자체 간, 그리고 각종 제도와 기구 간 행정의 중복 내지 이권의 상충 문제를 어떻게 조율할 것인가도 중요한 쟁점이 된다. 이러한 문제를 타개하기 위한 방안으로, 예컨대 코뮌 간 행정 및 재정 문제를 공동으로 대처할 수 있는 '코뮌공동체intercommunauté'가 결성되기도 하였다. 하지만 여전히 불충분하며, 문화행정의 지방분권화는 현재도 상당한 쟁점을 안고 있다. 더욱이 유럽연합 차원에서 보면, 프랑스의 지방 문화정책은 주로 기초지자체(코뮌) 및 중간

지자체(데파르트망)를 상대로 추진되어, 광역지자체(레지옹)의 권한이나 역할이 명확히 설정되지 않은 상황인데 반해, 유럽연합은 광역지자체 중심의 지방 문화정책을 권장하고 있어, 프랑스로서는 수용하기에 여러모로 어려움이 많아, 이 문제 역시 해결 방안을 모색해야 할 것이다.

3. 대외 철학: 문화적 예외와 문화다양성

프랑스 문화정책의 철학은 나아가 프랑스가 대외적으로 제안, 표방한 '문화적 예외'와 '문화다양성'의 원칙을 통해 세계 문화정책의 패러다임으로 구현된다. 이 두 원칙은 북미 중심의 문화자본주의에 대항하여 프랑스의 문화적 가치는 물론 유럽 문화의 정체성과 위상을 보존하기 위한 거시적 방안으로, 프랑스 및 유럽연합의 대외 문화정책의 원칙이자 상징이 되고 있다.

3-1. 문화적 예외

'문화적 예외'의 개념은 현 시점에서는 다소 왜곡되거나 쇠퇴한 부분이 있지만, 여전히 대내외적으로 프랑스 문화정책의 기본 원칙이 되고 있다. 물론 '예외'라는 배타적 어감으로 하여, 일각의 비난어린 시선은 예나 지금이나 있어왔다. 20여 년 전 자크 리고Jacques Rigaud는 이렇게 에둘러 지적한 바 있다. "여러분은 프랑스식의 특정 문화 담론에 시달리고 있습니다. 그렇게

지고의 자아관을 가진 나라가 간혹 긴장된 태도를 보이니 이해하기 어려울 것입니다. 여러분은 프랑스가 국가관리주의와 동업조합주의가 묘하게 얽힌, 얼핏 고풍스러운 문화 개념을 전 유럽과 공유하고자 하니 놀라울 것입니다. 여러분은 일부 창작자들이 자신들의 가치를 확신하면서도 지원과 보호만을 꿈꾸고, 또한 정치인들, 고위 장관들은 그들의 명제를 아무 생각 없이 신봉하는 것처럼 보이니 이상할 것입니다. 여러분은 이렇듯 프랑스가 비타협적인 입장을 고집하며 파트너들로부터 고립되는 상황을 지켜보자니 걱정스러울 것입니다. 결국 우리가 프랑스에게 기대하는 것은 정치보다 문화가 있는 유럽이라는 철학을 수호하고 펼치는 선도적인 역할일 것입니다(Rigaud 1995: 9)."

1) 문화적 예외의 기본 원칙

문화적 예외와 관련하여, 본래 프랑스가 발의한 원칙이라는 것은 그저 단편적인 사실일 뿐, 담론의 쟁점들은 따로 있다. 문화적 예외의 원칙은, 프랑스가 미국에 대항하여, 보다 포괄적으로 말하면, 지난 세기에는 우루과이 라운드의 국제 무역자유화 운동과 오늘날에는 대서양조약의 프로젝트에 대항하여 이 원칙을 맹렬히 옹호했음에도, 어감상의 차원을 떠나 실질적으로 쟁점이 될 만한 두 가지 중대한 문제를 안고 있다. 우선, 시장 논리상 필연적으로 취약한 분야에 생존 수단을 제공하겠다는 이 원칙이 문화적 투쟁만큼이나 사실상은 경제적 투쟁이라는 점, 그리고 이 이야기는 좀 더 나중에 나온 것으로, 세계의 문화를 수호하겠다는 이 원칙이 유럽의 나라들을 위한, 유럽연합 차원의 방어 원칙이라는 점, 이렇게 크게 두 가지 논쟁의 소지가 다분한 문제를 안고 있었다.

사실 '문화적 예외'는 아주 오래된 개념이라고 할 수 있다. 영화의 흥행을 담보로 한 제작 지원금이나 쿼터제와 같은 제도는 국가의 문화적 생산성을 지속적으로 보장하기 위해 필수적이라는 생각은 이미 양차 대전 기간으로 거슬러 올라간다. 이 생각은 전후 1946년 프랑스와 미국 간 영화 쿼터에 관한 블룸-번즈 협정Accords Blum-Byrnes의 체결로 구체화된다. 전쟁 채무를 삭감받는 조건으로 미국 영화의 쿼터를 늘려준, 사실상 프랑스로서는 굴욕적인 이 협정이 프랑스와 미국 간 영화 쿼터제의 포괄적 규정이 된다. 1947년 관세 · 무역일반협정(AGETAC/GATT) 관계 협상국들도 이미 이 주제를 다루었으며 서명 전 협약 제4조에, 회원국에 국가별 영화 쿼터제 도입을 허가하는 일종의 문화적 예외를 미리 예비하고 있었다.

문화적 예외가 문화적 투쟁 이상의 경제적 투쟁이라는 이야기는 무엇보다 문화산업 분야에서 나온 불평의 이야기다. 신생산업 보호 조치를 통해 문화산업이 누릴 수 있는 혜택은 없다는 것이었는데, 사실상 문화 상품은 규모가 다른 시장, 예컨대 미국 시장과 같은 대규모 시장에서 감가상각 되더라도 다른 보다 소규모 시장의 국가 상품을 상대로 할 때는 분명한 이점이 있기 때문에 혜택을 누릴 수 있었다. 결국 '문화적 예외' 정책 차원의 불운은 '경제적 차원'과 '프랑스 · 유럽 방어적 차원'의 두 쟁점이 서로 얽히면서 비롯된 것이다. 사실 이러한 불운은 1982년 멕시코시티Mexico City 세계문화정책컨퍼런스World Conference on Cultural Policies에서 있었던 미테랑 대통령의 연설에서 이미 예견된 것이었다. 이 연설은 본래 의도대로였다면, 미국의 이웃 나라에서 보란 듯이, 문화란 삶의 기본권이며, 세계 각국이 서로의 문화자산을 존중하고 인정하면 결국 모두에게 득이 될 것이라고 하는 사실을 호소하면서 그러한 세계의 문화적 비전을 위해 국제 차원의 문화정책 수단을 갖추자고 세계를 설득할 수 있는 좋은 기회였다. 하지만 후일의 문화적 예외(1993년 관세 · 무역 일반협정 회기에 제의됨)를 염두에 두고 한 듯한 이 담화는 사실상 세계가 아니라 유럽을 위해 세계에 개입하는 프랑스와 유럽연합의 자기 방어를 위한 웅변처럼 들렸다. 이 연설은 잘못 들으면 분명 여러 지적이나 풍자, 어쩌면 매우 정당한 비판을 낳을 소지가 다분했다. 미래의 노벨문학상 수상자, 마리오 바르가스 요사Mario Vargas Llosa는 1993년 제의된 '문화적 예외'를 지켜보면서, "플로베르와 드뷔시에게 위협적인 것은 쥐라기 공원의 거대한 공룡이 아니라, 프랑스 문화를 마치 신선한 공기에 노출되면 풍화될까 두려워 그의 관에서 끄집어 내지 못하는 미라인양 이야기하는 왜소한 선동가와 국수주의자들"이라고 썼다. 타일러 코웬Tyler Cowen은 "프랑스 영화의 가장 호시절은 프랑스 영화제작에 국가가 전혀, 아니면 거의 개입하지 않았던 먼 시절"이라 지적하기도 했다(Greffe et alii 2015: 38-39).

2) 산업에 밀려나는 문화

미국과 프랑스, 또한 미국과 유럽 국가들 간 이 문화적 예외에 관한 논쟁은 본래 세계무역기구(OMC/WTO, 1995~현재)의 전신인 관세 · 무역일반협정(AGETAC/GATT, 1947~1994)의 마지막 8차 라운드인 1986년 새로 시작된 우루과이 라운드(UR, 1986~1994) 첫 회기 당시의 여러 협상들 가운데 하나로서 시작되어, 이후 점진적으로 진전되었다.

당시 미국은 시청각 분야를 자유화하고 세계 시장에서 지배적 입지를 확보하고 있었다. 단적인 예로, 미국 사회의 이미지와 상품을 널리 전파할 수 있는 강력한 매체인 영화나 TV 시리즈 등 미국의 시청각 미디어가 세계 시장을 장악하고 있었다. 미국의 무역 수지에서 최고의 흑자를 이룬 부문도 시청각 부문이었다. 1990년대 기준으로 7개 미국 메이저 영화사가 세계 시장의 80%, 5개(현재 3개) 미국 메이저 음악사가 세계 음악 시장의 80%를 점유하고 있었다. 따라서 미국은 세계 시장에서 문화 상품의 자유화를 원할 수밖에 없었다.

이에 유럽 차원에서는, 유럽위원회Commission Européenne가 대규모 유럽 내수 시장에서, 특히 시청각 부문, 보다 포괄적으로는 문화 부문과 관련하여 시행할 수 있는 가능한 정책 조치를 강구하고자 유럽 간 협상을 시작하게 된다. 하지만 회원국들 간 의미 있는 합의는 이루어지지 않았다. 일부는 미국을 따르기를 원했고, 나머지는 쿼터제를 유지하기를 원해, 결과적으로 해당

협상 자체를 시작하고 싶어 하지 않았다. 따라서 다시 문화가 다른 상품들과 다른 자산이라고 하는 기존의 끈질긴 주제로 돌아간다. 유럽위원회는 "창작의 진흥 방안으로서 쿼터제의 적법성 인정, (국가적 문화 생산성의 증진이라는 명분에서) '유럽' 의무 쿼터제 지침 확립, 유럽 지침이 규정하는 이상의 쿼터를 원하는 회원국을 위한 쿼터 가능 범위 설정(자국 방송사를 위한 언어 쿼터 혹은 더 높은 비율의 쿼터 가능 범위 설정) 등, 두서없는 여러 방안을 권고한다. 하지만 이 권고가 모든 국가에 강제력을 지니는 것은 아니었다. 따라서 유럽위원회는 한 발 물러나서 1989년 10월 3일 '국경 없는 텔레비전Télévision Sans Frontières(TSF)' 지침을 강구하고, 이를 토대로 '미디어 프로그램Programme MEDIA' 프로젝트 등, 시청각 부문에 대한 다각적 지원을 하는 방향으로 나아간다. 막대한 예산을 기반으로 지원된 '미디어 프로그램'은 시청각 프로그램의 개발과 배급 그리고 진흥을 3대 목표로 하였다. 이 프로젝트는 이후 지속적으로 보충, 수정을 거치며 현재도 계속 지원되고 있는데, 예를 들어, '미디어 프로그램 2007~2013'에는 7억 5천 5백만 유로가 지원되었다.

따라서 우루과이 라운드 협상이 시작될 당시 미국의 목적은 관세·무역일반협정의 기본 원칙, 즉 국제 무역의 무한 자유화 원칙에 입각하여, 시청각 작품의 지원 및 증진에 관한 유럽 및 세계의 모든 조치들을 산산조각 내는 것이었다. 하지만 프랑스의 강한 압력에 그리스와 이탈리아가 점차 지지 의사를 표명하고 유럽연합은 드디어 유럽 내 동의 없이는 시청각 분야에서 어떤 자유화의 계약도 체결하지 않으며, 시청각 분야는 추가 협상이 시작되는 순간까지 협정에서 예외라고 하는 합의에 이르게 된다.

미국은 유럽연합과 세계무역기구 혹은 경제개발협력기구(OCDE/OECD)에 가입을 희망하는 여러 국가에 유럽의 시청각 법안, 특히 '국경 없는 텔레비전 지침'을 비준하지 않도록 압박을 가하면서, 세계무역기구나 경제개발협력기구의 프레임으로 다시 한 번 시장의 자유화를 시도한다. 하지만 결과에 있어 유럽연합과 세계무역기구의 12개 후보국 중 10개국은 완전히 유럽의 입장을 지지했다. 따라서 자국의 문화를 수호하기 위한 미국과 유럽 사이의 수십 년에 걸친 대립은 유럽의 승리로 끝이 난다. 그럼에도 불구하고 이 승리는 유럽의 시청각 문화를 세계로 널리 전파하기 위한 공격적 공세라기보다 세계 시장에서 시청각 분야에 대한 지원책을 고수하기 위한 유럽의 방어적 공세에 가까운 것이었다.

하지만 프랑스는, 영화를 탄생시킨, 영화 산업과 가장 밀접한 유럽 국가라는 차원에서 그러한 국제적 방어 활동을 앞장서서 이끌긴 했으나, 언제든 만일 그러한 활동에 의무적으로 동참한 국가들 간의 결속력이 약화된다면, 그리하여 '문화적 예외'가 전 유럽 차원의 개념으로서 설득력을 잃는다면, 나아가 세계 사조를 따라 계속 개념의 포지셔닝을 진화시키지 못한다면 더 이상 자신의 입장을 방어할 수 없으리란 사실을 실감하게 된다. 프랑스는 2013년 유럽연합과 미국 간의 새로운 무역 협상, 범대서양무역투자동반자협정Partenariat Transatlantique de

Commerce et d'Investissement(PTCI/TTIP) 회기에 역시 방어적 공세를 취한다. 현재도 유럽연합, 특히 프랑스와 독일의 반대로 여전히 타결에 난항을 겪고 있는, 이 미국과 유럽을 아우르는 세계 최대 규모의 농산물 및 공산물 자유무역시장에 관한 협상에서 처음부터 문화자산의 문제는 협상의 대상 안건에 올라있지 않았으며, 이에 올랑드 대통령은 유럽 국가들에게 지지를 호소한다. 하지만 시청각 자산을 협상의 안건에 올린 것만으로 만족할 수밖에 없었다. 넷플릭스Netflix의 시대에 프랑스 문화의 국경은 여전히 아비뇽 궁전의 안뜰, 가장 고답적인 연극 공연의 장에 멈춰있는 격이었다.

3-2. 문화적 예외에서 문화다양성으로

실제로 논쟁의 방향은 점진적으로 변화하여, 여러 담화나 입장 표명들이 대두되는 가운데 문화다양성의 개념이 문화적 예외의 개념을 대체해 간다. 문화다양성의 개념은 사실상 문화적 예외만큼이나 오랜 프랑스의, 유럽의 개념이다. 문화적 예외 개념과 공존해온 개념이 이제 보다 가시적으로 문화정책 담론의 표면으로 부상한 것이다. 문화다양성 개념의 철학은 자국의 문화를 다른 국가의 문화로부터 보호하는 배타적인 '보호'의 문제보다 자국의 특수한 문화를 증진하는 '가치화'의 문제를 부각시키고 있었다. 이는 정책의 '본질'이 아니라 정책의 '사용'에 관한 다른 시각의 조명이었다. 1997년 유럽연합의 확대 및 통합에 관한 암스테르담조약Traité d'Amsterdam의 문화 관련 규정은 "유럽 공동체는 무엇보다 유럽 문화의 다양성을 존중하고 증진하기 위한" 정책을 시행해야 한다고, 즉 서로 다른 문화를 인정하고 가치화하는 것이 유럽의 문화정책이 지향해야 할 사명임을 명시하였다.

따라서 2000년대 초반부터 문화다양성의 개념에 대한 논의가 진전되기 시작한다. 쉘라 콥스Sheila Copps 캐나다 문화유산부장관의 발의로 2003년 2월 5일 파리에서 있었던 세계 문화부장관 회동에서, 당시 프랑스 장관인 아야공은 5개 대륙 문화부장관에게 "문화 및 언어의 다양성이 세계 발전에 관한 논의의 필수 사안이 되도록 하는 것(Aillagon 2003)"을 최우선 목표로 하는 국제문화정책네트워크Réseau International sur la Politique Culturelle(RIPC)의 창설을 촉구하였다. 그리고 이미 2001년 11월 유네스코는 '세계문화다양성선언Déclaration universelle de l'UNESCO sur la diversité culturelle'을 채택하고 있었다. 프랑스가 발의한 원칙을 전적으로 수용한 이 선언은 결과적으로 프랑스 문화정책의 기반을 폭넓게 강화한다. 프랑스는 세계에 "문화다양성은 […] 인류 공동의 문화유산을 구축한다. […] 문화다양성의 수호는 인간의 존엄성에 대한 존중과 불가분한 윤리적 명령이다. […] 문화적 권리는 인권의 필수 요건이다. 정체성의 전령인 문화적 재화와 서비스는 다른 상품이나 소비재와 동일하게 간주되어서는 안 된다. […] 각국은 국제적 의무에 따라 문화정책을 규정하고 가장 적합하다고 판단되는 수단적 조치를 통해 이행해야 한다"는 원칙을 제안하였다.

이 선언을 토대로, 유네스코는 여러 신흥국, 특히 아프리카의 지지를 끌어낼 수 있는 문화다양성의 원칙을 국제적 차원의 법적 수단으로 채택하기 위한 여러 회의를 연이어 주관한다. 유네스코는 세계무역기구가 무역의 장을 대표하고 있는 것처럼, 그에 버금가는 기구로서 역시 신흥국의 가입을 유도하여 문화의 장을 대표하고자 했다. 유네스코의 노력으로, 2005년 프랑스가 비준한 '문화적 표현의 다양성 보호 및 증진에 관한 협약'이 채택된다. '표현'이라는 용어는, 어느 국가든 보호주의적 조치를 강구할 수 있다 하더라도, 그러한 조치들은 각 문화의 공존을 위한 목적에서 취해져야 하며, 이는 문화적 예외의 개념을 은폐하고자 차용된 논리와는 더 이상 아무런 상관이 없다는 사실을 표명한 것이다. 따라서 협약의 목적은 다음과 같이 명확히 규정된다. "이 협약은 문화적 재화 및 서비스의 특수성에 대한 인정을 전제로, 문화유산의 보존과 문화적 표현의 발전을 위해 정부가 시행하는 현재나 미래의 정책의 영속성과 합법성, 따라서 법적 안전성을 보장하기 위한 것이다." 이 협약에, 유럽이사회Conseil de l'Europe는 유럽 차원에서, 문화유산의 사회적 가치에 관한 파로협약Convention de Faro으로 화답하며 동참했다. 유럽연합은 현재 이 방향으로 여러 지원 노력을 하고 있는데, 그 결과로 여러 프로그램이 시행되었다. 첫 번째 프로그램은 '문화 2000Culture 2000'으로 "문화의 창작과 보급, 예술가 및 작품의 교류, 유럽 문화유산, 새로운 형식의 문화적 표현, 문화의 사회경제적 역할 등에 대한 문화적 대화 및 역사적 인식을 증진할 수 있는 공공 문화 공간 조성"을 목표로 한 것이다. 후속 프로그램인 '문화 2007Culture 2007'은 2007~2013년 다년간 프로젝트로, 3대 목표 "문화 분야 전문가의 초국가적 교류 촉진, 예술품 및 문화상품의 초국가적 유통 촉진, 이문화 간 대화 촉진"을 중점적으로 수행한다.

따라서 이러한 일련의 문화적 예외를 포함한 문화다양성에 관한 논쟁에서 프랑스가 고수하는 입장에 대하여 앞서 언급한 자크 리고의 지적은 20년이 지난 현 시점에서 보면 그리 적절해 보이지는 않는다. 문화다양성의 개념은 프랑스 문화정책에서 나아가 이제 유럽의 현실이 되었다. 프랑스의 대외적인 문화다양성 정책은 현재 두 가지 성격 혹은 흐름으로 나타난다. 하나는, 프랑스의 차원에서, 여전히 프랑스 외교적인 성격을 띠고서 과시적인 무거운 논리를 펼치며 사상과 이미지의 방어를 고수하고, 경우에 따라 문화적 예외에 미련을 둔 모습을 보이기도 한다. 다른 하나는, 유럽의 차원에서, 유럽이 이제 시장 논리에 가깝긴 하지만 보다 실용적인 문화에 대한 기대와 증진의 의지를 보이고 있다. 이의 일환으로 '창조유럽Europe créative 2014~2020' 프로그램을 시행하고 있는데, 이는 이전의 유럽 프로그램들, 특히 2000년 및 2007~2013년 프로그램을 계승한 것이다.

유럽연합의 목표는 '문화와 창조에 우선 투자한다'는 것이다. 문화와 창조는 경제 성장과 고용, 사회의 발전과 연대 등에 크게 기여하기 때문에, 유럽연합은 문화와 창조 분야에 집중적인 투자를 하고자 한다. 특히 예술가의 교류와 유럽 시청각 작품의 유통 지원을 강화한 '창조유럽' 프로젝트는 문화 및 언어의 다양성을 보존하고 방어하며, 문화와 창조 분야의 경쟁력을 강화하는 것을 목표로 하는 유럽연합의 의지를 잘 보여주는 프로그램이다. 이 프로그램은 2014~2020년 동안 14억 유로가 지원되는데, 이중 2014년에는 1억 6천 920만 유로가 지원되었다. 상대적으로 2007~2013년 프로그램의 총 예산은 11억 유로였는데, 문화 부문에 4억 유로, 미디어 부문에 7억 5천 5백만 유로가 지원되었다. 이 프로그램은 유럽연합 회원국의 모든 관계자, 유럽자유무역연합Association Européenne de Libre-Échange(AELE) 국가의 관계자, 유럽연합의 후보국 혹은 잠재적 후보국의 관계자, 유럽연합 인접국 내지 동방파트너십Partenariat oriental 국가(동유럽 및 남유럽의 벨라루스, 우크라이나, 아르메니아, 아제르바이잔 등)의 관계자에게 모두 지원의 문이 열려있다. 이러한 국가 관계자들의 참여는 각국의 기부금을 포함한 특별 조건에 따른다. 이 프로그램은 세 분야, 즉 미디어 분야(프로그램 할당 예산의 55%), 문화 분야(30%), 융복합 분야(15%)에 지원되며, 지원은 신청을 받아 집행된다. 또한 지원 혜택의 비율이 상대적으로 낮은 융복합 분야의 경우, 모든 부문의 창조산업을 대상으로 하는 새로운 재정 지원 조치가 부가적으로 포함되어 있다. 1억 2천 1백만 유로의 보증 기금은 유럽투자기금Fonds Européen d'Investissement(FEI)이 관리한다.

III. 프랑스 문화정책의 수단

1. 규제: 법규와 예산

1-1. 문화정책과 규제

자유 원칙의 '문화'와 정책 수단으로서의 '규제'는 원론적으로 상충하는 것이다. 따라서 먼저 문화정책의 정의를 이해하고, 이러한 문화정책을 추진하는 기본 수단인 규제의 필요성과 정당성 그리고 그 기능에 대해 이해해야 한다. 프랑스 문화부는 정책을 정당하고 효율적으로 추진하기 위한 규제 수단으로서 법규와 예산(지원)을 기본으로 하고 있다.

본래 '문화정책'이라는 표현은 여러 가지 어려움을 내포한다. 이들 어려움은 무엇보다 그 대상 자체, 즉 '문화'에 기인하는 것이다. 교육, 사법, 방위, 공중위생 등과는 조금 다르게 문화는 각자 자신의 정의로 바라보는 경향이 강하여 상대적으로 개념 일치를 끌어내기가 쉽지 않다는 점이 문제를 어렵게 만든다. 특히 정의에 관한 문제는, '문화정책'을 논할 때 무엇에 대하여 논하는지 그리고 그 속에 무엇을 담아야할지, 즉 그 목적과 내용에 대한 선험적인 이해가 본질적으로 요구된다. 그러나 '문화'의 복잡다단함으로 하여 문화정책의 목적과 내용에 관한 논쟁은 현재도 끊임없이 이어진다. 하지만, 문화의 정의가 어떠하든, 프랑스에서 소위 문화정책이라 할 수 있는 체계는 과거 왕정기부터 존재해왔고, 현재는 문화부나 문화정책이 존재하지 않는 사회는 상상조차 할 수 없다. 과거 군주들은 문화의 상징이자 사람의 마음을 움직이는 예술 작품을 주문하면서 왕국의 권위를 세우고 예술을 지원함과 동시에 규제하고자 하였다. 물론 역사적 전통이 문화정책의 존재나 문화정책의 목적과 내용을 정당화할 수 있는 것은 아니다. 더구나 합의라는 것은 언제든 관점의 차이 내지 대립의 여지를 내포한 정반합이다. 전형적인 대립의 예로, 한편의 견해는 문화로부터 공권력은 가능한 한 멀리 떨어져있어야 한다고 믿는다. 다시 말해 국가 개입의 정당성은 더 이상 이론의 여지가 없는 것이나, 특히 문화 분야는 공권력의 개입에 대한 회의적 시선이 늘 따라다니는 분야이기 때문에, 문화정책은 어느 경우보다 합법적이어야 하고, 추진 주체 역시 합법적이어야 한다는 것이다. 이와는 완전히 대조적인 다른 한편의 견해는, 오히려 문화에 공권력이 적극 개입해야 하며, 더욱이 이러한 공적 개입은 헌법의 '문화권le droit à la culture'에 입각한 당연한 의무라고 믿는다.

현실적으로, 공적 개입은 전통에 기초하여 현재까지 이어지고 있다. 모든 정부의 수반들은 문화정책의 필요성을 인정하고, 시민은 이러한 문화정책을 수용하고 또 요구하기까지 하는 관계로 문화정책은 지속적으로 존재해왔다. 소위 문화법le droit de la culture이라고 하는 것은 하나의 단일한 법전이 아니라 세월을 두고 경우별로 발효된 문화 분야 관련 법령들의 총체에 해당한다. 공권력이 오랜 개입의 전통 속에 공공 자산의 보호나 창작의 진흥이 필요불가결하다고 판단되는 경우별로 제정된 법령들이기에 문화 법규는 매우 다양하다고 할 수 있다. 프랑스 문화정책은 다른 나라들에 비해 공적 개입의 성격이 상대적으로 뚜렷하며, 따라서 '프랑스 문화는 전반적으로 다양한 법규에 의해 규제되고 있다'고 말할 수 있다.

1-2. 규제 법규의 근거

문화부는 문화 활동의 효율적 추진을 위해 관련 법규에 따른 규제 정책을 시행한다. 프랑스 문화정책상 규제 수단은 법규 및 예산(지원)이다. 예를 들어, 보호문화유산의 지정, 기록문서 및 수집물에 대한 기술적 및 과학적 기준지표의 설정, 지적재산권과 (라디오의) 제작 및 방송 쿼터의 보호, 도서최저가 책정, 인터넷 다운로드 통제 등의 규제는 법규와 예산의 원칙하에 추진된다. 문화예술의 지원에 관한 법규는 단일한 법전이 아니라 영역별로, 경우별로 다수의 규정들이 산재하는 형태로 존재한다.

문화 지원에 관한 정부와 지자체(레지옹, 데파르트망, 코뮌) 간 권한 분할을 규정한 가장 대표적인 법규는 일명 데페르법으로 알려진 1983년 지방분권법Loi n° 83-8 du 7 janvier 1983 relative à la répartition de compétences entre les communes, les départements, les régions et l'État(Loi Defferre)이다. 이 지방분권법은 문화부와 각 단위 지자체 간 문화지원에 관련한 역할을 명시하고 있다. 또한 예술가의 사회보장에 관한 정책은 기본적으로 사회보장법Code de la sécurité sociale 제

L. 311-2조에 준한다. 이 조항에 따르면 예술가는 '급여 예술가'artiste salarié'와 '작가-예술가'artiste-auteur', '공연예술가'artiste du spectacle', '비급여 예술가'artiste non salarié'로 구분되며 보장 규정은 다음과 같다.

- **급여 예술가** 일반 급여자와 동일한 사회보장 대우
- **작가-예술가, 공연예술가** 일반 급여자와 유사한 사회보장 대우
- **비급여 예술가** 자영업자와 동일한 사회보장 대우

문화 분야의 법규가 독립된 고유의 법전으로 존재하지 않는 만큼 문화 분야에 대한 재정 지원 법규 역시 하나의 법전으로 존재하지 않는다. 따라서 재정 지원은 각 영역별 관련 법규를 통해 추진된다. 대표적인 영역으로는 문화유산, 문학과 예술, 영화, 음반, 시청각, 출판 영역 등이 있는데, 이들 영역에 대한 직접적 재정 지원 및 소득세 감면, 부가세 감면 등의 간접적 재정 지원 조치들이 다양한 개별 법령에 따라 추진된다. 이와 같이 문화정책 전반에 관한 하나의 종합적 규제 법전은 없지만, 영역별로 기본이라 할 수 있는 법규를 기반으로 필요에 따라 지속적으로 추가 또는 수정을 거친 법령에 입각하여 여러 조치가 추진되며, 주요 영역별 기본 법규는 다음과 같다.

- **고문서** "1979년 1월 3일 n° 79–18 고문서법"

  Loi n° 79–18 du 3 janvier 1979 sur les archives

- **문학 및 예술** "1985년 7월 3일 n° 85–660 저자의 권리 및 공연예술가, 음반 · 비디오 제작자, 시청각방송통신사의 권리 관련법, 통칭 저작권법"

  Loi n° 85–660 du 3 juillet 1985 relative aux droits d'auteur et aux droits des artistes–interprètes, des producteurs de phonogrammes et de vidéogrammes et des entreprises de communication audiovisuelle

- **무용** "1989년 7월 10일 n° 89–468 무용교육법"

  Loi n° 89–468 du 10 juillet 1989 relative à l'enseignement de la danse

- **조형예술** "2000년 11월 27일 현대예술기관공공서비스사명헌장"

  Charte des missions de service public pour les institutions d'art contemporain du 27 novembre 2000

- **영화** "1946년 10월 25일 n° 46–2360 국립영화센터창설법"

  Loi n° 46–2360 portant création d'un Centre national de la cinématographie

  "1992년 7월 13일 n° 92–651 공공독서 · 영화관 진흥 관련 지자체활동법"

  Loi n° 92–651 du 13 juillet 1992 relative à l'action des collectivités locales en faveur de la lecture publique et des salles de spectacle cinématographique

- **시청각** "1986년 9월 30일 n° 86–1067 통신자유법"

  Loi n° 86–1067 du 30 septembre 1986 relative à la liberté de communication

- **출판** "1981년 8월 10일 n° 81–766 도서정가제법, 일명 랑법"

  Loi n° 81–766 du 10 août 1981 relative au prix du livre, dite loi Lang

상기 법규들이 모두 직접적인 재정 지원만을 규정하고 있는 것은 아니다. 하지만 예를 들어 국가의 재정 지원이 자동 보장되는 등급지정제와 같은, 보호지정문화유산에 관한 법규들은 직접적인 지원에 관한 법규가 아니라 하더라도 간접적으로 지자체와 민간단체에 상당한 재정적 영향을 미칠 수 있다. 즉, 간접적인 지원 법규의 축적을 통해 결과적으로 국가의 입장에서나, 지자체나 민간단체의 입장에서나 상호 상당한 예산 절감 효과를 얻을 수 있다는 이야기다. 법규는 문화정책의 기본 수단으로서, 국가는 법적 규제를 통해 공공 및 민간 실무관계자에 대한 책임이라 할 수 있는 의무를 이행할 수 있는 것이다.

문화부는 예산 부족과 문화 부문의 민영화 확대로 보다 광범위한 법적 규제 조치를 강구하고 또 동원하고 있다. 법적 규제는 특히 시장 논리가 강한 문화산업 분야에서 결정적인 역할을 한다. 구체적인 이해를 위해, 몇 가지 주요한 법적 규제의 사례를 들어 보기로 한다.

먼저, 영화 분야 자체의 문제와, 또한 TV 방송과 경쟁 내지 공생의 복잡한 관계로 하여 야기되는 문제들을 고려하여, 문화부는 TV 방송사가 영화 제작에 투자해야 하며, 이러한 투자의 의무는 공영 혹은 민영, 무료 혹은 유료와 같은 방송사의 성격에 따라 조율된다는 규제 조치를 시행한다. 예를 들어 무료 지상파 방송사의 경우 전년도 순 매출액의 3.2% 이상을 유럽 작품 제작에 투자하고, 그 중 2.5%는 프랑스어 영화에, 또한 독립 영화 제작에도 상당 부분을 할애해야 한다. 이러한 할당분은 유료 채널인 카날플뤼스의 경우는 더 높다. 이 채널은 영화관 상영 만료 후 1년 동안 독점방영권에 대한 반대급부로 보다 특별한 조건부의 프랑스 영화 제작 지원 의무를 이행해야 한다. 또한 동일한 발상에서, TV 방영 영화, 특히 저녁 시간 초반 방영 영화의 60% 이상은 유럽 방송물 혹은 영화여야 하며, 그 중 40%는 프랑스어 작품이어야 한다. 마찬가지로 인기 영화 편중 현상을 막기 위해, 그 해 영화의 방송 또는 재방송 횟수도 제한된다.

도서 시장의 규제와 관련해서는, 다수의 유럽 국가도 연속적으로 채택한 자크 랑의 도서정가제법이 중요한 수단이 된다. 이 법은 단일 시장 내 자유 경쟁의 기본 원칙에 위배됨에도 불구하고 유럽위원회가 어떠한 제재나 이의도 제기하지 않았을 만큼 성공적으로 자리를 잡는다. 이 법에 따라 도서 판매자는 판매처의 성격에 관계없이 발행 시점에 발행자가 책정한 가격을 5% 할인 마진 범위 내에서 적용해야한다. 이 법안이 발효되기 전 대형서점에서는 베스트셀러와 같은 일정한 도서의 경우 상당한 할인율을 적용하여 종종 출판사 권장가의 60%로 판매할 수 있었다. 베스트셀러 같은 책들의 경우는 할인율을 높여도 판매율 자체가 높기 때문에 대형서점의 경우는 상대적으로 엄청난 할인을 단행할 수 있었다. 그러나 이러한 판매 양식은 두 가지 역기능을 야기할 수 있었다. 우선 소규모 전문서점의 점진적인 도태와, 그리고 소량 인쇄 도서 시장의 위축을 부를 수가 있다. 대형서점은 그러한 마이너 유형의 도서에 관심이 없으며, 게다가 그러한 유형의 도서를 판매할 수 있는 소규모 서점은 급속히 사라지는 추세에 있기 때문이다.

도서정가제법은 프랑스 문화정책의 중요한 단면을 보여준다. 이 법은 시장 구조에 취약한 문화적 재화의 공급을 보호, 보장하기 위한 목적에서 문화자산의 특수한 성격을 인정한다. 다시 말해 대중이 문화자산을 다양하게 향유할 수 있도록 시장의 논리를 예외적으로 수정한 것이다. 그럼에도 이 법은 실질적으로 도서의 가격을 높이는 결과로 이어지기 때문에, 민주화의 목표와는 상충될 수도 있다.

도서정가제법과 마찬가지로 창작의 진흥과 보호에 중요한 영향을 미치는 또 다른 법규로서 저작권법이 있다. 저작권법에는 국가적 입법만이 아니라, 유럽연합 규정과 문학 및 예술 작품 보호 규약인 베른협약Convention de Berne과 같은 국제협약도 관계된다. 그러나 국가적 규정이 가장 중요하며 문화정책의 기반이 된다. 법적으로 창작자란 작품이 그의 명의로 등록된 자이다. 저작권은 소유권이지만 무형적 성격을 가진다는 점에서 특수한 권리이다. 작품 자체에 관하여 행사되는 것이 아니라 작품의 사용이나 재생 등에 관한 권리로서 기능한다. 보호 대상 작품의 개념은 법적으로, '정신적 작품l'œuvre de l'esprit'과 '진품l'œuvre originale'의 두 가지 기준으로 정의된다. 여기서 진품이란 새로운 창조, 즉 '최초의 것la première'을 의미한다. 그리고 작품에 대한 저작권은 '정신적 권리le droit moral'와 '(세습) 재산적 권리le droit patrimonial'의 두 가지 권리를 포함한다. 이러한 작품과 창작자의 권리를 보호하기 위한 저작권에 대한 인식은 이미 1957년 '문학 · 예술소유권Propriété littéraire et artistique'을 통해 제도화되었으며, 1985년 자크 랑에 의해 보다 현대적인 입법화가 이루어져, 창작 그룹을 보호하고 창작계에 연간 20억 달러 이상에 달하는 정기적인 높은 수익원을 보장하게 된다. 이 저작권에 따라 저작권관리협회들은 사적 복제로 발생하는 수익과 수혜 저작권자를 식별하거나 찾을 수 없는 저작물 수익의 25%를 기금으로 비축해야 한다. 이 비축 기금은 창작 활동의 지원이나 공연 상연, 예술가를 위한 직업교육 시행 등을 위해 사용된다.

요컨대, 문화정책 추진을 위한 규제의 기본 수단으로서 문화 관련 법규는 문화정책의 존재와 직접적으로 결부된다. 법규는 지원 예산을 가장 정당하게 효율적으로 집행하기 위한 기본 조치라고 할 수 있다. 문화정책은 달리 표현하면 곧 문화지원정책이다. 예술가의 창작 활동을 지원하고(문화창조), 국민이 문화예술을 향유하도록 지원하고(문화민주화), 그리고 문화유산의 보호를 지원한다(문화유산보존). 다시 말해 문화정책의 성과는 예산의 확보와 확보한 예산의 가장 정당한 집행에 따른 결과치라 해도 무방할 정도로 문화정책은 곧 '예산'의 '합법적' 지원 정책이라고 할 수 있다.

규제는 결국 공적 개입의 수단적 양식이다. 공적 개입은 크게 '직접 개입l'intervention directe'과 '간접 개입l'intervention indirecte'의 두 양식으로 나타나며, 상호 '계약contrat'과 '파트너십partenariat(협력, 연합, 제휴)'의 체계로 추진된다. 다음 장에서 구체적으로 직접 개입과 간접 개입의 양식, 그리고 계약과 파트너십의 체계를 차례로 살펴보기로 한다. 실제 집행 및 성과에 관한 논의는 중복을 피하기 위해 프랑스 문화정책의 실제를 고찰하는 2부에서 다시 계속하도록 한다.

2. 직접 및 간접 개입

문화 분야에 대한 정부의 개입 방식은 크게 직접 개입과 간접 개입의 형태로 나타난다. 문화부는 법규를 통한 행정적 또는 법적 규제와 예산 지원을 통한 재정적 규제를 통해 문화 활동에 직간접으로 개입한다.

2-1. 직접 개입

직접 개입이란 행정 과정에서 국가가 실무 관계자의 한 쪽 혹은 두 쪽 모두를 법적으로 혹은 실제로 대신하는 경우를 일컫는다. 다시 말해 문화부 단독 혹은 지방 기관 및 시장 관계자와 협력의 방식으로 개입하는 것이다. 이 때 국가는 문화자산의 공급자나 수요자가 될 수 있다. 직접 개입은 통상 공공단체la collectivité publique의 성격을 띤 기관을 통하여 이루어진다. 문화자산의 창출에 공권력이 직접적으로 강하게 개입하는 이러한 방식은 다른 인접국들의 경우와 특히 대비되는 프랑스 문화정책의 가장 특수한 측면이라고 할 수 있다. 사실 직접 개입은 프랑스 문화정책에서 가장 오랜 전통의 주된 수단이라고 할 수 있다. 17세기 왕립아카데미의 창설은 직접 개입의 시작을 알린 것으로, 이 왕립 기관은 미술 시장의 존재를 통제하지 않았음에도, 이 기관의 규칙이 시장의 규칙보다 우위를 점했었다.

오늘날에도 직접 개입은 기본적으로 공공기관의 배치 및 관리를 통하여 수많은 공공기관의 존재와 방향에 영향을 미치며, 또한 (이는 간접 개입과 역할이 겹치는 부분이 있어 직간접 개입이라 할 수도 있는데) 문화유산의 보존, 문화예술 창작 지원, 문화자산의 공공구매, 특수 문화 활동 및 프로그램에 대한 재정 지원 등에도 영향을 미친다. 최근의 경향은 정부가 독점권을 갖기보다는 지방 및 민간과 연계적으로 정책을 추진하는 직간접 개입 방식이 우세하게 나타난다. 특히 최근에는 '개입하되 본질에 관여하지 않는다'는 원칙을 가시화하고 있다. 사실 실제로도 문화 분야에 대한 문화부의 직접 개입을 완전히 독점적이라고 할 수는 없다. 지자체는 그들의 차원에서도 직접 개입을 추진할 수 있으며, 예컨대 전국 코뮌 간의 문화적 연대를 목적으로 결성된 코뮌협력공공시설법인Établissement Public de Coopération Intercommunale(EPCI)의 설립은 사실상 그들의 직접 개입을 전면적으로 표명한 것이라고 할 수 있다.

직접적인 공공 지원의 주요 대상 범주는 공연이나 조형예술, 서적 등과 같은 분야들이다. 이들 분야의 공공 또는 민간 기관은 특별계약을 통해 지원 혜택을 받게 된다. 일례로, 잘 알려진 사립극단들이 4년 계약으로 매년 책정된 보조금을 지원 받은 바 있다. 박물관 분야의 경우도 마찬가지라고 할 수 있다.

그런데 여기서 알아두어야 할 점은, 보조금의 존재가 직접 개입과 간접 개입을 가르는 정확한 기준은 아니라는 사실인데, 보조금은 두 경우에 모두 동원될 수 있는 수단이기 때문이다. 하지만 이 두 경우의 방향은 다를 수 있다. 직접 개입의 경우, 보조금은 본래 정해진 계약 절차에 따라 일반적으로 다년간 지원되므로, 이때는 무엇보다 수혜 기관이 실제로 문화정책의 목표를 책임지고 생산적으로 완수할 수 있도록 효율적인 보조금 지원 체계를 강구하는 것이 보다 중요한 문제가 된다. 간접 개입의 경우, 보조금은 대개 1년 지원을 원칙으로 하는데 일정 절차에 따라 자연적으로 지원을 하는 것이 아니라, 진정한 협상이라 할 수 있는 과정을 통해 서로의 절충안을 기준으로 지원을 하게 된다. 이 협상의 과정에서 역설적으로 공권력의 힘이 직접 개입의 경우보다 더 강하게 작용하는 경우도 있을 수 있는데, 간접 개입의 경우에는 수혜 기관의 존립을 보장할 책임이나 해체를 결정할 권한이 없기 때문에, 다시 말해 굳이 끌고 가야 할 의무가 없으므로 재량권이 커지기 때문이다.

직접 개입의 또 다른 차원은, 일반적으로 미술학교나 응용예술학교, 음악원 등을 통한 공공교육의 시행과 관련되는 경우이다. 이러한 공공교육 분야의 차원에서 직접 개입은 다른 분야와 달리 국가가 목표를 제시하지 않는다는 점이 다르며, 따라서 국가는 작품의 성격을 규정하고 다루어야 할 필요가 없는 것인데, 이는 작품을 창작할 창작자들의 교육 과정에 이미 잘 반영, 편성되어 있기 때문이다.

2-2. 간접 개입

[글 2] 프랑스 국가 주요 행정주체

※프랑스에서 행정주체는 계속 세분화하고 있어 행정주체를 규정하는 단일 법전은 존재하지 않으며, 경우별로 제정된 각 관련 법규도 매우 간략하고 때로 모호하게 제시되어 법규 간 서로 겹치거나 상충되는 경우도 적지 않아, 법학자의 해석도 다양하기 때문에, 아래 구분은 주요 관련 법규와 법학자의 견해들을 토대로 가장 일반적인 해석을 기술한 것임

1 **행정주체** 스스로의 명의로 행정권을 행사하고 그 법적 효력이 스스로에게 귀속되는 주체

2 **행정주체 유형** **1** 국가, **2** 지방자치단체, **3** 공공단체, **4** 공무수탁사인

1 **국가(État)** 영토, 국민, 주권의 삼요소를 가진 사회공동체, 나라

2 **지방자치단체(la collectivité territoriale)** **a** 국토 일부를 구역으로, 그 구역에 거주하는 모든 주민에 대하여 헌법과 법률이 정하는 범위에서 포괄적 행정권을 행사하는 지역단체. **b** 기본적으로 레지옹(région, 광역지자체)과 데파르트망(département, 중간지자체), 코뮌(commun, 기초지자체)의 세 단위로 나뉨

3 공공단체(la collectivité publique) a 국가로부터 특정 목적을 부여받고 설립된 법인으로서 공공법인 또는 자치단체. b 국가에 의해 부여된 자체 목적을 가지며, 자체 기관을 통해 자체 행정을 집행한다는 의미에서 자치단체라 부르고 그 행위를 자치행정이라 함. c 합법적 범위 내에서 행정권을 부여 받고, 해산의 자유는 없으며 국가의 특별 보호 및 감독을 받음

공공단체 유형 a 공공시설법인(=영조물법인). b (세 유형으로 세분하는 경우) 1) 공공시설법인, 2) 공공협회/공공조합, 3) 공공재단

1) 공공시설법인(l'établissement public. 우리의 경우, 통칭 '영조물법인') a 국가와 지방자치단체를 제외한 공법상의 법인격이 부여된 일체의 공공단체. b 크게 행정적 공공시설법인과 상공업적 공공시설법인으로 구분

※ **영조물(l'ouvrage public)** 일정 행정 목적의 실현을 위해 국가나 공공단체 등의 행정주체에 의해 설립된 인적 및 물적 수단의 총체. 영조물과 영조물법인의 구분은 법인격의 여부에 따른 것으로, 쉽게 우리의 예로 서울대학교는 영조물이고 법인격을 부여받은 서울대학교병원은 영조물법인

※ **공기업(l'entreprise publique. 공기업을 정확히 규정하는 프랑스 법규가 없기 때문에 공기업의 공공단체로서의 지위는 명시적이지 않음)** a 상공업적 활동을 하는 공법상 혹은 사법상의 법인격이 부여된 사단법인 기업(=주식회사). b 국가의 특별 보호 및 감독을 받음. c 국가가 1/2 이상의 자본, 이사회 과반수 이상의 결정권, 1/2 이상의 경영진 지명권을 가짐. d 100% 공공자본의 국영기업과 공공과 민간 공동 자본의 민관기업으로 구분

2) 공공협회/공공조합(l'association publique/la corporation publique) a 특정 목적을 위하여 일정 자격을 지닌 인원에 의해 구성된 공법상의 사단법인. b 인적 결합체라는 점에서 사법상의

사단법인과 같으나, 그 목적이 국가로부터 부여되며 공공행정을 수행한다는 점에서 구별. c 지방자치단체처럼 일반 공공행정 수행이 아니라, 특정 사업의 수행을 목적으로 함

3) 공공재단(la fondation publique. 우리의 경우, 통칭 '공법상의 재단') 국가나 지방자치단체가 출자한 재원을 관리하기 위해 설립된 공법상의 재단법인

※ a 공공재단과 공공시설법인의 구분은 법인격 부여 대상의 차이에 따른 것으로, 공공재단은 재정적 자산에, 공공시설법인은 인적 · 물적 자산에 법인격이 부여됨. b 공공재단은 공법상의 재단법인이며, 공공조합은 공법상의 사단법인

4 공무수탁사인(la personne délégataire du service public) 국가로부터 행정권을 부여 받아 행정주체로서의 공무를 수행하는 사인 또는 사법인

간접 개입은, 국가가 내세운 문화정책의 목표를 달성하는 데 동참하도록 유도하되, 가급적 국가 개입의 수위를 완화한 방향에서 주로 비영리나 영리 목적의 민간기관 후원과, 가계 및 민간 또는 공공 기업의 세제 관련 지원 등 사회 전반의 문화 활동들이 지속적으로 원활하게 유지될 수 있도록 지원하는 방식이다. 간접 개입의 이점은 예술가 간 네트워크를 실질적으로 그리고 효율적으로 유지할 수 있으며, 광범위하게는 국가 전반의 문화 경쟁력을 강화할 수 있다는 것이다. 간접 개입의 주요 수단은 공공구매를 비롯한 문화 후원, 세제 혜택 등 행정적 및 재정적 지원이라고 할 수 있다.

우선 공공구매 정책의 몇 가지 예를 들어볼 수 있다. 정부는

국립조형예술센터Centre National des Arts Plastiques(CNAP)를 통해 조형예술 및 사진, 영화, 비디오, 디자인 분야의 현대 작품 수집 및 배급, 보호를 지원한다. 이 예술품 입수 정책을 통해 크게 세 가지 목표, 즉 신진 예술가의 발굴, 일정한 지명도를 얻은 예술가의 유명 작품 취득, 공공 컬렉션에 세계 예술 사조의 반영이라는 목표를 달성할 수 있다. 또한 국가가 지원하는 문화유산의 보수 및 보존을 위한 공사 프로젝트들은, 그 존재 자체가 국가의 문화적 역량을 강화하는 인프라인 예술 분야의 장인과 기능공들 간 네트워크를 유지하고 활성화하는 데 실질적인 기여를 한다.

간접 개입과 관련하여 기본적으로 알아두어야 할 중요한 사실의 하나는, 국가가 취하는 조치의 대부분이 실질적으로 재정적 조치들, 예컨대 비정규 예술가의 보호를 위한 엥테르미탕제 보조금 지원, 대중의 도서 구매 촉진을 위한 부가가치세율 감면, 보존 활동에 기여하는 기념물 개인 소유자를 위한 세금 감면 등의 재정적 조치라는 사실이다.

[표 3] 엥테르미탕제(Intermittence) 전개 과정

연도	내용
1936	• 영화산업 지원책으로 당시 해당 분야 근로자의 특수 작업 환경을 감안해 부족 수당을 보충하고자 엥테르미탕제 수립 (실업수당을 제외한 건강보험, 가족수당, 산재보험 체제 수립)
1952	• 예술가 연대를 위한 '예술인의 집(Maison des Artistes)' 창설
1958	• 국가상공업고용협회(ASSEDIC) 창설 • 실업수당 제도 본격화

1969	• 영화, 공연, 오디오 및 영상 분야의 비정규직 예술가를 위한 실업보험으로서 현재의 엥테르미탕제로 발전
1975	• 예술 저작자의 사회적 보호를 위한 정책 방안을 통합 및 간소화하기 위해 작가사회보장관리협회(AGESSA) 창설
1980년대	• 시청각 및 문화 산업 분야의 급격한 발전에 위축된 공연예술 분야를 위한 다양한 지원 조치를 시행, 수혜자 범위 확대 • 엥테르미탕(비정규직) 수 증가(1986년 5만에서 1996년 10만)
2003	• 공연예술 엥테르미탕 수 증가로 실업수당 지급을 위한 국가 적자액 증가 • 2003년 7월 1일 개정안 시행 공포 • 다시 개정안 시행을 2006년 이후로 미루고, 과도기적 방식으로 11개월간 507시간 근로 시 수령 가능한 조건부 제도 시행 • **개정안 요점** **a** 실업수당 지출분을 줄이기 위해 지급 대상 근로시간의 기준을 조정(당시까지 12개월간 507시간에서 10개월간 507시간으로 늘리고 지급 가능 기간을 연속 12개월에서 8개월로 축소). **b** 반면 실업수당 최저액을 1일 24.24 유로에서 25.90 유로로 인상 및 수당 지급 처리기간을 30일, 타 직종 겸업 허용 등 일부 보완책 약속. **c** 대다수 엥테르미탕은 통과된 개정안을 거부, 2003년 아비뇽페스티벌 보이콧으로 시작하여 연이어 모든 프랑스 대표 축제(엑상프로방스축제, 프랑코폴리축제 등) 취소, 롤링스톤즈의 공연, 키아누 리브스 주연의 영화 촬영 등이 파행으로 이어짐
2006	• **절충안 제안** 절충안 제안 시점 기준, 지난 12개월간 507시간 이상 근로하였으나(과거의 엥테르미탕 요건 충족), 지난 11개월간 507시간을 근로하지 못한 엥테르미탕이 수령 받지 못한 실업수당을 임시신설기금(AFT)을 통해 보충 지급

2012	• **개정안 요점** **a** 지난 10개월 반(319일) 동안 507시간 적용. **b** 육아휴직, 무상교육, 예술인-교육자인 경우 수업시간(50세 미만은 55시간, 50세 이상은 90시간)도 507시간에 포함
2015	• **수정안 제안** 실업수당 수령 가능 근로시간 재조정(12개월간 507시간)
2016	• 공연예술가 · 기술자실업보험제 타결 (엥테르미탕제)

최보연 2016: 90 ; www.culture.gouv.fr

국가는 예술가와 마찬가지로 문화자산 활동에 관련된 개인에게도 직간접적 재정 지원 혜택을 부여한다. 따라서 논리적으로 생각해볼 때, 메세나 지원이나, 부유세 규정 기준에서 과세 대상이 되는 예술 작품에 대한 면세 등은 결과적으로 국가 차원에서 세제 지출이라 할 수 있으며, 이로 인한 정부의 세입 결손분 역시 지원 예산으로 추가 산정하여 결산해야 할 것이다.

간접 개입 정책을 추진하는 관계 주체는 통상 공공법인 성격의 기관들이다. 이 기관들은 다양한 지위를 가질 수 있다. 공공법인은 공법상의 수단뿐만 아니라 사법상의 수단을 동원할 수도 있다. 다만, 공공법인은 현재치의 어떠한 방식도 완전하다고 할 만한 효율성을 입증하지 못하고 있는데, 이 때문에 공권력은 항상 특수한 방안을 강구하고자 한다. 사실 어떤 법적 방식도 문화 활동에 대한 관리만을 위한 배타적 성격의 임무를 규정하고 있지는 않다. 공권력은 공공법인의 모든 성격 혹은 방식을 열어 놓고 강구하는데, 가장 단순하고 통상적인 방식은 협회

association를 동원하는 방식이다. 이러한 유형의 방식은 모두 공법상의 규정에 따른다.

공공법인은 공법상의 관리 방식 중에서, 즉 직접 관리와 위탁 관리 중에서 선택할 수 있다. 국가나 지자체에 의한 직접 관리 방식을 직영la gestion en régie 내지 공영이라 하는데, 이러한 관리 방식은 관리 방식 중에서 가장 단순한 방식에 속한다. 즉, 국가 내지 지자체를 대표하는 협회 등의 공공단체가 그 인적 및 물적 구성을 바탕으로 소관 활동을 직접적으로 관리하는 방식이다. 이러한 협회를 통한 직영 방식은 특별히 추가적인 설정이 필요 없다는 이점이 있다. 단체권을 부여받은 기관이, 예컨대 박물관의 보수를 결정하는 등의 어떠한 작용을 하고, 이러한 작용에 따르는 소요 재정은 기관의 예산으로 충당하며, 그 집행은 기관의 인적 구성원을 중심으로 완수한다. 직영 방식의 장단점은 시행 업무나 단체의 유형, 관계자 등에 따라 동일하지 않다.

정책 대상이나 범위가 소규모일 경우, 직영은 가장 효율적인 방식이다. 즉, 상당수의 코뮌이 직영 방식으로 시립도서관을 운영하는데, 그렇지 않은 방식의 경우에는 집행에 필요한 인적 및 재정적 수단이 빈약하여 지나친 부담을 안아야 하는 반면, 직영 방식은 집행상 복잡한 문제가 없기 때문이다. 그러나 집행 단체가 규모 있는 박물관 등을 소유하고 있는 경우, 소장품의 수집 등 박물관을 보다 확충하기 위한 일정 규모 이상의 정책을 추진하기 위해서는 다른 방식을 선택할 필요가 있다. 직영의 단점 중 하나는 대상 기관의 독립적 활동을 보장하지 못한다는 점,

특히 수입과 지출 등의 예산이 지자체의 총예산 내에 산정되어, 대상 기관에 독립적 예산 할당이 불가능하다는 것이다. 따라서 직영은 재정의 결과를 개별화하지 못하는, 즉 활동에 소요된 비용과 활동으로 얻어진 수익 등 결산을 가시화하지 못한다는 난점이 있다.

지자체의 유형은 직영의 채택 여부에 있어 결정적인 요인으로 작용한다. 코뮌은 지역 사회와 직접적 관련이 있고 대개 매우 작은 규모(프랑스에서 25만 코뮌이 700명 미만, 32만 코뮌이 1만 명 미만의 주민을 가짐)이기 때문에, 제한된 재정 수단으로 일정한 문화 활동을 직접적으로 관리할 수 있다. 하지만 보다 규모가 큰 데파르트망의 경우 다른 유형의 간접적인 방식으로 개입하게 된다.

직영 방식에 대한 일선 실무가들의 평가는 다르게 나타난다. 물론 공직의 의원들의 경우, 직영은 국가든 지자체든 관계 주체로서 주도권이 강하기 때문에 정책적 통제를 유지할 수 있는 가장 좋은 수단이 될 수 있다고 판단한다. 하지만 바로 그와 같은 이유에서 실제 현장의 실무 관계자들(박물관이나 도서관의 관리자, 문화의 집 운영자, 기타 시설의 감독관 등)은 직영 방식에 대해 회의를 표한다. 항상 의원들에게 요청을 해야 하고 그들의 의견을 따라야 하기 때문이다. 종종 실무자와 의원들 간의 관계가 어렵게 되는 경우가 있는데, 이 경우에는 결국 시장이나 의원이 재정을 지원하기 때문에 최종 결정은 그들을 따를 수밖에 없다. 따라서 실무진들은 직영의 이점도 크지만, 직영에 대해 항상 불만을 가지고 다른 방식이 없을까 찾고 기대하게 된다.

그러나 입법자는 지자체, 특히 코뮌이 상공업 성격의 공영 내지 직영 기관la régie à caractère industriel et commercial을 신설할 수 있도록 규정하였다. 지자체는 이 상공업적 성격의 직영기관이 행정적 또는 재정적 자치, 혹은 두 권한의 자치 모두를 원하는 경우 재량권으로 그 결정을 내릴 수 있다. 그러나 한편으로 이러한 직영기관이 행정적 및 재정적 자치권을 부여받는 경우, 더 이상 공공시설법인Établissement Public(EP)과 구별되지 않으며, 여기에 입법상의 혼동 요소가 원론적으로 개재되게 된다. 다른 한편으로 이러한 상공업적 성격의 직영기관은 직접적인 상공업 활동을 위하여 설정된 것이기 때문에 문화 활동에는 적합하지 않다는 문제도 있다.

따라서 매우 고전적이며 거의 모든 분야에 자주 적용되는 공법상의 다른 방식이 바로 공공시설법인이다. 이는 단순하게 정의하면 공무를 전문적으로 관리하는 공법상의 법인 혹은 법인화된 공기업이라고 할 수 있다. 공공시설법인은 그에 고유한 법인체를 가지므로 자체 예산도 가질 수 있다. 이는 공무상, 예를 들어 박물관 입장료 등과 같은 수입을 산출하는 경우, 운영비 및 건축이나 지역 정비와 같은 시설비를 충당할 수 있는 장점을 지닌다. 공공시설법인은 크게 행정적 성격을 띤 행정공공시설법인Établissement Public à caractère Administratif(EPA)과 상공업적 성격을 띤 상공업공공시설법인Établissement Public à caractère Industriel et Commercial(EPIC)으로 나뉜다.

[표 4] 시설법인(EP)

	행정공공시설법인(EPA)	상공업공공시설법인(EPIC)
직원 규정	• 공무원 • 공법상 정규 혹은 임시 직원	• 출장 혹은 파견 공무원 • 노동법 귀속 사법상 직원
재무 규정	• 공공회계 규정 준수 • 예산 및 결산 보고서 작성	• 민간회계 규정 준수 • 수입 · 지출 예산 추정 명세서 및 결산 내역서 작성
계약 규정	• 공공계약법(Code des marchés publics)	• 원칙적으로, 노무 공급자 및 수혜자의 재량 선택

공공시설법인은 원칙적으로 모두 공법상의 법인체이지만 실제 수행하는 공무(공공서비스)의 성격에 따라 행정공공시설법인(EPA)은 주로 행정법을 따르는 기관이며, 상공업공공시설법인(EPIC)은 주로 사법을 따르는 기관이다. 그럼에도 실제로 이러한 구분은 절대적이라 할 수 없는데, 여러 예외가 존재하기 때문이다. 상공업공공시설법인의 경영진은 일반적으로 공무원이며, 때로 행정공공시설법인이 사법상 조건 계약으로 채용을 하는 경우도 있고, 때로 상공업공공시설법인이 공무원을 채용할 권리를 부여 받기도 한다. 문화 분야는 상공업적 성격을 띠는 경우가 거의 없기 때문에 문화 활동을 관리하는 공공시설법인은 거의 대부분 행정적 성격의 공공시설법인이 된다. 하지만 이러한 구분 자체가 크게 중요한 것은 아니다. 왜냐하면 양자의 구별은 상대적인 의미만을 가질 뿐, 실제로 중요한 것은 양자의

법적 성격이 아니라, 양자가 제공 혹은 관리하는 '서비스의 법적 성격'이 중요하기 때문이다.

수익 산출 활동은 상공업적 성격의 공공시설법인에만 한정된 배타적 조건이라고 할 수는 없지만, 사실상 행정적 성격의 공공시설법인의 경우 수익 창출을 위해 문화 공무를 신설하거나 하지는 않는다. 행정법원 및 분쟁재판소는 통상 문화 활동의 조건으로 "일체의 상업적 또는 공업적 성격을 배제하는 조건으로"라는 문구를 강조하고 있다. 이는 행정적 성격의 공공시설법인의 지위를 가지는 시설 또는 그 서비스가 수익을 창출하는 것을 금지하는 것은 아니라 하여도, 이러한 수익 자체가 이들이 추구하는 목적 자체는 아니라는 사실을 명시한 것이다. 따라서 박물관은 대부분 행정공공시설법인 형태로 조직된다.

일정한 문화적 공공서비스를 제공하기 위해 공공시설법인을 창설할 수 있는 권한이 한 유형의 공공단체에 유보되어 있지 않기 때문에 모든 공공단체, 사실상 지자체는 해당 서비스를 관리하기 위해 공공시설법인을 창설할 권한을 갖는다. 일례로 박물관을 보면, 국립박물관 외에도 레지옹, 데파르트망, 코뮌 지역 관할의 박물관들이 존재한다.

공공시설법인의 설립은, 헌법에 따라 이미 존재하는 유형의 설립인 경우는 정부의 권한에 속하며, 새로운 유형의 설립인 경우는 입법자의 권한에 속한다. 따라서 공공시설법인은 어느 경우든 신설 단체의 자격으로 권리를 행사하는 기관이다. 그러나 이러한 규정을 엄격하게 해석하면 대부분의 경우에 있어 입법자의 권한을 배제하는 결과가 된다. 그 이유는 새로운 공공시설법인이 기존에 존재하는 법적 유형 안에 포함되지 않는 경우가 사실상 매우 드물기 때문이다. 이러한 이유로 헌법위원회Conseil Constitutionnel는 입법자의 권한을 확대하기 위하여 '공공시설법인 유형'의 개념을 자유롭게 해석한 바 있다. 즉, 국립문화예술센터Centre National d'Art et Culture(CNAC)는 독자적 성격의 공공시설법인 유형이며, 따라서 입법자(주로 의회 등 의결 기관)의 권한에 속하는 것이지 명령권자(주로 정부 등 집행 기관)의 권한에 속하는 것이 아니라고 밝혔다. 지자체의 차원에서, 공공시설법인을 창설할 권한이 있는 기관은 의결기관이며, 일단 창설된 후에는 관할지 자체의 관리를 받게 된다.

3. 계약과 파트너십

개입에 이은 문화정책의 마지막 수단은 계약과 파트너십이다. 계약과 파트너십은 대개의 경우 동시에 진행된다.

1960~1970년대를 거치면서 문화의 집, 레지옹문화사무국(DRAC) 등의 제도를 통해 지역 문화정책은 틀을 잡아가기 시작했으며, 문화부와 지방 행정조직인 지자체 간의 관계에도 점진적인 변화가 이루어진다. 결정적인 변화는 다양한 '문화헌장la charte culturelle'에 의해서였다. 문화헌장은 지방에서 중점적으로 추진해야 할 사업에 대한 협상 및 계획의 수립을 위해 주로 문화부와 지자체 간에 체결된 계약으로서, 문화부는 이러한 문화

헌장 제도에 따라 지방 행정조직의 권위적인 보호자에서 협조적인, 물론 이 표현은 후에 본격적으로 쓰이게 되지만, 일명 파트너로 그 역할이 바뀌게 된다. 이제 문화부의 지역 문화정책은 문화의 집의 예처럼 문화부가 일방적으로 주도를 하는 방식이 아니라, 지자체와 협력을 하는 방식으로 나아간다. 문화헌장은 뒤아멜 시기인 1972년에 구상되어, 미셸 기Michel Guy 재임기(1974~1976)인 1975년 처음으로 6개의 코뮌과 체결되었다. 그러나 코뮌과 체결한 문화헌장 계약이 문화부가 집행하는 보조금 예산의 상당 부분을 차지한다고 판단한 문화부는, 지출을 절감할 수 있는 다른 지자체와도 문화헌장을 체결하는 방향으로 행보를 넓힌다. 그렇게 해서 1979년까지 26개 코뮌, 7개 데파르트망, 3개 레지옹과 문화헌장이 체결되었다. 그러나 1980년대에 들어, 문화헌장에 의한 문화정책은 지방 행정조직에 대한 중앙 행정부의 불신과 간섭주의paternalisme가 따른다는 비판을 받게 된다. 말하자면 코뮌 측의 입장에서 문화헌장은 자발적인 의사에 의한 것이라기보다, 코뮌 자체만으로는 문화 활동을 지원하는 데 필요한 재정을 감당할 능력이 되지 않았기 때문에 감수해야 할, 필요하지만 부담스러운 제도 같은 것이었다. 게다가 지자체들은 문화헌장이 중앙의 지원을 받아 자체의 문화설비를 현대화하거나 확장할 수 있는 기회일 것이라 기대했지만, 실제에 있어 문화헌장에 의한 사업들이 기대처럼 그다지 실효성 있는 협력 사업이 되지 못하였다. 오히려 문화헌장 정책은 국가의 재정 부담을 지자체에 떠넘기는 방편이 되기도 하였다. 다시 말해 문화헌장은 국책 사업에 소요되는 비용을 지방 행정조직에 떠넘기고, 문화부와 그 산하의 레지옹문화사무국 부서들이 지자체의 문화정책 방향을 결정하고 통제할 수 있는 장치로 간주되기도 하였다. 특히 1981년부터 사회당을 비롯한 좌파는 문화헌장에 대해 문화정책의 '재중앙집권화'의 도구라고까지 강하게 비판하였다.

따라서 1980년대 들어 지방분권화가 본격 추진되면서 문화부 차원에서도 지자체와의 협력 관계를 여러 각도에서 다시 모색하게 되며, 특히 2000년 이후 한정된 문화예산으로 다분화한 문화예술의 범주를 포괄적으로 원활히 지원하기 위하여 문화부는 지자체와 그 권한 및 역할의 분담 내지 연계 체제를 더욱 강화하게 된다. 어느 분야보다 절대적 국가 관할 분야였던 문화유산 분야의 관리 권한을 지자체로 일부 이양하는 정책이 2003년 추진되었으며, 문화부 산하 레지옹문화사무국을 중심으로 이뤄지던 중앙의 지역 문화정책들이 상당 부분 문화부와 지자체 간 별도의 계약contrat을 통해 시행됨에 따라, 중앙과 지자체의 관계가 공급자와 수혜자가 아닌 본격적인 상호 파트너partenaire(2015년 2월 당시 문화부장관이었던 펠르렝은 캉브레(Cambrai)에서 문화정책 추진에 있어 중앙정부와 지방정부는 '파트너'로서 관계함을 공식 선언) 관계로 나아가게 된다.

파트너십 문화정책의 추진 기구로서 등장한 대표적인 첫 유형은 '공익단체Groupement d'Intérêt Public(GIP)'였다. 공익단체는 지자체 연대에 관한 1982년 프랑스 기술 연구 · 개발 방향 및 프로그램 관련법, 일명 슈벤느망법Loi n° 82-610 du 15 juillet 1982 d'orientation et de programmation pour la recherche et le développement technologique de la France(Loi Chevènement)에 기초하여 구성되었다. 공익단체는 공공법인으로만 구성되어도 위법한 것은 아니지만, 고유의 가치를 상실하는 격이어서, 민간 자격도 구성원이 될 수 있었다. 공익단체는 공공법인과 민간 간 파트너십 형태의 단체로, 바로 이 측면이 공익단체가 생겨난 실질적인 이유이기도 했다. 이후 공익단체는 모든 분야에서 확대되었다. 문화부는 1991년 문화 분야의 정책 수행을 목적으로 설립된 공익단체 관련 법령Décret n° 91-1215 du 28 novembre 1991 relatif aux groupements d'intérêt public constitués pour exercer des activités dans les domaines de la culture을 기초로 문화공익단체Groupement d'Intérêt Public Culturel(GIPC)를 설립함으로써 문화 분야에 공익단체 방식을 도입하게 된다.

그러나 이 문화공익단체는 두 가지 측면에서 문제를 드러낸다. 하나의 문제는 공익단체 제도 자체의 법적 모호성에서 비롯하는 것으로, 1996년 최고 행정재판소인 국사원Conseil d'État의 보고서에 따르면, 이 공익단체 제도는 유용성은 확인되나 그 지위 및 제도적 규정을 보다 명시화할 필요가 있었다. 사실 입법자는 공익단체를 제도화하면서 그 성격에 관하여 공법상의 법인이라는 사항을 제외하고는 특별한 규정을 명시하지 않았다. 일부 전문 학자들은 이러한 공익단체를 사실상 일종의 공공시설법인으로 간주하였지만, 2000년 국사원은, 공익단체는 우선 공법상 법인이지만 공공시설법인은 아니라고 하는 모호한 결정으로 여전히 혼동의 여지를 남겼다. 다른 하나의 문제는 문화공익단체 차원의 문제로, 문화공익단체가 문화 분야에서 기대치의 성과를 거두지 못하였다는 점이다. 이 역시 실질적으로는 무엇보다 공익단체 제도 자체의 한계에 따른 것으로, 공익단체가 원칙상 영구 조직이 아니라는 데서 비롯된 문제라고 할 수 있다. 공익단체는 일정 기한 조건부로 설립되며 30년을 초과할 수 없었다. 이러한 원칙은 문화 분야에서 특히 여러모로 제약이 되었다. 게다가 공익단체의 재원은 자체 투자만으로 구성되며, 또한 자체적으로 직원을 채용하지 못하고, 파견 직원만으로 운영된다는 문제 등, 이 역시 문화 분야에서는 많은 문제를 야기하는 곤란한 제약들이었다.

이에 문화부는 다른 방식을 강구하게 되고, 다시 공공시설법인 방식으로 눈을 돌리게 된다. 본래 공공시설법인 역시 문화 분야의 활동 및 관리에 부합하지 못하는 부분이 있어 보다 적합한 법적 방식을 모색한 결과가 공익단체였으나, 결국 다시 공공시설법인으로 돌아가려는 것이었다. 문화부는 2002년 1월 4일 문화협력공공시설법인창설법Loi n° 2002-6 du 4 janvier 2002 relative à la création d'établissements publics de coopération culturelle을 통해 문화협력공공시설법인Établissement Public de Coopération Culturelle(EPCC)을 창설한다.

문화협력공공시설법인은 이후 지속적인 제도적 보완을 거치게 되는데, 이를 통해 원론적으로 특수한 성격을 띨 수밖에 없는 문화적 개입 방식에 적합한 구조로 발전하며 지자체 및 현장 실무가들의 기대에 상당 부분 부응하게 된다. 문화협력공공시설법인은, 앞서 도표로도 살펴본 바, 행정적 및 재정적 측면에서나 공법 및 사법 간 융통성의 측면에서나 상당히 탄력적인 공공시설법인의 성격을 그대로 지니면서 동시에 문화 분야에 특화된 강점이 있었다. 따라서 문화협력공공시설법인은 문화 분야 차원에서 공공법인 간 협력뿐만 아니라 공공법인과 민간 간 협력의 장이자 여러 측면에서 매우 융통성 있고 탄력적인 파트너로 여겨졌다. 이는 문화공익단체에 대한 문화협력공공시설법인의 우세한 점이기도 했다. 문화협력공공시설법인은 문화부와 지자체 간 혹은 지자체들 간 설립이 가능하며, 전자의 경우 국가는 상대 파트너 지자체에 보조금 형식으로 재정을 지원하게 되고, 후자는 지자체들 간 상호 출자를 기반으로 한다. 이러한 재정적 이유로 지자체들은 문화협력공공시설법인 내에 국가가 포함되기를 바라고 요구하게 된다.

문화협력공공시설법인은 행정적 성격 또는 상공업적 성격의 공공시설법인 중 선택을 할 수 있는데, 이는 통상 해당 활동의 성격을 고려하여 결정된다. 교육시설 및 원칙적으로 문화유산의 보존을 임무로 하는 시설은 행정적 성격의 공공시설법인으로, 반대로 창작 및 생산, 공연(오케스트라, 오페라, 연극, 일반 공연이나 영화, 시청각영상을 위한 시설 등)의 보급을 임무로 하는 시설은 관리의 효율성을 고려하여 상공업적 성격의 공공시설법인으로 자격을 설정할 수 있다.

요컨대, 정부와 지자체 간이든 지자체들 간이든, 공공 관계자 간 상호 파트너십은 다양한 수준의 특화 조치들(문화발전협약, 예술 및 역사 도시 또는 지역의 라벨 인증 프로그램, 지역 예술교육 계약, 지역 협약 등)을 포함한 폭넓은 스펙트럼의 계약 절차를 통해 이루어진다. 하지만 이러한 파트너십 조치들은 시행 과정상 여러 문제, 특히 파트너십은 늘어나고 따라서 파트너십 간 중복의 가능성도 있기 때문에, 여러 관계자들 간 이해의 상충 등으로 하여 시행이 쉽지만은 않다. 물론 많은 지자체가 정부가 시작한 문화정책을 관리하고 발전시키고자 노력한다. 하지만 지자체들은 지역 및 지역민과 밀접한 관계에 있는 공동체이기 때문에, 특히 기초 단위인 코뮌은 말할 것도 없고, 데파르트망, 레지옹들 모두 자기 관할 지역의 문화 보급률을 높이고자 노력한다. 따라서 지자체들 역시 지역 문화 협회들과 새로운 문화 활동들을 지원하는 데 적극적이며, 보다 효율적인 지원을 위해 지자체들 간 상호 파트너십을 체결하기도 한다. 서로 다른 지자체 간 이러한 계약과 파트너십의 증가는 오늘날 프랑스 문화정책의 주요한 한 단면을 이룬다. 주요 예로서 우선, 지자체 관할 박물관들의 소장품을 확충하기 위해 새로운 예술 작품을 입수하는 활동을 지원하고자 설립된 레지옹박물관소장품구매기금Fonds Régional d'Acquisition des Musées(FRAM)이 있다. 그리고 음악 및 무용 (경우에 따라 연극) 진흥을 위한 지역 협회, 음악 및 무용을 위한 지역 교육기관 및 직업훈련센터, 지역의 현대미술센터와 문화교류센터, 오케스트라 및 오페라, 도서를 위한 지역 협력기관 및 지역 문화유산복구센터 등이 있다.

요컨대, 계약과 파트너십을 통한 문화정책에 있어 문화부의 지원은 일방적인 수요와 공급보다는 협력 파트너와의 관계 속에서 이루어지는 것이므로, 이러한 중앙 개입의 성과는 동원 수단과 협력 파트너 단체 혹은 관계자의 대처에 따라 상대적일 수 밖에 없다. 예를 들어 무료입장제와 같은 조치를 한번 생각해 보면, 결국 그러한 조치는 일단 무료로 재화를 제공하고 그렇게 제공된 재화의 소비 여부는 전적으로 가계 소비자의 결정에 맡기겠다는 것으로서, 사실상 공급자로서는 안일하고 수동적인 조치라고 할 수 밖에 없다. 공급자가 자체 수단을 강구하지 않고 정부가 정책적으로 제시한 수단의 범위 내에서 안일하게 행정을 수행한다면 지원에 상응하는 생산적 결과를 기대하기는 사실상 어려울 것이다. 사실 국가가 개입할 때, 개입의 효율성은 동원 수단뿐만 아니라, 결국 해당 정책에 관여하는 다른 실무 행정주체들의 대처 활동에 따라 달라진다는 것은 이제 모두가 인식하고 있는 사실이다. 결국, 파트너십이 효율적인 정책이 되기 위해서는 문화부의 노력은 물론, 수혜 행정주체들이 이 정책의 수혜자로서 국가가 목표로 하는 활동을 채택하여 책임을 가지고 추진하면서, 나아가 국가의 정책 수단에 자신들의 수단을 더하여 보다 능동적으로 지역 문화정책을 끌고 가겠다는 행정주체로서의 인식과 책임감이 필요할 것이며, 이는 장기적으로 해당 지자체뿐만 아니라 모든 지자체 나아가 국가 차원의 문화정책 및 문화자산을 강화하는 길이 될 것이다.

PART 2

프랑스 문화정책의 실제

PART 2

프랑스 문화정책의 실제

I. 프랑스 문화정책의 행정 조직과 체계

프랑스의 문화정책 모델은, 점차 지방정부의 역할 비중이 높아지면서 문화부의 영향력이 예전 같지는 않지만, 그럼에도 역시 문화부를 중심으로 이해해야 한다. 문화유산이나 연극, 조형예술과 같은 소수 핵심 분야 이외 문화산업 분야 등을 보게 되면, 확실히 국가의 역할 및 영향력이 약화된 것은 사실이나, 그렇다 하더라도 문화 활동을 추진하고, 또한 대개의 결정을 내리는 과정에 있어 중추는 여전히 문화부라고 할 수 있다.

프랑스 문화부의 행정 체계는 기본적으로 다음 세 가지 원칙을 따른다.

첫째, 중앙 중심의 직접 개입을 기본 원칙으로 하며, (따로 단일 법전이 존재하지 않으므로) 창설 당시의 문화부조직법령Décret n° 59-889을 비롯한 각종 시행령에 따라 정책을 추진한다.

둘째, 지자체나 시장 경제의 차원에서 수행하기 어려운 공공목적의 문화 사업 및 진흥 정책을 추진한다.

셋째, 지자체 및 사회 유관 기관과 계약과 파트너십 모델을 통한 협력 조직 체제를 기반으로 정책을 추진한다.

1. 중앙정부 조직과 행정 체계

한 나라의 문화정책을 이해하기 위해서는 기본적으로 그 행정 체계부터 이해해야 한다. 문화정책의 행정 체계를 잘 살펴보면 문화정책의 목적과 방향, 분야, 수행 체제 등을 일목요연하게 이해할 수 있다.

프랑스 문화정책의 행정적 중추인 문화부는, 공식 사이트의 '조직Organisation' 페이지 하단을 보면 알 수 있듯이, 다음과 같이 크게 세 단위의 조직, 즉 중앙본부Administration centrale와 시설법인Établissements 그리고 중앙지방조직Services déconcentrés으로 체계화되어 있다.

중앙본부 | 시설법인 | 중앙지방조직

www.culture.gouv.fr

[그림 1] 문화부 조직

위와 같이, 문화부의 조직은 '중앙본부[중앙 부서와 장관 직속 부서]'와, 앞서 살펴본 바 있는, 문화부 관할 행정을 위탁 방식으로 대리 수행하는 '시설법인[공공시설법인(EP)과 국가위탁 서비스기관Service à Compétence Nationale(SCN)]' 그리고 '중앙지방조직[레지옹문화사무국(DRAC) 등]'의 세 단위로 이루어져 있다. 시설법인의 경우, 연차에 따라 변동은 있으나, 2018년 7월 현재 공공시설법인이 76개, 국가위탁서비스기관이 21개로 나타난다. 공공시설법인은 비영리법인 형태로 국가 공공 서비스를 제공하는 공공 문화기관이다. 자체적으로 예산을 운용할 수 있는 재량권이 있으며, 기관의 성격에 따라 다시 행정공공시설법인(EPA)과 상공업공공시설법인(EPIC)으로 나뉜다. 행정공공시설법인에는 행정적 성격의 국립 박물관, 도서관, 센터, 연구소 등 31개 공공 문화기관과 전국의 20개 국립고등건축학교 및 6개 국립고등예술학교가 속해 있다. 상공업공공시설법인으로는 상공업적 성격을 띤 국립극장과 건축·문화유산단지, 국립시청각연구소 등 19개 기관이 있다. 문화 분야의 대학을 제외한 분야별 혹은 장르별 특수학교의 경우와, 또한 최근 공공 문화기관의 경영 효율화 방침에 따라 루브르와 같은 관광 입장료 징수가 가능한 대표적인 국립박물관 등의 경우가 다수 공공시설법인으로 전환되었다. 그리고 국가위탁서비스기관은 국가 공공 서비스를 제공하는 중앙-지방 분권의 행정혼합형 기관들로서 각기 인계 받은 국가 위탁 서비스를 제공하며, 공공시설법인과 달리 자체 예산 운용권이 없다. 대표적인 기관으로 국립박물관을 비롯하여 국립기록문서국Archives Nationales, 프랑스박물관연구·복원센터 등이 있다.

이상을 구체적으로 살펴보면 다음과 같다.

[표 5] 문화부 조직 (2018. 07)

	문화부 조직
중앙본부	**중앙 부서(Direction du ministère)** • 문화유산총국(Direction Générale des Patrimoines) • 예술창작총국(Direction Générale de la Création Artistique) • 미디어 · 문화산업총국(Direction Générale des Médias et des Industries Culturelles) **장관 직속 부서(Service rattaché à la ministre)** • 총괄사무국(Secrétariat Général) • 프랑스어 · 프랑스언어총대표국(Délégation Générale à la Langue Française et aux Langues de France)
시설법인	**공공시설법인(EP: Établissement Public)** **(행정적 성격의) 행정공공시설법인(EPA)** • 로마 프랑스아카데미(AFR: Académie de France à Rome) • 프랑스 국립도서관(BNF: Bibliothèque Nationale de France) • 공공정보도서관((BPI: Bibliothèque Publique d'Information) • 국정기념물센터(CMN: Centre des Monuments Nationaux) • 조르주 퐁피두 국립문화예술센터(CNAC-GP: Centre National d'Art et de Culture Georges Pompidou) • 국립조형예술센터(CNAP: Centre National des Arts Plastiques) • 국립영화(· 애니메이션)센터(CNC: Centre National du Cinéma et de l'Image Animée) • 국립도서센터(CNL: Centre National du Livre) • 퐁텐블로 성(Château de Fontainebleau) • 베르사유 궁 · 박물관 · 국립공원(Établissement Public du Château, du Musée et du Domaine National de Versailles)

시설법인

- 국립고등연극예술원(CNSAD: Conservatoire National Supérieur d'Art Dramatique)
- 리옹 국립고등음악 · 무용원(CNSMD Lyon: Conservatoire National Supérieur de Musique et de Danse de Lyon)
- 파리 국립고등음악 · 무용원(CNSMD Paris: Conservatoire National Supérieur de Musique et de Danse de Paris)
- 에콜 뒤 루브르(École du Louvre)
- 아를르 국립고등사진학교(ENSP: École Nationale Supérieure de la Photographie d'Arles)
- 국립고등장식예술학교(ENSAD: École Nationale Supérieure des Arts Décoratifs)
- 에콜 데 보자르(ENSB-A: École Nationale Supérieure des Beaux-Arts)
- 세브르-리모주 도자기단지(Établissement Public Cité de la Céramique-Sèvres et Limoges)
- 포르트 도레 국립이주사 · 열대아쿠아리움단지(Établissement Public de la Porte Dorée-Cité Nationale de l'Histoire de l'Immigration et de l'Aquarium Tropical)
- 국립예방고고학연구소(INRAP: Institut National de Recherches Archéologiques Préventives)
- 국립문화유산연구소(INP: Institut National du Patrimoine)
- 오르세 박물관-오랑주리 박물관(Musée d'Orsay et Musée de l'Orangerie)
- 기메 아시아예술박물관(Musée des Arts Asiatiques Guimet)
- 유럽 · 지중해문명박물관(MuCEM: Musée des Civilisations de l'Europe et de la Méditerranée)
- 루브르 박물관(Musée du Louvre)

시설법인

- 자크 시라크 케 브랑리 박물관(Musée du Quai Branly Jacques Chirac)
- 장 자크 에네 국립박물관–귀스타브 모로 국립박물관(Musée National Jean–Jacques–Henner et Musée National Gustave–Moreau)
- 파리 피카소 국립박물관(Musée National Picasso Paris)
- 로뎅 박물관(Musée Rodin)
- 문화유산 · 문화시설사업관리국(OPPIC: Opérateur du Patrimoine et des Projets Immobiliers de la Culture)
- 국립예술사연구소(INHA: Institut National d'Histoire de l'Art)
- 국립고등건축학교(ENSA: École Nationale Supérieure d'Architecture)
  - 보르도 국립고등건축학교(ENSA de Bordeaux)
  - 브르타뉴 국립고등건축학교(ENSA de Bretagne)
  - 클레르몽 페랑 국립고등건축학교(ENSA de Clermont–Ferrand)
  - 그르노블 국립고등건축학교(ENSA de Grenoble)
  - 릴 국립고등건축학교(ENSA de Lille)
  - 리옹 국립고등건축학교(ENSA de Lyon)
  - 마른 라 발레 국립고등건축학교(ENSA de Marne–la–Vallée)
  - 마르세유–뤼미니 국립고등건축학교(ENSA de Marseille–Luminy)
  - 몽펠리에–랑그독 루시용 국립고등건축학교(ENSA de Montpellier–Languedoc–Roussillon)
  - 낭시 국립고등건축학교(ENSA de Nancy)
  - 낭트 국립고등건축학교(ENSA de Nantes)
  - 노르망디 국립고등건축학교(ENSA de Normandie)
  - 파리–벨빌 국립고등건축학교(ENSA de Paris–Belleville)
  - 파리–라빌레트 국립고등건축학교(ENSA de Paris–La Villette)
  - 파리–말라케 국립고등건축학교(ENSA de Paris–Malaquais)
  - 파리–발 드 센 국립고등건축학교(ENSA de Paris–Val–de–Seine)
  - 생테티엔 국립고등건축학교(ENSA de Saint–Étienne)
  - 스트라스부르그 국립고등건축학교(ENSA de Strasbourg)

- 툴루즈 국립고등건축학교(ENSA de Toulouse)
- 베르사유 국립고등건축학교(ENSA de Versailles)

• 국립고등예술학교(ENSA: École Nationale Supérieure d'Art)
- 부르주 국립고등예술학교(ENSA de Bourges)
- 세르지 퐁투아즈 국립고등예술학교(ENSA de Cergy-Pontoise)
- 디종 국립고등예술학교(ENSA de Dijon)
- 리모주-오뷔송 국립고등예술학교(ENSA de Limoges-Aubusson)
- 낭시 국립고등예술학교(ENSA de Nancy)
- 빌라 아르송 국립고등예술학교(ENSA de la Villa Arson)

시설법인

(상공업적 성격의) 상공업공공시설법인(EPIC)

• 국립샹송 · 가요 · 재즈센터(CNV: Centre National de la Chanson, des Variétés et du Jazz)
• 국립무용센터(CND: Centre National de la Danse)
• 건축 · 문화유산단지(CAPA: Cité de l'Architecture et du Patrimoine)
• 파리 필하모니 음악단지(Cité de la Musique-Philharmonie de Paris)
• 코메디 프랑세즈(Comédie-Française)
• 샹보르 국립공원(Domaine National de Chambord)
• 레자틀리에 국립고등산업창작학교(ENSCI: École Nationale Supérieure de Création Industrielle-les Ateliers)
• 국립고등영상 · 음향학교(FEMIS: École Nationale Supérieure des Métiers de l'Image et du Son)
• 라빌레트 그랜드홀 · 공원단지(EPPGHV: Établissement Public du Parc et de la Grande Halle de La Villette)
• 프랑스문화원(Institut Français)
• 국립시청각연구소(INA: Institut National de l'Audiovisuel)
• 국립오페라 파리(ONP: Opéra National de Paris)

시설법인

- 위니베르사이언스 디스커버리전당-과학 · 산업박물관단지 (UNIVERSCIENCE: Palais de la Découverte et Cité des Sciences et de l'Industrie)
- 샹젤리제 국립박물관연합-그랑팔레(RMN-GPCE: Réunion des Musées Nationaux et Grand Palais des Champs-Élysées)
- 유럽 오데옹 극장(Odéon Théâtre de l'Europe)
- 샤요 국립극장(Théâtre National de Chaillot)
- 국립오페라코미크극장(Théâtre National de l'Opéra-Comique)
- 콜린 국립극장(Théâtre National de la Colline)
- 스트라스부르그 국립극장(TNS: Théâtre National de Strasbourg)

국가위탁서비스기관(SCN: Service à compétence nationale)

국립박물관

- 클레망소-드 라트르 드 타시니 국립박물관(Musée national Clémenceau et de Lattre de Tassigny)
- 생제르맹 앙 레 국립고고학박물관 · 국립공원(Musée d'Archéologie Nationale et Domaine National de Saint-Germain-en-Laye)
- 에쿠앙 성 국립르네상스박물관(Musée national de la Renaissance au Château d'Écouen)
- 포르 루아얄 데 샹 국립박물관(Musée national de Port-Royal des Champs)
- 선사박물관(Musée de la Préhistoire)
- 입체모형박물관(Musée des Plans-Reliefs)
- 클뤼니 국립중세박물관 · 온천 · 호텔(Musée national du Moyen Âge, Thermes et Hôtel de Cluny)
- 마녱 국립박물관(Musée national Magnin)
- 포 성 국립박물관 · 공원(Musée National et Domaine du Château de Pau)

- 콩피에뉴-블레랑쿠르 국립박물관 · 공원(Musées et Domaines nationaux de Compiègne et Blérancourt)
- 말메종-부아 프레오 성 국립박물관(Musée national des Châteaux de Malmaison et de Bois-Préau)
  - (부속) 보나파르트의 집 국립박물관(Musée national de la Maison Bonaparte)
  - (부속) 일 덱스 국립박물관(Musées nationaux de l'Île d'Aix)
- 알프 마리팀 국립20세기미술관(Musées Nationaux du XXe Siècle des Alpes-Maritimes)
  - (부속) 페르낭 레제르 국립미술관(Musée national Fernand Léger)
  - (부속) 마르크 샤갈 국립미술관(Musée national Marc Chagall)
  - (부속) 피카소 국립전쟁 · 평화미술관(Musée national La Guerre et la Paix de Picasso)

시설법인

기타 기관

- 파리-퐁텐블로-피에르피트 쉬르 센 국립기록문서국(Archives Nationales, Sites de Paris, Fontainebleau et Pierrefitte-sur-Seine)
- 국립해외기록문서국(Archives Nationales d'Outre-Mer)
- 국립노동계기록문서국(Archives Nationales du Monde du Travail)
- 프랑스박물관연구 · 복원센터(C2RMF: Centre de Recherche et de Restauration des Musées de France)
- 해저 · 수중고고학연구부(DRASSM: Département des Recherches Archéologiques Subaquatiques et Sous-Marines)
- 역사기념물연구소(LRMH: Laboratoire de Recherche des Monuments Historiques)
- 건축 · 문화유산미디어라이브러리(Médiathèque de l'Architecture et du Patrimoine)

	• 고블랭-보베-사보너리 국립실내가구장식품관리소-국립수공예제작소 (Mobilier National et Manufactures Nationales des Gobelins, de Beauvais et de la Savonnerie) • 프랑스박물관장서 · 기록문서 · 종합자료서비스기구(SBADG: Service des Bibliothèques, des Archives et de la Documentation Générale des Musées de France)
중앙지방조직	**레지옹문화사무국(DRAC: Direction Régionale des Affaires Culturelles)** **13개 레지옹** • 오베르뉴 론 알프 레지옹문화사무국(DRAC Auvergne-Rhône-Alpes) • 부르고뉴 프랑슈 콩테 레지옹문화사무국(DRAC Bourgogne-Franche-Comté) • 브르타뉴 레지옹문화사무국(DRAC Bretagne) • 상트르 발 드 루아르 레지옹문화사무국(DRAC Centre-Val de Loire) • 코르스 레지옹문화사무국(DRAC Corse) • 그랑 테스트 레지옹문화사무국(DRAC Grand Est) • 오 드 프랑스 레지옹문화사무국(DRAC Hauts-de-France) • 일 드 프랑스 레지옹문화사무국(DRAC Île-de-France) • 노르망디 레지옹문화사무국(DRAC Normandie) • 누벨 아키텐 레지옹문화사무국(DRAC Nouvelle-Aquitaine) • 옥시타니 레지옹문화사무국(DRAC Occitanie) • 페이 드 라 루아르 레지옹문화사무국(DRAC Pays de la Loire) • 프로방스 알프 코트 다쥐르 레지옹문화사무국(DRAC Provence-Alpes-Côte d'Azur)

문화사무국(DAC: Direction des Affaires Culturelles)

5개 해외 데파르트망-레지옹(Département et Région d'outre-mer)

- 과들루프 문화사무국(DAC Guadeloupe)
- 프랑스령 기아나 문화사무국(DAC Guyane)
- 마르티니크 문화사무국(DAC Martinique)
- 마요트 문화사무국(DAC Mayotte)
- 레위니옹 문화사무국(DAC Réunion)

건축 · 문화유산데파르트망지국(UDAP: Unité Départementale de l'Architecture et du Patrimoine) – 레지옹문화사무국 데파르트망 지부

전국 각 데파르트망

문화사업단(MAC: Mission aux Affaires Culturelles)

2개 해외 공동체(Collectivité d'outre–mer)

- 누벨 칼레도니아 문화사업단(MAC Nouvelle–Calédonie)
- 생피에르 미클롱 문화사업단(MAC Saint–Pierre–et–Miquelon)

www.culture.gouv.fr

문화부는 중앙 조직을 비롯하여 위탁 조직과 산하 지방 조직에 정책적 권한을 행사한다. 문화부는 관할 조직 간 재원의 할당 양식을 결정하고 또한 할당한 재원을 관리 감독한다. 문화부의 예산은 총리 직권 하의 정부가 정한 종합 지침에 따라 예산 편성 단계에서 일단 정해지고, 의회의 의결을 거쳐 최종 확정된다. 현재 프랑스 문화부의 관계 직원은 2018년 『문화부 예산안*Culture Projet de Loi de Finances(Culture PLF)*』(이하 약어 표기 시, *Culture PLF*) 기준으로 중앙 소속 11,148명과 산하 공공시설법인(EP) 고용 18,430명, 총 29,578명이다.

[표 6] 문화부 소속 인원

	2017년 대비	2018년
문화부 고용 인원	−110	11,148
중앙본부	−60	1,523
레지옹문화사무국(DRAC)	−25	2,787
공공시설법인(EP)	−15	5,045
국가위탁서비스기관(SCN)	−10	1,793
공공시설법인(EP) 고용 인원	−50	18,430
총 인원	**−160**	**29,578**

Ministère de la Culture 2018: 46

1-1. 중앙 행정 체계의 특성

1) 중앙 행정 조직의 논리

문화부는 일반적으로 다음 두 가지 논리에 따른 조직 체계 중 선택을 할 수 있다.

① 문화유산, 조형예술, 영화 등, (개입 시 각기 특성이 다른) 분야 논리에 따른 조직 체계
② 창조, 보급, 문화유산 전승 등, (개입 시 각기 원칙이 다른) 운영(기능) 논리에 따른 조직 체계

위의 '분야domaine'와 '운영fonction', 두 논리에 따른 각 조직 체계는 서로 장단점이 있다. 우선 '운영' 논리에 따른 조직 체계는

수행 목표를 고려하면 매우 적합한 양식이 되겠지만, 수행하는 대상 분야의 특성을 고려하여 업무를 수행해야 하는 경우에는 종종 복잡하고 비효율적일 수가 있다. 반면, 특성이 각기 다른 '분야' 논리에 따른 조직 체계는 무엇보다 조직 간의 지나친 분립으로 이어질 수 있다는 난점이 있으며, 게다가 각 조직의 서비스 논리를 파악하여 접근하려 드는 여러 집단이기적인 외부 압력단체를 양산하여 불협화음을 야기할 수가 있다.

따라서 대개 장관의 입장에서는 운영 논리에 따른 조직 구성을 원하게 되나, 실제에 있어 문화부의 조직은 초창기부터 분야별로 구성되고 있다. 각 부서는 정해진 분야(문화유산, 조형예술, 공연, 도서 및 출판, 미디어 등)를 전담하고, 그 해당 분야 활동 단체들의 요구에 부응하여 지원을 하는 체계로 이어져왔다. 그러한 까닭에 문화부 밖의 이익단체들은 통상적으로 관계 부서의 논리를 파악하여 단체별로 혹은 분야별로 저마다의 요구안을 제시하게 된다. 더욱이 이러한 요구안의 대부분은 집단의 이해관계에 따른 것이라 자연히 서로 상충하는 일이 빈번할 수밖에 없다. 그럼에도 문화부의 조직은 초창기 체계나 이후 개편된 대단위 사무국Direction 체계, 그리고 다시 2010년 개편된 현행의 초대단위 총국Direction Générale 체계까지 사실상 분야별 조직 논리를 크게 벗어나지 않고 있다. 더구나 (초)대단위 체계는 여러 분야를 계열별로 묶어 통합 전담하는 부서 간 성격을 띠고 있어 거시적인 조율의 측면에서는 효율적일 수 있으나, 상황에 따라서는 분야 간의 미시적인 문제들이 보다 복잡하게 얽힐 우려가 있다.

문화부 창설 당시의 조직 체계는 경험적인 단계를 밟아 이루어졌다. 왜냐하면 당시 문화부는 산하 부서를 일괄 신설하여 출범한 것이 아니라 장관 직속의 총괄사무국 이외에는 모두 다른 정부 부처 소관의 업무를 이양 받아 시행착오를 거치며 점진적으로 자체의 업무와 조직으로 전환시켜 그 틀을 갖추었기 때문이다. 이양 받은 초창기의 조직은, 앞서 1부 2장에서 언급한 바 있듯, 우선 교육부 산하의 문예총국과 프랑스기록문서국, 건축국, 또한 청소년스포츠청 산하의 문화활동국, 그리고 상공부 산하의 국립영화센터였다. 이후 이 조직들 산하에 여러 부서가 자리를 잡게 되는데, 예를 들어 문예총국 산하에는 박물관국Direction des Musées, 공연 · 음악부국Sous-Direction des Spectacles et de la Musique, 문학국Service des Lettres, 예술교육 · 생산국Service de l'Enseignement et de la Production Artistique이 자리를 잡았다.

문화부는 창설 이래로, 몇 번에 걸친 단계적 조직 개편을 단행했지만, 줄곧 개입 분야에 따른 조직 옵션을 유지하고 있다. 초창기의 분야별 조직 체계가 어느 정도 자리를 잡은 시점에서 문화부는 다시 한 번 주요 분야를 축으로 한 계열별 대단위 사무국 체계로 조직을 통합 재편하였다. 이에 더하여 사무국과 수평 관계의 종합행정국Direction de l'Administration Générale 및 대표국Délégation을 추가로 조직하였다. 이러한 일련의 과정을 거쳐 2009년까지 문화부의 조직은 총괄사무국과 7개 사무국, 3개 대표국, 그리고 영화국으로 승격되어도 충분했던 국립영화센터로 편성되어 있었다. 7개 사무국은 종합행정국을 비롯하여 주요 분야를 중심으로 통합된 대단위의 건축 · 문화유산국Direction de l'Architecture et du Patrimoine, 프랑스박물관국Direction des Musées de France, 프랑스기록문서국Direction des Archives de France, 음악 · 무용 · 연극 · 공연국Direction de la Musique, de la Danse, du Théâtre et des Spectacles, 도서 · 독서국Direction du Livre et de la Lecture, 미디어개발국Direction du Développement des Médias이었으며, 3개 대표국은 조형예술대표국Délégation aux Arts Plastiques, 프랑스어 · 프랑스언어대표국Délégation à la Langue Française et aux Langues de France, 국제개발 · 사무대표국Délégation au Développement et aux Affaires Internationales이었다.

현행의 조직은 기존의 대단위 사무국 체제를 초대단위의 총국 체제로 통합 재편한 2010년 조직 개편 이래의 체제로서, 다음과 같이 3개의 총국과 장관 직속의 총괄사무국 및 1개 대표국으로 구성되어 있다.

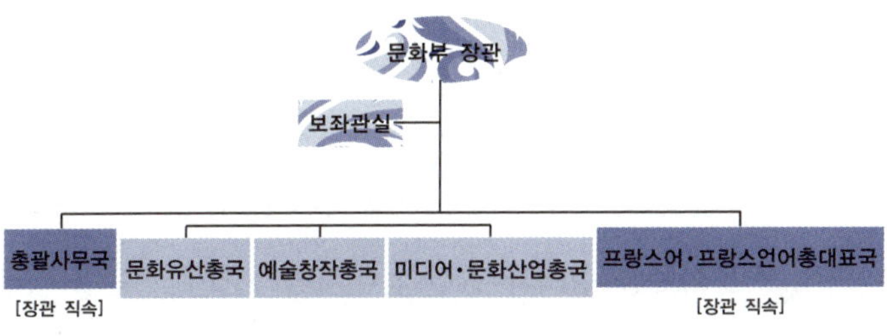

[그림 2] 문화부 중앙 조직 (2018. 07)

2) 중앙 행정 조직

2010년 1월 프랑스 문화부는 기존보다 단순한 동시에 운영상 기능적으로 강화된 조직으로 개편을 단행하여 오늘에 이르고 있다. 개편의 목적은 첫째, 문화부의 주요 문화정책을 더욱 이해하기 쉽게 하고, 둘째, 중앙 부처의 전략적 운영 기능을 향상시키며, 셋째, 부서별 운영 기능을 명확하게 하기 위한 것이었다. 초대단위의 부서 통합적 성격을 띤 문화부의 조직 개편은 굳이 운영 기능별 조직 구성까지 가지 않더라도, 기존의 계열 범위를 확장하여 건축 · 문화유산이나 박물관 등과 같이 당시까지 분리 관리되던 여러 분야들을 포괄적으로 통합함으로써 분야들 간 보다 폭넓은 시너지 효과를 창출할 수 있는 운영의 기능적 기반을 갖추게 되었다는 의미에서, 결과적으로 조직 운영의 기능성도 다 같이 강화된 것으로 문화부는 자평한다.

현재 문화부의 중앙 조직은 장관 직속의 총괄사무국(기존 종합행정국, 국제개발 · 사무대표국 통합)과 프랑스어 · 프랑스언어총대표국, 그리고 3개의 초대단위 총국, 즉 문화유산총국(기존 건축 · 문화유산국, 프랑스박물관국, 프랑스기록문서국 통합)과 예술창작총국(기존 음악 · 무용 · 연극 · 공연국, 조형예술대표국 통합), 미디어 · 문화산업총국(기존 도서 · 독서국, 미디어개발국 통합)으로 구성되어 있으며, 현재까지 프랑스 문화예술 정책과 관련한 대내외적 업무 전반을 총괄하고 있다.

(1) 문화유산총국

문화유산총국Direction Générale des Patrimoines은 기존의 건축 · 문화유산국과 프랑스박물관국, 프랑스기록문서국의 통합 조직으로서, 기념건축물과 고고학적 유적 외에도 건축, 박물관, 기록문서 관련 정책 업무를 관장한다. 이 총국은 특히 문화유산의 보존과 복원, 개발 명목의 문화정책 사안들 일체 및 관련 공공사업을 책임지고 수행한다. 현재 4개 사무국[Service] 이외 1개 감사과[Inspection]와 1개 사업단[Mission], 6개 사무과[Département] 그리고 1개 부국[Sous-direction]으로 조직되어있는데, 각 조직부서의 명칭은 곧 담당 업무를 설명하며, 구체적으로 다음과 같다.

[표 7] 문화유산총국 (2018. 07)

건축국(Service de l'Architecture)

▎건축고등교육 · 연구부국(Sous-direction de l'Enseignement Supérieur et de la Recherche en Achitecture)

- 학교네트워크조정 · 운영실(Bureau de la coordination et du pilotage du réseau des écoles)
- 교육실(Bureau des enseignements)
- 건축 · 도시 · 경관연구실(Bureau de la recherche architecturale, urbaine et paysagère)

▎건축 · 건설품질 · 생활환경관리부국(Sous-direction de l'Achitecture, de la Qualité de la Construction et du Cadre de Vie)

- 건축인력 · 시공 · 구매관리실(Bureau des professions, de la maîtrise d'œuvre et de la commande architecturale)
- 건축 · 경관품질관리실(Bureau de la qualité de l'architecture et du paysage)
- 건축 · 네트워크개발실(Bureau de la promotion de l'architecture et des réseaux)

부처공동프랑스기록문서사무국(Service Interministériel des Archives de France)

▌기록문서정책부국(Sous-direction de la Politique Archivistique)

- 공공기록문서수집 · 관리실(Bureau du contrôle et de la collecte des archives publiques)
- 디지털 · 표준 · 자료아카이브관리실(Bureau de l'archivage numérique, des normes et référentiels)
- 부처공동사업 · 조정실(Bureau des missions et de la coordination interministérielle)
- 개인기록문서사업단(Mission aux archives privées)

▌기록문서홍보 · 가치개발부국(Sous-direction de la Communication et de la Valorisation des Archives)

- 기록문서접근 · 디지털보급실(Bureau de l'accès aux archives et de la diffusion numérique)
- 과학파트너십 · 연구실(Bureau des études et des partenariats scientifiques)

▌기록문서공공서비스조정 · 운영대표부(Délégation à la Coordination et au Pilotage des Services Publics d'Archives)

▌국립마이크로필름 · 디지털화센터(Centre National du Microfilm et de la Numérisation)

▌국립제전사업단(Mission aux Commémorations Nationales. 미래 기념제 목록 작성 업무 수행)

프랑스박물관국(Service des Musées de France)

▌수집사무부국(Sous-direction des Collections)

- 문화자산수집목록 · 배부실(Bureau de l'inventaire des collections et de la circulation des biens culturels)
- 수집 · 복원 · 예방보존 · 연구실(Bureau des acquisitions, de la restauration, de la conservation préventive et de la recherche)

• 수집품디지털보급실(Bureau de la diffusion numérique des collections)

▎박물관정책부국(Sous-direction de la Politique des Musées)

• 투자정책실(Bureau de la politique d'investissement)
• 기술혁신 · 상담실(Bureau de l'innovation et du conseil technique)
• 국립박물관운영실(Bureau du pilotage des musées nationaux)
• 전국네트워크실(Bureau des réseaux territoriaux)

문화유산국(Service du Patrimoine)

▎역사기념물 · 보호지역사무부국(Sous-direction des Monuments Historiques et des Espaces Protégés)

• 역사기념물보호실(Bureau de la protection des monuments historiques)
• 지정지역보호 · 관리실(Bureau de la protection et de la gestion des espaces)
• 부동산문화유산보존실(Bureau de la conservation du patrimoine immobilier)
• 동산 · 도구문화유산보존실(Bureau de la conservation du patrimoine mobilier et instrumental)
• 공학 · 기술감정실(Bureau de l'ingénierie et de l'expertise technique)

▎고고학사무부국(Sous-direction de l'Archéologie)

• 고고학목록작성 · 이용실(Bureau de l'éloboration et de l'utilisation des inventaires archéologiques)
• 고고학운영 · 운영자모니터링실(Bureau du suivi des opérations et des opérateurs archéologiques)
• 고고학유물 · 문헌정보관리실(Bureau de la gestion des vestiges et de la documentation archéologiques)
• 국립선사시대센터(Centre national de la Préhistoire)

▎문화유산종합목록사업단(Mission de l'Inventaire Général du Patrimoine Culturel)

기타 부서

▎문화유산감사과(Inspection des Patrimoines)

▎보안 · 안전 · 접근성정책사업단(Mission de la Sécurité, de la Sûreté et de l'Accessibilité)

▎홍보과(Département de la Communication)

▎과학기술교육과(Département de la Formation Scientifique et Technique)

▎공공정책과(Département de la Politique des Publics)

▎학술정책 · 연구운영과(Département du Pilotage de la Recherche et de la Politique Scientifique)

▎문화유산정보시스템과(Département des Systèmes d'Informations Patrimoinaux)

▎국제 · 유럽사무과(Département des Affaires Européennes et Internationales)

▎재무 · 총무부국(Sous-direction des Affaires Financières et Générales)

- 인사관리실(Bureau des ressources humaines)
- 예산편성 · 성과관리실(Bureau de la programmation budgétaire et de la performance)
- 재무실(Bureau des affaires financières)
- 법무실(Bureau des affaires juridiques)
- 전국정책활동조정단(Mission coordination de l'action territoriale)

www.culture.gouv.fr

(2) 예술창작총국

예술창작총국Direction Générale de la Création Artistique은 기존의 음악 · 무용 · 연극 · 공연국 및 조형예술대표국의 통합 조직으로서, 조형예술과 음악, 무용, 연극, 공연 예술 분야 업무를 담당한다. 이 총국은 각 분야 유관 기관들과 협력하여 예술창작 지원, 예술인 양성 및 지원, 예술 활동 보호 및 장려, 예술품 공공구매, 전국적인 보급망 및 접근성 증대, 유통 활성화 등의 정책 일체를 수행한다. 현재 1개 사무국 이외 1개 감사과와 1개 사업단, 4개 대표부[Délégation] 그리고 3개 부국으로 조직되어있는데, 구체적인 세부 조직부서는 다음과 같다.

[표 8] 예술창작총국 (2018. 07)

조형예술국(Service des Arts Plastiques)

- 예술가 · 예술계사무과(Département des Artistes et des Professions)
- 창작지원사무과(Département du Soutien à la Création)

기타 부서

- 예술창작감사과(Inspection de la Création Artistique)
- 홍보사업단(Mission de la Communication)
- 음악대표부(Délégation à la Musique)
- 연극대표부(Délégation au Théâtre)
- 무용대표부(Délégation à la Danse)
- 사진대표부(Délégation à la Photographie)
- 고용 · 고등교육 · 연구부국(Sous-direction de l'Emploi, de l'Enseignement Supérieur et de la Recherche)
  - 공연고용사무실(Bureau de l'emploi du spectacle vivant)
  - 고등교육 · 직업훈련사무실(Bureau de l'enseignement supérieur et de la formation professionnelle)

• 공공시설사무실(Bureau des établissements)
• 정책연구사업단(Mission recherche)

▌공중 · 예술보급부국(Sous–direction de la Diffusion Artistique et des Publics)

• 국제 · 유럽정책활동실(Bureau de l'action européenne et internationale)
• 문화예술실습 · 교육실(Bureau des pratiques et de l'éducation artistiques et culturelles)
• 다학제예술보급실(Bureau de la diffusion artistique pluridisciplinaire)

▌재무 · 총무부국(Sous–direction des Affaires Financières et Générales)

• 총무실(Bureau des affaires générales)
• 법무실(Bureau des affaires juridiques)
• 전국정책활동실(Bureau de l'action territoriale)
• 운영관리 · 감독실(Bureau de l'observation et du contrôle de gestion)
• 건축심의단(Mission du conseil architectural)

www.culture.gouv.fr

(3) 미디어 · 문화산업총국

미디어 · 문화산업총국Direction Générale des Médias et des Industries Culturelles은 기존의 도서 · 독서국과 미디어개발국의 통합 조직이다. 디지털 시대에 들어 콘텐츠와 콘텐츠기기 간, 문화와 통신 간 컨버전스는 모든 문화산업의 공통된 쟁점으로, 이러한 융합 혹은 통합 정책에 대한 시대적 요구는 미디어 · 문화산업총국의 설립 명분을 정당화한다. 프랑스 문화정책에서 문화산업이라 함은 복제 생산과 광범한 배포(보급)가 가능한, 문화적 성격을 띤 콘텐츠를 자원으로 하여 서비스 및 수익을 창출하는 산업 전반을 가리킨다. 주로 출판(도서, 언론매체, 음반, 전자게임 등)과 시청각(영화, 비디오, TV, 라디오 등) 산업, 그리고 언론 서비스 산업 등이 여기에 해당한다. 따라서 이 총국은 도서 및 독서를 비롯하여 각종 언론매체와 음반, 시청각, 그리고 광고, 언론, 정보, 공공 전자통신 서비스 등 공중에게 전달되는 모든 미디어 산업 및 문화경제 분야의 발전과 관련한 문화부의 정책을 규정하고 조율하며, 그 성과를 극대화하는 데 목적을 두고 업무를 수행한다. 현재 2개의 사무과와 1개 사무부, 1개 총국 직속 부국으로 조직되어있으며, 구체적인 세부 부서는 다음과 같다.

[표 9] 미디어 · 문화산업총국 (2018. 07)

도서 · 독서국(Service du Livre et de la Lecture)
▍도서 · 독서전담부국(Sous-directeur, adjoint au Directeur chargé du Livre et de la Lecture) • 도서관사무과(Département des bibliothèques) • 도서경제과(Département de l'économie du livre) • 전국정책활동 · 인프라사무과(Département des ressources et de l'action territoriale)
미디어국(Service des Médias)
▍신문 · 정보서비스부국(Sous-direction de la Presse Écrite et des Métiers de l'Information) • 신문 · 정보서비스법무실(Bureau du régime juridique de la presse et des métiers de l'information) • 신문 · 정보서비스경제업무실(Bureau du régime économique de la presse et des métiers de l'information)

- 언론출판 · 기관승인사무실(Bureau de l'homologation des publications et agences de presse)

▌시청각부국(Sous-direction de l'Audiovisuel)

- 시청각법무실(Bureau du régime juridique de l'audiovisuel)
- 공영방송관리실(Bureau du secteur audiovisuel public)
- 개인미디어 · 제작 · 광고관리실(Bureau des médias privés, de la production et de la publicité)

기타 부서

▌재무 · 총무과(Département des Affaires Financières et Générales)

- 총무실(Bureau des affaires générales)
- 재무행정실(Bureau des affaires financières et de la formation)
- 문헌정보센터(Centre de documentation)

▌문화경제 · 개발부국(Sous-Direction du Développement et de l'Économie Culturelle)

- 문화산업재정실(Bureau du financement des industries culturelles)
- 국제 · 유럽업무실(Bureau des affaires européennes et internationales)
- 기술 · 네트워크실(Bureau des technologies et des réseaux)
- 경제연구 · 평가실(Bureau des études et des évaluations économiques)

www.culture.gouv.fr

(4) 총괄사무국

상기 세 사무총국과 함께, 장관 직속의 총괄사무국Secrétariat Général이 있는데, 이 총괄사무국은 기존의 종합행정국과 국제개발 · 사무대표국의 통합 조직이다. 총괄사무국은 문화부장관의 제반 행정 업무(인사, 예산, 재무, 법무, 정책 운영, 교육, 연구 등)를 지원 총괄하며, 여러 조직 간 정책들을 불협화음 없이 이끌고 조율하는 책임을 진다. 현재 4개 사무국 이외 1개 대표부와 3개 사무과 그리고 1개 부국으로 조직되어있으며, 구체적인 세부 부서는 다음과 같다.

[표 10] 총괄사무국 (2018.07)

인사국(Service des Ressources Humaines)

▎직업 · 경력관리부국(Sous–direction des Métiers et des Carrières)

- 인사교류담당실(Bureau des affaires transversales)
- 행정비정규직담당실(Bureau de la filière administrative et des agents non–titulaires)
- 과학교육계담당실(Bureau de la filière scientifique et de l'enseignement)
- 기술공예계담당실(Bureau de la filière technique et des métiers d'art)
- 연금관리실(Bureau des pensions)

▎인력 · 사회결연정책부국(Sous–direction des Politiques de Ressources Humaines et des Relations Sociales)

- 인력모집 · 동원 · 양성부(Département du recrutement, de la mobilité et de la formation)
  - 특수직 · 동원 · 모집사무실(Bureau des métiers, de la mobilité et des recrutements spécifiques)
  - 직업훈련 · 기능개발사무실(Bureau de la formation professionnelle et du développement des compétences)
  - 시험예비 · 지원실(Bureau des concours et de la préparation aux examens)
- 고용 · 수당관리실(Bureau de l'emploi et de la rémunération)
- 사회활동관리실(Bureau de l'action sociale)
- 보건 · 노동안전 · 직업재해예방관리실(Bureau de la santé, de la sécurité au travail et de la prévention des risques professionnels)

• 사회협상 · 법감정사무실(Bureau du dialogue social et de l'expertise statutaire)

재무 · 총무국(Service des Affaires Financières et Générales)

❙ 재무부국(Sous-direction des Affaires Financières)

- 예산총괄업무과(Département des affaires budgétaires et de la synthèse)
- 회계관리실(Bureau de la qualité comptable)
- 재해관리내부감사단(Mission du contrôle interne pour la maitrise des risques)
- 재무정보현대화사업단(Mission de modernisation de l'information financière)
- 과세사업단(Mission fiscalité)
- 메세나사업단(Mission mécénat)

❙ 부동산총무부국(Sous-direction des Affaires Immobilières et Générales)

- 카뮈2019프로젝트국(Direction de projet CAMUS 2019)
- 서비스운영실(Bureau du fonctionnement des services)
- 부동산정책실(Bureau de la politique immobilière)
- 기록문서사업단(Mission Archives)

❙ 공공구매사업단(Mission Achats)

국제법무국(Service des Affaires Juridiques et Internationales)

❙ 법무부국(Sous-direction des Affaires Juridiques)

- 입법실(Bureau de la législation)
- 분쟁관리실(Bureau du contentieux)
- 지적재산권관리실(Bureau de la propriété intellectuelle)

❙ 국제 · 유럽사무부국(Sous-direction des Affaires Européennes et Internationales)

- 유럽업무실(Bureau des affaires européennes)
- 국제다국간업무실(Bureau des affaires internationales et multilatérales)

혁신문화정책조정국(Service de la Coordination des Politiques Culturelles et de l'Innovation)

- 기술 · 고등교육 · 연구과(Département de l'Enseignement Supérieur, de la Recherche et de la Technologie)
- 문화예술교육 · 개발과(Département de l'Éducation et du Développement Artistiques et Culturels)
- 연구 · 전망 · 통계과(Département des Études, de la Prospective et des Statistiques)
- 디지털혁신과(Département de l'Innovation Numérique)
- 문헌정보정책사업단(Mission de la Politique Documentaire)

기타 부서

- 정보 · 통신대표부(Délégation à l'Information et à la Communication)
- 전국정책활동과(Département de l'Action Territoriale)
- 정책편성 · 조치과(Département de la Programmation et des Moyens)
- 전략현대화추진과(Département de la Stratégie et de la Modernisation)
- 정보시스템부국(Sous-direction des Systèmes d'Information)
  - 기획 · 관리실(Bureau de la planification et de la gestion)
  - 연구 · 운영실(Bureau des études et du pilotage)
  - 사용자서비스지원실(Bureau des services aux utilisateurs)
  - 정보시스템보안단(Mission sécurité des systèmes d'information)
  - 개설서비스실(Bureau des services d'exploitation)
  - 전자통신서비스실(Bureau des services de télécommunication)

www.culture.gouv.fr

(5) 프랑스어 · 프랑스언어총대표국

프랑스어 · 프랑스언어총대표국Délégation Générale à la Langue Française et aux Langues de France은 문화부장관 직속 부서로서, 프랑

스어의 활용 보장과 사용의 증진 및 심화를 위한 문화정책들의 방향성을 결정하고 조율하는 임무를 수행한다. 이 총대표국은 프랑스의 언어들을 문화정책에 반영시키고, 다언어주의를 도모하는 데 기여하며, 프랑스어권 국가에서 프랑스어의 위상을 공고히 하고, 유럽과 세계 차원에서 언어의 다양성을 강화하는 데 기여하고자 노력한다. 현재 다음과 같이 1개 사무실[Bureau]과 5개 사업단으로 조직되어있다.

[표 11] 프랑스어 · 프랑스언어총대표국 (2018. 07)

▌재무 · 총무실(Bureau des Affaires Générales et Financières)
▌프랑스어사용 · 보급사업단(Mission Emploi et Diffusion de la Langue Française)
▌프랑스어진흥 · 심화사업단(Mission Développement et Enrichissement de la Langue Française)
▌프랑스어해외사업단(Mission Langues de France et Outre-Mer)
▌언어디지털사업단(Mission Langues et Numérique)
▌공중홍보 · 진흥사업단(Mission Sensibilisation et Développement des Publics)

www.culture.gouv.fr

3) 대외 부서들

문화부 산하 대외 부서들은 그 존재 의미나 기능과 관련하여 여러 논의가 오가는 가운데서도 여전히 건재하고 있다. 우선 무엇보다 레지옹문화사무국은 일련의 국토개혁이나 조직개편 가운데서도 변함없이 레지옹의 문화부 지부로서 기능하고 있다. 중앙 직속 중재 부서로서 분권을 위임 받아 중앙 행정부의 관할권에 속하는 일정한 결정 사안들을 대리 수행한다. 또한 기존의 건축 · 문화유산데파르트망사무국Service Départemental de l'Architecture et du Patrimoine(SDAP)의 경우는 논의가 보다 다각적으로 진행되어, 2010년 전국건축 · 문화유산사무국Service Territorial de l'Architecture et du Patrimoine(STAP)으로, 이후 2015년 건축 · 문화유산데파르트망지국Unité Départementale de l'Architecture et du Patrimoine(UDAP)으로 개편되어 확고하게 자리를 잡았다.

(1) 레지옹문화사무국(DRAC)

앙드레 말로는 1963년 2월 23일 공문Circulaire du 23 février 1963을 통해 각 데파르트망에 레지옹문화사무위원회Comité Régional des Affaires Culturelles(CRAC)를 설립하고, 문화부 소속의 정책 분과별(건축과 발굴, 박물관, 기록문서, 연극 및 음악, 영화, 조형예술, 창작, 문화예술교육, 문화 활동 등) 담당 책임자 및 인력을 배치하여 지역 차원에서 문화부의 정책을 조율, 추진하는 기능을 수행하도록 하였다. 그리고 1969년 다시 말로는 전년도의 개략적인 구상안에 따라 실험적 형식의 5개 레지옹문화사무국을 창설하게 되며, 1977년 프랑수아 지루Françoise Giroud 장관 시기에 이르러 이 조직 체계는 전국적으로 일반화된다. 레지옹문화사무국은 레지옹 본청에 적을 두게 되지만 본래 문화부 산하 기관으로서, 레지옹 당국이 자체적으로 추진하는 문화정책과는 별개로, 문화부가 위임한 레지옹 단위 당면 과제를 각 레지옹 차원에서 수행하는 것을 기본 업무로 하며, 나아가 유관 지자체 및 지역 파트너를 위한 전문 지식 제공 및 자문 기능을 수행한다.

레지옹문화사무국의 역할은 수평적 관점에서 바라보느냐 혹은 분야적 관점에서 바라보느냐에 따라 다른 분석이 가능하다. 우선 수평적 관점에서 볼 때, 레지옹문화사무국은 다음과 같이 크게 '지역 개발'과 '문화예술교육 진흥' 그리고 '문화경제 조성'의 세 가지의 역할을 수행한다.

① **지역 개발 및 문화 인구 확대 도모** 체계적인 지역 정착 정책을 통해 전 국민을 위한 문화 서비스의 범위를 확대하고자 노력한다. 이를 위해 정부-레지옹계획계약, 도시계약, 문화발전협약 등을 체결하고 각 단위 지자체(레지옹, 데파르트망, 코뮌)와의 파트너십을 규정하고 조율한다.

② **문화예술교육 진흥** 국가 공인 음악학교를 비롯하여, 몇몇 레지옹문화사무국의 경우, 조형예술학교에 매년 운영을 보조하는 등 문화예술교육을 지원한다. 또한 학교와 대학은 물론 기타 유아원이나 여가센터 등과 같은 아동 및 청소년 수용 시설의 문화예술교육을 효율적으로 장려하기 위해 레지옹 당국자 및 정부의 다른 부처들과 연계 협력하여 업무를 수행한다. 문화예술교육에는 문화유산에 대한 소양과 예술 입문, 현대 창작의 이해 등이 포함된다.

③ **문화경제 조성** 경제적 성격을 띤 문화 부문을 구조화하여

문화경제를 조성하기 위한 업무를 수행한다. 문화기업에 지원과 자문을 제공하고 문화 메세나의 활성화를 지원하며, 문화 관계자의 교육 및 평가 업무를 시행한다.

다음으로 분야적 관점에서 바라보면, 레지옹문화사무국은 문화부의 모든 정책 분야를 관장한다.

- **문화유산 분야** 고고학 분야 업무 및 역사기념물의 보호와 보전, 증진 업무를 관장한다. 경우에 따라, 문화유산 추가 목록에 등재된 기념물의 복원 공사에 대한 허가와 관리 그리고 보조금 지원을 수행한다. 또한 문화유산의 식별 및 평가와 관련한 모든 업무의 시행을 기획, 촉진, 지원한다. 단, 목록의 관리 권한은 레지옹의회에 위임한다. 마지막으로, 각 레지옹문화사무국에는 레지옹 소재 민속 문화유산의 보존 및 연구, 개발을 담당하는 고문을 둔다.
- **박물관 분야** 박물관 간 결연 내지 조율 업무를 수행한다. 프랑스 지역 박물관의 재정 및 다양한 활동을 지원하며, 그 발전을 촉진하는 것을 사명으로 한다.
- **조형예술 분야** 예술창작총국 산하 조형예술국Service des Arts Plastiques과 공동으로 현대 예술 분야(미술, 조각, 사진, 시청각, 신기술, 장식미술, 산업창작, 만화, 패션, 그래픽 등)를 지원한다. 크게 세 차원, 즉 '보급'과 '창작' 그리고 '교육' 차원의 지원 임무를 수행한다. 구체적으로는, 보조금 신청에 대한 예심을

하고 국립조형예술센터(CNAP)와 레지옹현대미술기금(FRAC)의 활동 및 홍보를 뒤에서 지원한다. 공공구매와 '1% 아르티스티크' 구매 활동을 비롯하여 예술 교육 및 훈련 정책과 관련한 자료 조사, 그리고 예술가를 위한 작업 공간인 예술가 아틀리에(스튜디오)의 창설을 위한 투자 프로그램을 지원한다.

- **음악과 무용, 연극 분야** 예술창작총국 산하 각 음악, 무용, 연극 대표부의 지침을 레지옹에서 이행하는 책임을 진다. 우선 음악과 무용 활동의 개발 및 진흥을 위한 정책 업무를 수행한다. 그리고 연극과 공연 분야에서 문화부의 지침을 이행하고, 지역 전문가 단체의 활력을 유지하며, 지자체의 참여를 독려하고, 대중에게 어필할 수 있는 가장 역량 있는 예술적 건의안을 지원한다.
- **교육 분야** 학교와 대학 그리고 기타 학생과 아동을 위한 수용 시설의 문화예술교육을 증진하기 위한 다양한 지원 및 정책 활동을 수행한다.
- **도서 및 독서 분야** 국립도서센터(CNL)와 공동으로 도서와 저작물 그리고 다양한 매체의 문서를 보급할 수 있는 공공 및 사설 조직의 발전을 도모한다. 관계 지자체 및 공공기관, 협회 등에 보조금을 지원한다.
- **영화와 시청각 분야** 국립영화센터의 후신인 국립영화(·애니메이션)센터Centre National du Cinéma et de l'Image Animée(CNC)의 레지옹 지부로서, 관련 전문가 단체와 협회 그리고 지자체와 긴밀한 관계를 가지고 문화부의 중개자 역할을 수행한

다. 분야의 정보와 분석, 자문을 제공하고, 그 활동을 지원 촉진한다.

이상과 같이 레지옹문화사무국은 분야별로 다양한 지원 활동을 수행하는데, 주요 지원 사업을 보다 구체적으로 정리해보면 다음과 같다.

[표 12] 레지옹문화사무국 주요 지원 사업

분야	주요 지원 사업
건축 · 문화유산	**'주목할 만한 문화유산지구' 지원 사업**(SPR: Site patrimonial remarquable) • **[목적] 지역 건축 · 문화유산 가치 제고** 지역 건축물 및 문화유산의 개발을 통해 도시의 문화 환경을 제고하기 위한 프로젝트를 해당 지자체와 협력하여 지원하는 사업 • **지원 기준** 지역의 도시계획 및 개발 여건을 고려하여 지원 • **지원 취지** 기존 건축 · 도시 · 경관문화유산보호지대(ZPPAUP)나 건축 · 문화유산가치개발권(AVAP)을 '주목할 만한 문화유산지구(SPR)'로 재검토하여 지정하도록 지원 • **지원 방향** 건축 문화유산의 개발이 용이하도록, 보존 중심의 전통적 정책을 제안하기보다 시대와 사회적 변화에 부응하여, 가능한 범위에서 개발(건축물 전체 혹은 일부의 보존과 보수, 개발)의 자유를 최대한 허용 • **적용 규정** 건축 · 문화유산가치개발계획(PVAP) 또는 보전 · 개발계획(PSMV) 규정 적용 • **세제 지원** 총비용의 22%('건축 · 문화유산가치개발계획' 적용 건) 혹은 30%('보전 · 개발계획' 적용 건)에 상응하는 세제 감면 혜택

조형예술	**개인 창작 지원 사업(Aide individuelle à la création)** • **[목적] 아틀리에 정착 지원** 개인 창작 공간인 아틀리에의 환경 개선을 위해 아틀리에 개조 공사 및 기재 구입 등을 지원하는 사업 • **지원 요건** 개인 전업 예술가에 한하여(공동 프로젝트는 지원 불가), 행정적 거주지 내 레지옹문화사무국에서 신청 가능 (단, 작가사회보장관리협회(AGESSA)와 작가의 집이 운영하는 '예술가 · 작가 사회보장제' 가입 필수) • **선정 절차** 해당 지자체가 원서를 검토 후 견해를 작성하고, 레지옹문화사무국 책임자가 이를 참고하여 최종 수혜자를 선정하며, 합격의 경우 3년, 불합격의 경우 2년 후에 재지원 가능 • **지원 금액** 최대 8천 유로를 개인에 지원
무용	**무용 창작 지원 사업(Aide à la création chorégraphique)** • **[목적] 독립 무용단 창작 지원** 특히 힙합 댄스 및 바로크 무용 분야 창작 지원 • **지원의 세 가지 방향** a **창작 프로젝트 지원** 새로운 작품의 창작을 지원하며, 최근 2년 이내 지원 수혜를 받은 기존 프로젝트에 대해서는 작품의 상연 및 기간 연장을 위한 추가 지원 가능 b **무용단 지원** 예술적으로 인정을 받고, 기존에 두 번의 지원을 받은 이력이 있는 무용단 지원 c **계약 무용단 지원** 높고 엄격한 기준을 충족하는 무용단과 계약을 맺고, 총 3년간 창작과 배급 활동을 중심으로 지원 • **지원 사례** [2015년] 278개 무용단에 총 749만 유로를 지원

	특수 공중을 위한 독서 진흥 사업(Développement de la lecture pour les publics spécifiques)
도서·독서	• **[목적] 특수 공중의 독서 활동 제고** 특수 공중의 독서 활동 증대를 위해, 레지옹에서 활동하는 관련 교육 단체 또는 종사자가 기안한 프로젝트를 선별하여 지원하는 사업으로, 문화부의 미디어·문화산업총국 산하 도서·독서국이 주관하고 레지옹문화사무국이 선별을 맡아 추진 • **프로젝트 선정 기준** a **독자 및 도서관 수 증대에 기여** 사회적으로 소외된 자, 특히 지리적으로 소외되거나 경제적으로 빈곤한 환경에 처한 시민, 또는 활동이 불편한 장애인이나 입원 환자, 수감자 등을 우선적으로 고려하며, 도서관을 비롯한 교육부 관계 기관, 아동 관련 또는 사회적 기관 등과의 파트너십 형태로 추진 b **지역 선택** 각 프로젝트는 한 지역을 선택해야 하며, 해당 지역에서 추진되고 있는 다른 프로젝트들과 유기적으로 연계 가능한 것이어야 함 • **지원 금액** 프로젝트의 성격과 시행에 필요한 비용을 탄력적으로 고려하여 지원

최보연 2016: 86-87 ; www.culture.gouv.fr

(2) 건축·문화유산데파르트망지국(UDAP)

건축·문화유산데파르트망지국은 문화부 산하 지방 분권 조직이다. 최초의 전신은 종전 직후 설립되었던 프랑스건축청Agence des Bâtiments de France(ABF)인데, 1976년 법령에 따라 데파르트망건축국Service Départemental de l'Architecture(SDA)으로, 다시 1996

년 법령에 따라 건축 · 문화유산데파르트망사무국(SDAP)으로 명칭이 변경되었다. 이후 2003년 세입 재원의 공평한 분배와 업무의 일관성 유지를 위한 문화부 조직 개편의 일환으로 이 조직은 레지옹문화사무국 산하 데파르트망 조직 체제로 재편성되며, 2010년에는 명칭 또한 전국건축 · 문화유산사무국(STAP)으로 변경된다. 그러나 2015년 다시 문화부 산하 데파르트망 조직 체제로 재편성되면서 명칭도 현재의 건축 · 문화유산데파르트망지국(UDAP)으로 변경되어 오늘에 이르렀다.

건축 · 문화유산데파르트망지국은 크게 네 가지 주요 임무를 수행한다. 첫째, 보호지역Espace protégé의 가치를 개발하고, 둘째, 건축과 문화유산, 도시의 품질을 개발 관리하며, 셋째, 데파르트망의 기념 문화유산을 보존하고, 넷째, 보전지구 및 경관의 품질을 유지 관리한다(www.culture.gouv.fr). 이렇게 건축 · 문화유산데파르트망지국은 행정 차원의 보존, 유지, 관리 업무부터 세습 건축 유산의 가치를 극대화하기 위한 보다 적극적인 개발 프로젝트의 감독 및 평가, 그리고 나아가 도시나 자연 경관, 환경 관리에 이르는 광범위한 업무를 수행하는데, 이는 건축 문화유산의 범위가 기념유적에서 점차 경관, 지역 그리고 환경으로까지 확장되고 있음을 보여주는 것이다. 그리고 여기서 의미가 중요한 '보호지역'은 여러 유형으로 나뉘는데(www.patrimoine-environnement.fr), '역사기념유적지Abord de monuments historiques와 보전지구Secteur sauvegardé, '등재 · 지정풍치지구Site inscrit ou classé', 그리고 '건축 · 도시 · 경관문화유산보호지대Zone de protection du patrimoine architectural, urbain et paysager(ZPPAUP)'나 '건축 · 문화유산가치개발권Aire de valorisation de l'architecture et du patrimoine(AVAP)', '주목할 만한 문화유산지구Site patrimonial remarquable(SPR)' 등이 여기에 해당하며, 이와 관련해서는 아래 글 3에서 따로 살펴보기로 한다.

이 지국은, 행정적인 차원에서 데파르트망의 문화유산 · 지구데파르트망위원회Commission départementale du patrimoine et des sites에 관여한다. 각 데파르트망에는 보호지역들, 특히 건축 · 도시 · 경관문화유산보호지대(ZPPAUP)나 건축 · 문화유산가치개발권(AVAP), 주목할 만한 문화유산지구(SPR) 등 문화적 성격의 부동산이 존재하는데, 이 지국은 그러한 부동산의 복원 프로그램 및 (문화유산기금 차원에서 볼 때 매우 중요한 사안인) 세금 혜택과 직결되는 라벨label 부여 업무를 담당한다.

[글 3] 문화유산보호와 도시개발

프랑스는 일찍이 문화유산의 공공성에 눈을 돌린 국가이다. 비록 개인 소유의 문화유산이라 할지라도 문화유산의 역사성과 미적 가치는 다수가 향유해야 한다는 것이 프랑스인의 전통적인 정서라고 할 수 있다. 프랑스의 정치지형도를 완전히 바꾸어놓은 1789년 프랑스대혁명은 국가의 문화유산 보호와 전승의 차원에서도 매우 중요한 사건이 된다. 대혁명은 정치 사회적으로, 그리고 문화적으로도 거의 절대적 특권을 누려오던 귀족과 교회가 몰락하는 계기가 되며, 이에 따라 그 동안 특권층 소유였던 문화유산 및 예술품들이 국가에 귀속된다. 게다가 일부 과격한 혁명 세력은 자신의 이념과 다른 구세력의 모든 문화 흔적을 지우려는 일종의 문화 파괴적 경향을 보이게 되는데, 국가는 그러한 반문화적 행위를 제지하는 역할 역시 수행하게 된다. 그리하여 국가는 대혁명을 거치는 과정에서 문화유산의 보존과 계승을 책임지는 주체로 자리매김한다. 이 이래로 문화유산의 공공성은 줄곧 프랑스 문화정책의 가장 중요한 명분이자 가치가 되며, 프랑스는 국가 차원에서 문화유산의 보호와 전승을 위한 여러 제도적 장치를 서둘러 마련하게 된다. 대혁명 이후 19세기 초반, 국가 주도로 각 지방은 역사기념물에 대한 목록을 작성하기 시작한다.

프랑스 정부는 1913년, 역사기념물법(Loi du 31 décembre 1913 sur les monuments historiques)을 제정하여 역사기념물에 대한 법적 보호를 명문화한다. 이 법은 문화유산의 범주를 역사적 의미는 물론, 예술적 가치를 지닌 유산으로까지 확대한다. 이 법은 현 문화유산법(Code du patrimoine)의 원전이라 할 수 있는 것으로, 비록 예술품이나 건축물이 개인 소유의 것이라 하더라도, 그 역사적, 예술적 가치는 만인이 공유해야 하는 공공성을 띠는 것이며, 이를 위해 국가는 공권력을 동원해 문화유산을 보호해야 함을 명시하고 있다. 이 법은 문화유산의 보호에 관한 매우 구체적인 조항을 마련하고 있다. 예를 들면, 지정 문화유산이 개인 소유라 할지라도 보존을 위해 필요한 경우 국가 보조로 보수를 할 수 있다는 것인데, 관련하여 가장 주목해야 할 대목은 문화유산 '보호지역' 설정에 관한 부분이다. 이 법은, 문화유산으로 지정된 건축물의 시야권(le champ de visibilité) 확보를 위해 반경 500m 내 주변 지역까지 문화유산 보호지역으로서 법적 효력을 지니도록 규정하고 있다. 따라서 이 지역 내에서는 특별 허가 없이 신축을 시행할 수 없으며, 자연 경관을 훼손하는 일체의 행위가 금지된다.

1943년 2월 25일 법(Loi n° 92 du 25 février 1943)은 상기 1913년 법의 수정법으로서, 무엇보다 시야권의 원칙을 더욱 강화한 것이다. 이 수정법은 역사기념물로부터 반경 500m 범위의 지역을 건축제한구역으로 규정하고, 이 지역 내에 소재하는 모든 건축물 관련 일체의 행위(신축, 개축, 보수 등)에 대해 사전허가제를 의무화한다. 이 법은 문화유산뿐만 아니라 주변 지역을 함께 보호함으로써 문화자산의 범위와 인식을 확대하는 데 큰 몫을 하였다.

이후 1962년, 당시 문화부장관이던 앙드레 말로의 이름으로 일컬어지는, 일명 말로법(Loi n° 62-903 du 4 août 1962, dite loi Malraux)이 제정된다. 이 법은 문화유산의 보호와 부동산 유산의 복원 진흥에 관한 기존 법제를 보완한 것으로, 특히 '보전지구(Secteur sauvegardé)'라는 제도적 장치를 세계 최초로 체계화하여 제시한다. 여기서 보전지구란 말 그대로 보호는 물론, 나아가 활용이나 개발을 전제로 한 포괄적 보호를 목적으로 지정된 일정 지구를 가리키는 개념이다. 즉 말로법은 역사적 및 미학적 가치가 있는 건축 유산을 국가가 보호해야 하는 것은 당연하며, 한 차원 더 나아가 이러한 유산을 포함하는 '지구'를 어떻게 개발 활용해야 하는지를 규정하고 있다. 보전지구는 도시 발달 과정에서 역사 유적(주로 건축물이나 공간 등 부동산 유산)이 축적되어 있는 지역이 주로 해당되는데, 말로법은 이러한 지역을 지구 단위로 기획 및 관리하기 위한 법제인 것이다. 따라서 보전지구 정책의 목적은 문화유산의 보호와 복원을 통해 낙후된 구도심의 가치 제고 및 활성화를 유도하고자 하는 것인데, 이는 한편으로 현재 우리나라에서도 문제가 되고 있는 젠트리피케이션(gentrification) 현상을 가속화하는 폐단을 낳기도 한다.

말로법을 통해 보듯, 이제 문화유산의 보호는 단순한 보존과 계승의 차원에서 그치는 문제가 아니다. 오늘날의 도시 개발과 인구 집중은 원론적으로 문화유산의 보호와 상충할 수밖에 없다. 하지만 문화유산을 보호한다고 무조건 주변 지역의 개발을 제한하여 지역 주민의 주거 환경이 열악해지고 경제적 손실이 따른다면, 이 또한 커다란 사회 문제가 될 것이다. 어떻든 오늘날 도시화가 계속해서 빠르게 진행되고 있는 상황에서, 도시의 토지는 한정되어 있고, 게다가 보호라는 명분하에 토지가 묶여있는 경우도 빈번하여, 문화유산의 보호와 도시의 개발이라는 두 가지 목적을 나란히 이루기 위해서는 매우 조심스러운 접근과 효율적인 타개 방안이 따라주어야 할 것이다. 결국 이 둘의 관계를 상충이 아니라 상보 내지 상생의 관계로 만드는 것이 커다란 과제로 남는다.

이러한 시점에서, 지구화(sectorisation)의 개념을 좀 더 탄력적으로 적용하고자 '보전지구'에 이은 몇몇 제도가 마련되었는데, 여기서는 다음 세 제도, 1983년의 '건축 · 도시 · 경관문화유산보호지대(ZPPAUP)'와 2010년의 '건축 · 문화유산가치개발권(AVAP)' 그리고 2016년의 '주목할 만한 문화유산지구(SPR)'를 살펴보기로 한다.

지구화(Sectorisation)

1 건축 · 도시 · 경관문화유산보호지대(ZPPAUP)

- 1983년 지정된 제도로, 문화자산 가치를 지닌 경관을 효율적으로 보전하고 관리하는 것을 목적으로 한다.
- 문화유적과 인접한 지역, 문화적 가치를 지닌 자연경관 지역, 역사 · 문화 · 예술적 관점에서 보존되어야 할 지역을 비롯하여, 도시경관과 도시 주변의 농촌경관, 하천경관 등도 지정 가능 범위에 포함시킴으로써 지구화의 개념을 탄력적으로 적용한다.
- 지자체에 문화유산의 보존과 관리에 관한 권한과 책임을 부여한다.
- 지역 특성을 고려한 지자체 차원의 정책 수립을 가능케 한다.
- 프랑스문화유산보존전문건축사(ABF: Architecte des bâtiments de France)의 의견을 중시한다. 이 전문건축사의 의견은 참고가 아니라 필수 사안으로서, 경제적 가치만을 추구할 경우 훼손될 수 있는 문화유산의 보호를 위한 방어 장치가 된다.

2 건축 · 문화유산가치개발권(AVAP)

- 국가참여환경법, 일명 그르넬법 II(Loi n° 2010-788 du 12 juillet 2010 portant engagement national pour l'environnement, dite loi Grenelle II)에 따라 2010년 지정된 제도로, 2011년부터 위의 건축 · 도시 · 경관문화

유산보호지대(ZPPAUP)를 대체한다.

- 지방도시계획(PLU: Plan local d'urbanisme)의 일환에 속하는 것으로, 지역 소재 건축 · 도시 · 경관 · 역사 · 고고학적 문화유산의 보존을 추구한다.
- 핵심은 문화유산의 보존과 관련하여 '지속 가능한 발전(Développement durable)' 개념을 강조한 데 있으며, 이는 도시의 지속적 발전 및 활성화가 이 제도의 주된 목적임을 시사한다.
- 문화유산의 보호와 더불어 지정된 지구의 사회적 및 경제적 상황을 종합적으로 고려하고 반영하여 추진하다.
- 개발의 연속성, 타 지역과의 상생, 향후 발전성 등을 중시한다.

3 주목할 만한 문화유산지구(SPR)

- 2016년 창작자유 · 건축 · 문화유산법(Loi n° 2016-925 du 7 juillet 2016 relative à la liberté de la création, à l'architecture et au patrimoine)에 따라 지정된 제도로, '건축 · 문화유산가치개발권(AVAP)'을 대체한다. '주목할 만한 문화유산지구'는 역사적, 미학적 가치와 자연적 가치 제고를 위해 건축물 전체 혹은 일부의 보존과 보수, 개발에 있어 특별 도시계획이라 할 수 있는 '보전 · 개발계획(PSMV: Plan de sauvegarde et de mise en valeur)' 또는 '건축 · 문화유산가치개발계획(PVAP: Plan de valorisation de l'architecture et du patrimoine)' 규정의 적용을 받을 수 있도록 지정된 일정 지구를 가리킨다.
- 주목할 만한 역사 및 자연 유적과 주변 지역의 보호와 개발이 용이하도록 관련 규정을 보다 단순화하기 위한 조치이다.
- 보존 중심의 전통적 정책에서 탈피하여 시대적, 사회적 변화에 탄력적으로 부응하여 가능한 범위에서 표현의 자유를 허용한다.
- 중앙정부와 지자체 간 전문성의 유기적 결합을 도모한다.
- 해당 지구의 보존과 보수, 개발의 목표와 더불어 프로젝트 간 연속성 혹은 연계성을 중시한다.
- 해당 지역에 인구를 유입하고, 지역적 가치를 구현한다.

[사례] 문화유산보호와 도시개발

1 베르사유(Versailles) 시의 경우

프랑스 파리의 서쪽에 위치한 베르사유 시는 프랑스 17세기 절대 왕정의 상징이라 할 수 있는 베르사유 궁이 자리하는 곳이다. 이 베르사유 시의 경우, 궁의 존재가 곧 도시 자체라 할 만큼, 궁이 도시에서 차지하는 비중은 절대적이다. 베르사유 시는 프랑스의 대표적인 역사도시로서, 도시 전체가 하나의 거대한 문화유산이라고 할 수 있다. 워낙 과거 유산의 존재가 도시 전체를 감싸고 있기 때문에 도시 계획이나 관리는 우선적으로 베르사유 궁을 고려하여 되도록 보존을 하는 방향으로 이루어진다.

베르사유 시는 사실상 도시 전체가 역사 유적지라 할 수 있는데, 그 범위는 대략 궁을 중심으로 반경 5km에 이르며, 이 지역 내 건물의 높이는 12m 정도로 제한을 받는다. 베르사유 시의 도시개발은 궁의 역사와 문화적 가치의 중요성으로 인하여 대단히 엄격하게 이루어진다. 건물의 외벽은 함부로 헐 수 없으며, 내부의 경우에도 계단이나 천장, 바닥까지 가급적 그대로 보존하여 보수하거나 개발하도록 규제한다. 특히 궁의 인접 지역은 더욱 엄격한 제한을 받아, 대로변의 건물 신축은 금지되며, 이면도로 상의 건물 신축도 도시의 역사성과 배치되는 경우 불허된다. 도로의 바닥이나 잔디 등의 형태도 그대로 유지되어야 하므로, 새로 개보수를 해야 하는 경우에도 역사적 고증을 거쳐야 한다(송영선 2003: 13).

이렇듯 베르사유 궁이 위치한 베르사유 시의 개발은 다른 어느 지역보다 많은 제한이 따른다고 할 수 있다. 이는 결국 베르사유 궁이 프랑스의 찬란한 역사와 정체성을 고스란히 간직하고 있는 가장 중요한 문화유산의 하나인 때문이겠지만, 이에 못지않게 수많은 관광객이 찾는 막대한 부가가치를 지닌 문화상품이라는 점도 크게 작용하는 것이다. 그러나 지나치게 엄격한 규제로 인해 주민의 불편과 불만이 있는 것도 사실이다. 베르사유 시는 보존과 개발 사이의 딜레마를 극명하게 보여주는 도시이기도 하다.

2 파리(Paris) 시의 경우

프랑스의 수도 파리 역시 그 자체가 하나의 거대한 역사기념물이자 문화의 보고라고 할 수 있다. 파리 시내를 보면 특이하게도 에펠탑 이외에는 높은 건물을 찾아보기 힘들다. 약간 외곽으로 몽파르나스 타워가 있고 멀리 몽마르트 언덕만이 고도를 지닐 뿐, 파리 시내는 마치 넓은 평원을 연상시킨다. 우리나라 서울 시내의 굴곡 있는 스카이라인과는 극히 대조적인 모습이다. 한 눈에 보더라도 파리의 도시개발 우선 방침이 옛 것의 유지와 보존이리란 사실은 쉽게 짐작할 수 있다. 실제로 19세기 오스만 남작이 계획한 도심의 도로망과 건축물은 아직도 생생하게 그 모습을 유지하고 있다.

우리나라 서울의 한강은 파리를 지나는 센강(la Seine)과는 비교할 수 없을 정도로 장대하다. 그런데 한강을 유람선으로 가다보면 강의 양안에는 한강 조망권을 과시하는 아파트 숲이 줄지어 있음을 볼 수 있다. 반면, 센강의 양안은 고층 아파트 대신 역사적인 건물이 파노라마처럼 펼쳐진다. 에펠탑, 루브르 박물관, 노트르담 성당, 오르세 박물관, 그리고 17세기 초에 놓인 퐁뇌프(Pont neuf)를 비롯한 많은 다리가 센강 주변에 즐비하다. 이러한 이유로 센강 양안은 1991년 '센 강변의 파리(Paris, Banks of the Seine)'라는 명칭으로 유네스코 세계문화유산에 등재되었다. 그리고 유럽연합의 공식 통계기구인 유로스타트(Eurostat)가, 2015년 '위키피디아' 빅데이터 분석 결과를 인용, 유네스코 문화유산 중 가장 많이 언급된 것이 바로 파리의 센 강변이라고 밝힌 바 있다. 이는 곧 프랑스 정부와 파리 시가 철저하게 이 도시의 문화유산을 체계적으로 유지 관리해온 결과라고 할 수 있을 것이다.

그렇다고 해서 파리 시가 단순히 도시의 유지와 보존에만 신경을 쓰는 것은 아니다. 파리에는 도시개발의 모범적 전형이라 할 수 있는 사례도 다수 존재한다. 가장 눈에 띄는 것은 도심 중앙에 자리하고 있는 조르주 퐁피두 국립문화예술센터(CNAC-GP: Centre National d'Art et de Culture Georges Pompidou)이다. 1977년 개관된 이 퐁피두 센터는 파리 도심 재개발의 일환으로 세워진 것인데, 문화강국으로서 프랑스의 지대한 자부심과 야심을 엿볼 수 있다. 배수관이나 통풍관 등 건축물의 내부 설비를 그대로 노출시킨 파격적인 설계의 이 건물은 일견 파리의 고전적 분위기와는 배치되는 인상을 주기도 하지만, 뛰어난 상상력과 과감한 시도로 현대건축의 흐름을 바꾼 역작으로 평가받고 있다.

3 낭트(Nantes) 시의 경우

파리에서 남서쪽으로 약 400km 떨어진 대서양연안의 낭트는 가치 있는 많은 문화 유적들이 자리하고 있는 프랑스의 오랜 역사도시지만, 근래 도시재생 정책을 통해 전통의 가치를 보존하면서 동시에 보다 나은 방향으로 개발을 이룬 도시의 모범 사례로 주목을 받고 있다. 2004년 『유럽타임즈(European Times)』는 낭트를 유럽에서 가장 살기 좋은 도시로 선정한 바 있다. 또한 2013년에는 유럽에서 가장 친환경적인 도시로 선정되는 등, 21세기 들어 낭트는 그 위상이 프랑스의 어느 도시보다 높아졌다고 할 수 있다.

그런데 20세기 후반만 하더라도 사실 낭트는 주력산업인 조선업의 쇠퇴로 실업자가 급증하고 공장이 문을 닫는 등, 경제가 몰락하여 도시 자체가 피폐한 상황에 있었다. 그러한 상황에서 낭트가 유럽에서 가장 살기 좋은 도시로 부상하게 되는 것은 바로 21세기 들어 본격화된 도시재생 계획에 의해서이다.

낭트의 도시개발은 2003년 낭트 당국과 공적 주주들이 공동 출자하여 공기업 자격으로 설립된 서대서양메트로폴개발정비회사(SAMOA: Société d'Aménagement de la Métropole Ouest Atlantique)를 시행 주체로, 그리고 도시 가운데를 흐르는 루아르강(la Loire)에 위치한 낭트섬(Île de Nantes)을 주 개발 대상 지구로 하여 추진되는 장기 계획에 따른 정책 사업이다. 낭트의 도시개발은 도시의 보존과 유지를 넘어 '지속 가능한 발전'을 목표로, 다음 세 가지 큰 틀에서 추진된다.

- 친환경 도시재생 낭트 시의 지리적 특성을 이루는 루아르강을 개발 중심 지구로 하여 도시의 친환경적 가치와 여건을 극대화하는 데 주력한다. 우선 구도심과 낭트섬을 잇는 보행자 전용 다리를 건설하고, 낭트섬 외곽으로는 산책로와 공원을 조성함으로써 주민이나 관광객이 도시와 강의 역사를 체험할 수 있도록 하였다. 또한 도시 곳곳에 공원을 만들어 녹지화를 꾀하고, 특히 시내 노면전차(tramway)를 부활시켜 친환경 교통시스템을 구축하였다. 이를 통해 낭트 시는 조선업의 몰락으로 황폐하고 우울해진 도시의 분위기를 밝고 푸르른 친환경 이미지로 바꾸어 놓았다.
- 역사문화도시 낭트 시는 오로지 그들 도시만의 고유한 역사를 간직한 문화유산이 무엇이 있을까를 고민한 결과, 낭트 출신의 공상과학 소설가 쥘 베른(Jules Verne)과 낭트에서 활동한 적이 있는 레오나르도 다 빈치를 선정하게 된다. 이 두 낭트의 역사적 인물은 각기 문학과 미술이라는 분야에서 주로 그 공적을 남겼지만, 동시에 모두 뛰어난 과학적 상상력을 세상에 재현한 인물들이기도 하다. 낭트 시는 이러한 도시의 역사적 문화유산을 내세워 예술과 과학의 접목을 전면적으로 표방하고 새로운 문화의 장을 조성하고자 하였다. 이제 낭트섬의 명소가 된 기계 동물 테마파크, '레마쉰드릴(les Machines de l'Île)'은 바로 이러한 낭트 시의 기획을 한 눈에 보여주는 사례로서, 이 테마파크의 거대한 기계 코끼리(le Grand éléphant)는 낭트섬의 유명한 마스코트가 되었고, 이를 통해 낭트는 관광도시로서 새로운 명성을 얻게 되었다.

www.lesmachines-nantes.fr

• **창조클러스터** 지속적 발전이 가능한 도시는 첨단산업과의 연계를 요구한다. 낭트 시는 낭트섬의 일부를 창조단지(Quartier de la création)로 지정하고 여기에 대학과 연구기관, 그리고 문화 및 예술, 미디어 관련 기관을 유치함으로써 창조클러스트를 조성하였다. 특히 낭트섬 창조단지에는 낭트국립건축대학, 디자인스쿨, 예술대학 등 미래의 인재를 육성할 문화예술대학이 집중되어 있어, 이러한 다양한 대학과 연구소를 통해 낭트는 국제적인 문화예술 네트워트를 형성하고 있다.

베르사유와 파리, 낭트의 도시개발은 각기 다양한 양식으로 추진되지만, '문화유산의 보존'과 '도시의 개발'이 결코 상충되는 명제가 아니라는 사실을 실례로서 잘 보여준다. 물론 단순하게 보면, 베르사유는 보존을 중심으로, 파리의 경우는 보존과 개발 사이를 오가며, 그리고 낭트는 개발이라는 명제를 우위에 두고 도시를 개발하고 있는 듯이 보이기도 한다. 하지만 어떤 경우에도, 도시개발에서 '문화유산의 보존'이라는 명제는 결코 그 중심을 잃지 않는다. 도시개발은 무엇보다 도시 고유의 역사와 문화라는 자기정체성을 기반으로 하여 출발하는 것이며, 여기에 정치, 경제, 사회, 지리적인 콘텍스트가 하나로 연계되어 조화를 이루는 가운데 구현되는 것이기 때문이다. 이를 통하여 도시는 역사와 연속성을 유지하고 문화를 계승하며, 나아가 경제적 시너지 효과를 이룰 수 있는 것이다. 프랑스의 도시개발은 앞으로도 계속 추진될 것이며, 이에는 항상 문화유산의 보존 문제가 필연적으로 개재될 것이나, 그럼에도 프랑스의 선택이 결국 문화적 선택이 될 것이라 관망하는 이유도 바로 여기에 있는 것이다.

Cf. Greffe et alii 2015: 203-206

1-2. 문화부 관계 기구 및 기관

문화부 관계 조직은, 중앙 차원에서는 여러 기구agence를 비롯하여 위원회commission, 기금fonds 등이 주를 이룬다. 그리고 지방 차원에서는 주로 다양한 예술 기관institution이 해당되는데, 그 법적 자격은 문화부의 권한 및 감독 하에 놓인다. 이 예술기관들 중 일부는 재정 자치권을 가진 공공시설법인(EP)이거나 재정 자치권이 없는 공영기관régie이다. 이와 같은 예술 기관들은 주로 문화유산과 박물관 분야에 집중되어 있지만, 조형예술이나 도서 분야에서도 그 예를 찾아볼 수 있다.

1) 정부 유관 부처

국가의 문화 발전을 위해 재정적 및 기술적 지원을 하는 부처가 문화부만은 아니다. 다른 정부 부처들, 특히 교육부와 외무부 역시 문화 서비스를 지원한다. 따라서 문화부는 교육부와 외무부를 비롯하여, (농업 고등학교 및 기술 대학의 사회문화교육 진흥을 위해) 농수산부, (문화유산, 유적지 등 문화 관광 진흥을 위해) 관광부, (병원의 문화 활동 진흥을 위해) 보건부, (구금 시설의 문화 활동 진흥을 위해) 법무부 등의 다른 정부 부처와도 일정한 협약 하에 연계적으로 정책을 추진한다.

(1) 교육부

교육부는 두 가지 측면에서 중요한 역할을 한다.

첫째, 문화예술교육을 담당한다. 다시 말해 교육부는 문화부가 기조로 삼고 있는 창조 정책의 기틀을 이루는 문화 입문을 위한 교육 과정을 관장하는 중요한 기관이다.

둘째, 미래 문화예술인의 양성을 책임진다. 말하자면 교육부는 문화 발전을 위한 전략적 역할을 수행하는 기관이다.

따라서 문화부와 교육부는 학교 차원의 문화예술 진흥을 위해 주기적으로 함께 다년 계획을 수립한다. 이와 같은 정책 활동은 무엇보다 2001년 두 부처가 "문화예술정책 업무의 지원을 위해 공동으로 노력하며, 문화예술교육 계획의 균형 있는 발전을 위해 함께 그 역할을 다 할 것"을 명문화하여 서명한 협약의정서Protocole de coopération du 31 octobre 2001에 의해 한층 공고해졌다.

나아가 교육부는, 문화부와의 다년 계획에 따른 정책 활동 외에도, 학교 및 기타 기관에서 예술 실습 교육을 시행하도록 하는 정책을 추진한다. 여기에는 뚜렷한 원칙이 있는데, 예술 작품과의 직접적이고 주기적인 접촉, 창조의 기술적 이해, 예술가 및 문화전문가와의 교류 등과 같은 일련의 실습이 학생들 스스로 자신의 지식을 체험하고 재투자하는 독창적이고 생산적인 교육 과정이 되어야 한다는 것이다. 교육부는 2014년 학제를 전면 개혁하고 지역 간 불평등 해소라는 목표를 강화하여 모든 학생에게 교육 및 예술 활동을 의무적으로 제공하게 된다. 예컨대 조형예술 및 연극 분야의 경우, 예술가 및 작품과의 만남과 문화 공간의 방문 등 문화 접근의 기회를 높이는 방안을 체계화하였다. 또한 (교육부) 문화예술교육 전용 포털(www.education.arts.culture.fr) 개설이나, 공공채널을 통한 문화예술교육 프로그램, 특히 주문형 프로그램(VOD) 개발 등 다양한 디지털 및 시청각 자료의 동원을 통해 교육 경로를 다각화하고 있다.

그리고 다른 한편으로, 교육부는 교육 기관 이외에도 국립자연사박물관Museum National d'Histoire Naturelle(MNHN)과 프랑스학사원, 그리고 여러 지역의 과학박물관이나 건축 · 문화유산해설센터Centre d'Interprétation de l'Architecture et du Patrimoine(CIAP) 등과 같은 많은 문화기관을 감독한다.

⑵ 대외 문화 업무 조직

① 관례적으로, 외무부 우위의 기능

대외 업무에 관한 독점권을 국제교류부Département des Relations Extérieures(외무부의 전신)에 부여하는 1799년 7월 10일 법령Arrêté du 22 messidor an VII이 발효된 이래, 외무부는 관례적으로 "대외 문화 정책에 있어 거의 독점적 권한을 지닌다(Duvernois 2004: 57)." 이와 같은 이유에서, 제5공화국 출범 시에 초대 문화부장관이 된 앙드레 말로가 기존 외무무의 국제 문화 업무를 신설된 문화부가 이양 받아 관할하고자 국무총리에게 요청했을 때, 당시의 국무총리 미셸 드브레Michel Debré는 "우리의 국제 업무는 반드시 그 통일성이 유지되어야한다는 판단에서 [⋯] 문화부장관의 요청을 수락하고 싶지 않았다(Duvernois 2004: 57)"라고 의중을 밝히며 거부 의사를 표한 바 있다. 반세기 이상이 지난 시점에서도, 프랑스가 대외 문화 업무에 할당한 재정 명세서를 분석해보면, 외무부가 단연 우위를 지키고 있음을 알 수 있는데, 문화부나 교육부와 상당한 격차를 두고, 할당 재정의 80% 이상을 외무부가 운용한 것으로 나타난다.

외무부의 핵심 업무를 담당하고 있는 조직부서는 문화 · 교육 · 연구 · 네트워크국Direction de la Culture, de l'Enseignement, de la Recherche et du Réseau(DCERR)이다. 이 부서는 크게 네 가지의 업무 원칙을 내세우고 있다. 첫째, 프랑스의 대외 발전을 위한 공적 지원의 기획 및 시행, 둘째, 엘리트의 양성 및 연구 장려, 셋째, 프랑스 사상의 홍보, 넷째, 세계 시청각 환경에서 프랑스의 위상 강화를 표방하며 대외 국정에 개입한다. 특히 세 번째와 네 번째 원칙은 프랑스의 대외 문화 활동을 구성하는 보다 중요한 두 축을 이룬다. 이 두 원칙은 무엇보다 프랑스어권의 연대 강화, 프랑스 문화의 발전, 프랑스의 현대적 창조, 문화 및 교육기관 네트워크 유지 등을 위한 지원 활동을 통합하고 있으며, 나아가 프랑스 영화와 시청각 프로그램의 해외 홍보 및 보급과 관련된 일체의 활동을 포괄하고 있기 때문이다. 이와 같은 대외 문화 활동은 2011년부터 시행되고 있는 '문화파급외교Diplomatie culturelle et d'influence' 프로젝트 가운데 잘 나타나있다. 이 프로젝트에 지원되는 예산은 현재 감소 추세에 있지만, 그럼에도 2018년 예산은 3억 8천만 유로 이상에 달한다.

② 문화부 산하 대외 업무 조직, 국제 · 유럽사무과

1980년대 초반까지 문화부는 대외 문화 활동에 있어 비주류로서의 역할밖에 하지 못했으나, 영화와 도서 분야에 있어서는 꾸준한 활동을 보여 왔다. 국립영화센터(CNC)는 1946년 창설 이래, 같은 영화진흥기구로서 국제 업무를 주로 수행하는 외무부 산하 유니프랑스UniFrance와 함께, 프랑스 영화 및 시청각 프로그램의 해외 수출 진흥 업무를 지속적으로 수행하고 있다. 1975년 설립된 도서국 역시 프랑스 문학 작품의 수출과 관련한 임무를 줄곧 수행하고 있다. 하지만 그 이외 분야의 경우, 자크 랑 장관 시기에 이르러서야 여러 사무국이 점진적으로 국제 업무와 관련한 각기의 하부 조직을 갖추게 된다. 그리고 마침내 1982년 국제 업무 전담 부서인 국제사무국Service des Affaires Internationales이 신설되는데, 이후 이 부서가 1986년 장관 직속의 국제사무과Département des Affaires Internationales를 거쳐, 최종적으로 현재의 문화유산총국 산하 국제 · 유럽사무과로 이어진 것이다.

현 국제 · 유럽사무과는 본래 2004년 창설된 국제개발 · 사무대표국 산하의 부서였으나, 이후 이 대표국의 업무를 총괄 계승하여 오늘에 이르렀다. 2010년 조직 개편 전까지 국제개발 · 사무대표국은 문화부 산하 3개 대표국 중의 하나로 문화부의 대외 업무를 총괄, 대표하는 조직이었다. 외무부의 위상에 눌려 대외 국정 업무에서 비주류였던 문화부는 정식으로 2004년 8월 18일 법령Décret n° 2004-822 du 18 août 2004에 따라 기존의 국제사무과를 승격시켜 국제개발 · 사무대표국을 창설하게 되며, 이 대표국은

"문화부의 유럽 및 국제 정책을 조율 평가하고, 다른 유관 행정 기관과 협조하여 프랑스 문화의 해외 보급을 보장하기 위한 업무를 수행하며, 국제 문화 영역의 업무를 수행하는 해외 프랑스 조직 및 기관의 활동에 이바지하게 된다(Duvernois 2004: 62)." 이후 이 대표국은 2010년 조직 개편으로 현재의 국제 · 유럽사무과로 축소 편성되었다.

현재 국제 · 유럽사무과는 국제개발 · 사무대표국의 업무를 그대로 계승하여 크게 다음 네 가지의 업무를 수행하고 있다. "첫째, 외국과 양국 또는 다국 간 협력을 위해 문화부의 활동 일체를 조율 관리하고, 둘째, 문화부의 유럽 전략 개발 및 각 유럽연합 기관에 파견되어 문화부를 대표하며, 셋째, 외국 문화 및 예술가의 프랑스 내 수용 정책을 개발하고 외국 문화 전문가를 위한 연수 · 평가 프로그램의 시행을 장려하며, 넷째, 다른 유관 부처와 공동으로 프랑스 예술 창작계를 비롯한 문화계와 프랑스어권의 번영을 보장하고, 프랑스 문화 및 시청각 산업의 해외 홍보를 위한 활동을 수행하고 있다(www.senat.fr/rap/r04-091/r04-0914.html)." 특히 마지막 네 번째 임무의 경우는 외무부나 다른 유관 기관과 공동으로 수행한다. 이는 업무의 성격상 여러 실무 기관들 간 상호 조율이 필요불가결하기 때문이다. 본래 해당 임무의 다른 주 실무 기관 중 하나는 외무부와 문화부 공동 산하의 퀼튀르프랑스Culturesfrance였는데, 2010년 이후 현재는 그 후신으로 신설된 공공시설법인(EP) 성격의 프랑스문화원Institut Français이다.

③ 핵심 기구, 프랑스문화원

외무부는 대외 업무를 수행하기 위해 거의가 협회의 성격을 띤 민간 기구에 의존하는데, 이 기구들은 대개 제한적이기는 하지만 다양한 권한 및 수단을 구사한다. 초기에 특히 두 기구, 프랑스사상보급협회Association pour la Diffusion de la Pensée Française(ADPF)와 프랑스예술활동협회Association Française d'Action Artistique(AFAA)가 두드러진 역할을 했다. 프랑스사상보급협회는 적극적인 출판 정책을 통해 프랑스의 사상을 해외에 보급하는 데 공헌했으며, 프랑스예술활동협회 역시 1922년 창설 이래 줄곧 외무부의 비중 있는 대외 업무를 수행한 주요 기구였다.

하지만 외무부가 프랑스예술활동협회에 지나친 영향력을 행사하며 비판이 제기되었고, 이에 이 협회는 2006년 프랑스사상보급협회와 통합되어 외무부와 문화부가 공동으로 관할하는, 국가위탁서비스기관(SCN) 자격의 퀼튀르프랑스 협회로 개편되었다. 그러나 새로운 퀼튀르프랑스 역시 재무 관리와 인적 자원, 특히 문화 활동의 방향성과 관련한 비판을 받게 된다. 퀼튀르프랑스는 그 활동의 반경 내에 점차 프랑스 국내까지를 포괄하게 되는데, 이는 사실 프랑스 문화의 해외 홍보라는 조직의 사명 차원에서 보자면 일종의 후퇴라는 논란이 있을 수 있는 문제였기 때문이다. 물론 실제에 있어 퀼튀르프랑스의 최우선 사명은 여전히 대외 업무였다. 상원 재정위원회의 요청에 따라 작성된 2006년 10월 감사원 보고서에 따르면, 퀼튀르프랑스의 업무 활동 40%가 프랑스 국내에서 수행되긴 했으나, 이는 '문화시즌Saison culturelle'이라는 행사의 형태로 전개되었으며, 이 행사의 운영 목적은 외국이 그들 문화의 다양한 측면을 프랑스 전역에 소개할 수 있도록 유도하고 지원하는 것이었다. 예를 들어 2005년에는 '프랑스 브라질 문화시즌', 2008년에는 '100% 핀란드, 프랑스 핀란드 축제' 등이 개최되었다. 하지만 문화부가 이러한 행사를 운영하기 위해 국립예술보급사무소Office National de Diffusion Artistique(ONDA)와 같은 다양한 매개 단체를 전국적으로 배치하면서, 결국 이 행사가 공공 기금 나눠주기 식이 되어 정책의 일관성 및 전반적인 효율성을 저해할 소지가 다분하다는 비판이 제기되었다(Charasse et alii 2006).

사실 퀼튀르프랑스의 대외 업무는 그 성격상 항상 체계적인 모양새를 갖춰 추진되기 어려운 측면이 있었다. 말하자면 프랑스의 대외 문화 활동은 여러 관계 기관에 의해 연계적으로 추진된 만큼 다수의 이니셔티브로 인해 항상 일관성의 문제가 제기될 수밖에 없었다. 따라서 외무부 국제협력개발총국Direction Générale de la Coopération Internationale et du Développement이 개입하여, 해외에서의 대외 업무를 퀼튀르프랑스 외에도 각국 대사관의 예술활동협력 고문단 및 다른 여러 문화센터가 분산 인계받아 추진하도록 하였다. 당시의 대표적인 문화센터는 퀼튀르프랑스를 비롯하여, 해외 각지의 알리앙스 프랑세즈Alliance Française를 조율하는 알리앙스 프랑세즈 재단, 프랑스 영화의 해외 홍보를 담당한 유니프랑스, 음악수출사무소Bureau Export de la Musique 등이었다(Charasse et alii 2007).

컬튀르프랑스의 대외 업무는 신흥 아시아보다는 유럽 및 아프리카를 우선 대상으로 하여 추진되었다. 따라서 시각 및 공연 예술을 위한 예산의 50%가 유럽 및 아프리카에 할당되었는데, 이는 컬튀르프랑스 관계자의 설명처럼 두 가지 우선 원칙에 따른 것이었다. “첫째는 유럽연합 내에서 비중 있는 활동을 유지하는 것, 즉 문화 분야에서 주도적인 역할을 하면서 […] 새로운 회원국들 사이에서 프랑스의 영향력을 제고하는 것이며, 둘째는 주요 연대 지역, 즉 아프리카의 문화 발전에 기여하는 것(Charasse et alii 2007)”이었다.

오늘날 프랑스의 대외 문화 활동 기구는 컬튀르프랑스의 후신인 프랑스문화원으로, 2010년 7월 27일 국가대외업무법령Loi du 27 juillet 2010 relative à l'action extérieure de l'État 및 2010년 12월 30일 시행령에 따라 신설되었으며, 원장은 2017년 8월부터 현재 피에르 뷜러Pierre Buhler가 맡고 있다. 프랑스문화원은 역시 외무부와 문화부 공동 산하의 상공업적 성격을 띤 상공업공공시설법인(EPIC) 기구로서 정부가 결정한 정책 및 지침에 따라 ‘문화파급외교’라는 새로운 야심찬 사명을 수행하고 있다. 국제 문화 교류를 강화하여 프랑스 문화의 해외 보급에 기여하고, 국제 문화의 청취-파트너십-개방의 단계적 과정을 통해 프랑스가 대외적으로 지향하는 바에 부응하고자 노력한다. 프랑스문화원은 기존에 컬튀르프랑스가 추진한 국제 예술가 교류 및 해외 문화의 프랑스 수용 사업을 비롯하여, 외무부에서 이양 받은 프랑스 언어와 사상, 지식의 홍보, 그리고 프랑스 문화 네트워크 요원

양성 등과 같은 새로운 사명을 수행하고 있다.

프랑스문화원은 프랑스의 대외 업무 협력 주축 기관으로서 세계화의 차원에서 표현의 자유와 다양성을 표방하며, 무엇보다 프랑스 문화의 해외 홍보에 있어 그 역량과 전문성을 자랑하는 만큼 프랑스 관련 고도의 전문 지식과 자문을 세계에 제공하는 핵심적인 역할을 한다. 특히 프랑스문화원은 오늘날 쟁점이 되고 있는 디지털 문화 현장의 중심부에 자리하고 있다. 인터넷과 소셜 네트워크는 문화 보급 경로의 급변을 가져온 바, 프랑스문화원은 그와 같은 디지털 매체를 탄력적으로 수용하여 프랑스의 국제 영향력을 극대화하고자 다각적인 노력을 하고 있다.

[표 13] 문화 분야 장르별 주요 공공시설법인 및 업무

기관	업무
국정기념물센터	• 2000년 문화부 산하 기관으로 설립되어 100여 국정 부동산 문화유산 관리 전담 • 2007년, 문화유산의 보호와 개발, 접근성 제고를 목표로, 문화유산의 보존과 복원 관련 제반 활동을 포괄하여 수행하게 됨 • **주요 업무** 문화유산 가치 개발 ; 문화유산 접근성 제고 ; 문화유산 관광 진흥 ; 매년 100회 이상의 행사를 통한 '삶 속의 문화유산' 활동 등
조르주	• 1977년 문화부 산하 기관으로 설립되어 국가의 근현대 예술 활동 증진 업무 수행 • 2014년 기준 세계 3대 근현대미술관으로 꼽히며, 6천 4백여 작가의 작품 10만점 이상을 소장

퐁피두센터	• 센터 내에 공공정보도서관, 공연 및 영화 상영관, 어린이갤러리 등이 자리함 • **주요 업무** 근현대 조형예술 및 도서, 음악, 영화, 디자인 관련 창작 활동 증진 ; [2010년 사례] 메츠 퐁피두 센터 분관(Centre Pompidou-Metz)을 설립하여 북부 지방의 근현대 미술 창작 진흥 및 접근성 제고
국립조형예술센터	• 1982년 문화부 산하 기관으로 설립되어 조형예술 분야의 창작 장려 및 지원 전담 • 국립현대예술기금(FNAC) 조성 및 운용 기관 • 현대 문화유산에 대한 대중의 접근성 제고를 목표로 활동 • 약 220년 전부터 국가가 수집해 온 9만 5천여 작품을 소장 • **주요 업무** 예술가, 사진가, 예술비평가, 영상예술가, 갤러리, 현대예술 분야 출판 지원 ; [2014년 사례] 현대예술 갤러리의 해외 아트페어 참가 지원, 독창적 작품 창작 지원 등의 정책 수행, 1천 5백만 유로에 달하는 총 271점의 작품 구입, 컬렉션 보존 및 연구 관련 디지털아카이브와 연구네트워크 개발
국립영화센터	• 1946년 영화산업 전담 기구로 설립되어, 현재는 애니메이션 부문까지 포괄하여 관할하는 문화부 산하 기관 • **주요 업무** 영화산업 관련 제도 조정 및 운영 ; 영화산업 및 멀티미디어산업 지원 ; 영화산업 진흥 및 대중 확산 ; 영화의 문화유산화를 통한 보호와 증진 ; 영화산업의 국제적 전파 ; 상영 영화 관람 연령 사전 조율 등
국립도서센터	• 1946년 설립된, 문화부 산하의 도서 및 독서 관련 정책 사업 전담 기관 • **주요 업무** 도서 관련 일련의 창작에서 생산과 유통, 판매의 제반 과정에 대한 지원 사업 수행 ; 문학 분야의 뛰어난 작품 발표 및 대중의 관심 제고를 위한 프로그램 운영 등

최보연 2016: 84-85 ; www.culture.gouv.fr

(3) 농수산부

문화정책과 관련하여 농수산부를 논하는 것에 대해 의외라는 생각을 할 수도 있다. 그러나 농수산부는 프랑스 문화정책 부문에서 영향력을 미치는 주요 부처의 하나로, 그 영향력은 단순히 부처 소유의 부동산 문화유산을 보호하는 차원에서 그치는 것이 아니다. 여기에는 일련의 과정과 이유가 있다.

2차 세계 대전 이후 농수산부는 농업고등학교를 문화 활동의 창출 및 보급을 위한 매개의 장으로 변화시키고자 노력하였다. 덕분에 농수산부는 문화에 대한 접근이 특히 어려운 농어촌 환경에서 줄곧 기숙 제도가 원칙이었던 농업고등학교의 오랜 열악한 상황을 타개해야 할 막중한 책임을 진 부처로서 힘을 얻게 된다. 게다가 농수산부 고등학교의 문제와 교육부 고등학교의 문제가 상충될 경우 정부는 대개 농수산부 쪽이 유리한 방향으로 손을 들어주었다. 나아가 농수산부는 농업 정책뿐만 아니라 지속 가능한 개발 정책을 모색하였는데, 이러한 모색 속에는 반드시 문화적 차원이 포함되어야 한다는 철학을 견지하고 있었다. 이와 같이 하여 농수산부는 오늘날 프랑스 문화정책 부문에서 상당한 지분을 차지하는 정부 부처의 하나가 되었다.

사실 문화정책 부문에서 교육의 비중은 절대적이다. 프랑스에서는 항상 문화예술교육을 중심으로 한 청소년 대상 정책 조치가 정기적으로 추진된다. 2002년 4월 15일 카트린 타스카 문화부장관과 프랑수아 파트리아François Patriat 농수산부장관은 '농업교육 과정 내 문화예술교육 개발 협력의정서Protocole de coopération pour le développement de l'éducation artistique et culturelle dans l'enseignement agricole'에 서명하고 일명 '학교문화예술교육개발계획Projet de développement des arts et de la culture à l'école'의 1차 5개년 계획을 시행하게 되는데, 이는, 앞 장에서 살펴본, 문화부와 교육부가 주관하는 '만인을 위한 문화예술교육' 5개년 계획과 보조를 맞춘 것이었다. 농수산부는 '학교문화예술교육개발'의 사명을 다하고자 농업교육의 특수성과 그간의 모든 경험을 동원하여 5개년 계획에 총력을 집중하고 있다. 문화부 차원에서는, 이 계획의 일환으로 농수산부와 공동 관할의 전국레지옹인프라센터Centre de Ressources Nationaux et Régionaux(CRNR)를 창설하여 산하 문화예술기관과 농수산부 산하 기관들 간 협력을 강화하고 있다.

최근 농수산부가 특혜 내지 수혜를 받고 있는 일례로는 유럽지역개발기금Fonds Européen de Développement Régional(FEDER)의 프로그램을 들 수 있다. 유럽지역개발기금은 본래 1975년 창설된 기구로, 현재 유럽연합이 28개 회원국의 성장 및 통합을 강화하고자 7개년 계획(2014~2020년, 예산 9,600억 유로)으로 추진 중인 '유럽전략 2020Stratégie Europe 2020'의 실무를 수행하는 기구의 하나이다. 이 기구는 유럽연합의 경제사회통합 강화를 목적으로, 각 회원국의 국내 지역 간 불균형 해소를 위한 지원 프로그램을 시행하고 있는데, 프랑스의 경우 농수산부가 관할권을 인계받아 해당 프로그램의 관리 감독 기관이 되었다. 농수산부는 매번 비슷한 논리로 '농촌의 문화유산 보호'를 외치는 일각의 주장을 내세워 상당한 지원 예산을 할당받아 프랑스 농촌의 여러 문화 진흥 활동을 지원하고 있으며, 현재 브르타뉴, 부르고뉴, 오베르뉴 등의 지역이 혜택을 누리고 있다(www.europe-en-france.gouv.fr).

2. 지방자치단체 기구와 행정 체계

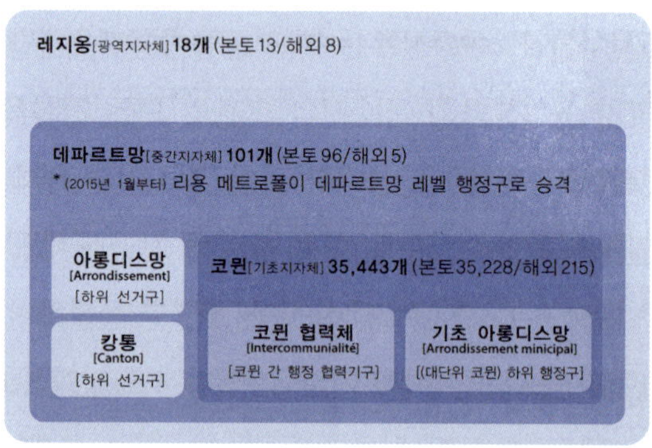

Cf. DGCL/Ministère de l'Intérieur 2018

[그림 3] 프랑스 행정구역 (2018. 07)

지방자치단체(이하 지자체)는, 상기 그림 3의 레지옹이나 데파트르망, 코뮌, 코뮌연합(일반적으로 코뮌협력체) 등의 단위 지자체 자격으로, 국가와 나란히 혹은 국가로부터 권한을 위임 받아 문화 자산의 보호와 창조, 보급을 위한 매우 중요한 정책적 역할을 수행한다. 오늘날 지자체의 업무 활동은 국가가 시행하는 정책의 효율성을 제고할 수 있는 새로운 방향이자 가능성으로서 매우 중요한 의미를 지닌다. 따라서 지방분권화로 규정되는 제도적 틀을 비롯하여 단위 지자체별 업무 활동의 방향과 범주,

성격 등을 전반적으로 살펴볼 필요가 있다.

2-1. 문화 행정의 지방분권화

현재 프랑스 지자체는, 프랑스 내무부 지방자치단체총국의 『2018 지방자치단체 통계 수치*Les Collectivités locales en chiffres 2018*』 기준으로, 레지옹 13개(해외령 5개), 데파르트망 96개(해외령 5개), 코뮌 35,228개(해외령 215개)로 구성되어 있다. 공화국 헌법에 따라 각 지자체는 직접선거로 선출된 해당 지역 의회에 의해 심의 운영된다. 지자체 의회는 의결기구인 동시에 집행기구인 기관통합형 체제를 유지하며, 각기 독립적으로 행정 업무를 수행한다.

[표 14] 프랑스 지방행정제도

	레지옹	데파르트망	코뮌 (시 · 읍 · 면 등)
수 (본토/해외)	18 (13/5*)	101 (96/5*)	35,443 (35,228/215)
창설	1982	1871	1884
의결기관	레지옹의회[6년] (Conseil régional)	데파르트망의회[6년] (Conseil départemental)	코뮌의회[6년] (Conseil municipal)
단체장	레지옹의회 의장	데파르트망의회 의장	코뮌의회 의장(시장)

주요행정	• 정부–레지옹 계약 • 레지옹 경제개발 • 유럽연합 프로그램 관리 • 국토정비: 국토균형 개발, 사회간접자본 유치, 환경 보호, 에너지 개발 • 레지옹 교통: 국도 · 항구 · 기차역 관리 • 고등교육: 고등학교, 직업교육, 평생교육기관 설립 · 관리, 대학 재정 지원 • 병원 설립 · 관리 • 고용 · 창업 장려	• 사회연대: 노인 · 아동 · 장애인 및 취약계층 사회 복지, 가족수당 및 주거보조금 지원, 의료 · 방역 관리 • 지역정비: 주거 환경 개선 • 데파르트망 교통: 통학교통, 데파르트망 도로 관리 • 중등교육: 중학교 설립 · 관리	• 주민 생활 밀착 서비스 • 도시정비: 건축허가, 상하수도 및 쓰레기 관리 • 코뮌 교통: 대중교통, 코뮌 도로 관리 • 초등교육: 초등학교, 유치원, 어린이집 설립 · 관리 • 정부 위탁 호적사무

DGCL/Ministère de l'Intérieur 2018

*해외 데파르트망은 레지옹을 겸함

프랑스의 오랜 중앙집권적 행정 체제가 현재와 같은 지방 분권 형태로 본격화되기 시작한 것은 1980년대 초반 미테랑 정부가 출범하면서부터다. 지방분권화가 제대로 명시적이지 않았던

1983년까지 지방 당국은 그 지역의 박물관과 같은 주요 문화기관을 관리하거나 축제를 조직하는 등 어느 정도 지역 문화 활동에 기여하며 그 분야의 선도적 역할을 수행하는 부분이 있기는 하였으나, 그와 관련한 공적 권한 및 역할이 사실상 제한적이었기 때문에 그만큼 공적 의무에서도 자유로워, 실제로 정부가 그들로부터 어떤 책임 있는 행정이나 추진력을 기대하기는 어려운 상황이었다. 다시 말해 지자체의 문화 활동은 산발적으로 이루어지고는 있었으나 체계적이지 못했고 그 공적인 책임 소재 역시 불분명한 상황이었다. 공연예술 분야의 예를 들어 보자면, 대단위 지자체들만이 그 분야의 주도권을 쥐고 오케스트라를 지원하거나, 경우에 따라 오페라를 지원하는 식으로, 즉 유기적인 측면이나 일관된 기준이 전반적으로 결여되어 있었다. 따라서 1980년대 초반까지 대체로 지자체는 국가 정책 활동에 조직적으로 직접 연루되거나 동원되지 않았다고 할 수 있다.

요컨대, 문화 행정권의 지방분권화가 일정 단계에 이르기 전까지 법적으로 명시된 지자체의 권한 내지 의무는, 사실상 공공국유재산에 속하는 소장품의 상태를 보존하는 일이나 지정 동산 기념물, 특히 1913년 역사기념물법Loi du 31 décembre 1913 sur les monuments historiques 제25조에 의거하여 지정된 종교 관련 기념물의 관리를 책임지는 일 정도의 일반적인, 즉 한정된 차원의 것이었다. 본래 이 방면의 가장 중요한 법은 1905년의 정교분리법Loi du 9 décembre 1905 de séparation des Églises et de l'État이었는데, 이 법에 따라 법안 공포 시점 이전에 축조된 대성당 및 대교회당은 정부 관할로 귀속되고, 이외 교회와 사원 그리고 유대교 회당에 대해서는 코뮌이 관리 감독의 책임을 맡게 된 것이었다.

1) 지방분권화 1기 (1982~1995)

프랑스의 행정 체제는 1980년대 초반 미테랑 정부가 출범하면서 지방 분권 형태로 나아가기 시작한다. 집권 사회당은 오랜 중앙 중심의 체제를 탈피하고자 하였고, 이를 위해 단일법보다는 분야별로 필요에 따른 법규를 제정, 시행하면서 단계적으로 지방 분권을 추진하였다.

문화부 역시, 정부의 지방 분권과 관련한 일련의 1982~1983년 데페르법(지자체권리 · 자유관련법(Loi n° 82-213 du 2 Mars 1982 relative aux droits et libertés des communes, des départements et des régions, dite loi Defferre), 지방분권법(Loi n° 83-8 du 7 janvier 1983 relative à la répartition de compétences entre les communes, les départements, les régions et l'État, dite loi Defferre), 지방분권보완법(Loi n° 83-663 du 22 juillet 1983 complétant la loi n° 83-8) 등) 및 그 후속 시행령들에 따라, 몇 가지 필수 권한을 지자체, 주로 데파르트망에 이양한다.

첫 번째는 데파르트망대출도서관Bibliothèque Départementale de Prêt(BDP)과 관련된 분권 조치로서, 문화부는 문화유산법Code du patrimoine R. 310-7조에 따라 본래 중앙 관할 서비스 기관이었던 각 지역 중앙대출도서관Bibliothèque Centrale de Prêt(BCP)의 운영 권한을 데파르트망에 이양한다. 이와 함께 데파르트망에, 필요한 시설 일체를 4년 기한 내에 완비하도록 하는 의무 사항을 조건부로, 시설 구축에 소요되는 막대한 비용을 투자 지원하였다. 이렇게 하여 구축된 각 데파르트망대출도서관은 소도시 및 농촌 지역에 이동도서관Bibliobus을 통한 도서 예치 서비스를 제공하는 등, 공공 독서 정책 분야에서 핵심적인 역할을 수행하며 사회적 · 지리적 연대 기관으로 부상함으로써 데파르트망의 국정 개입 명분 및 위상을 공고히 하였다.

다음은 기록문서(아카이브) 서비스le service d'archive와 관련된 조치이다. 이는 어떤 혁신이라기보다 기존 분권 조치의 확정이라고 할 수 있다. 정부는 기존의 공공기록문서에 관한 지자체의 필수 권한을 성문화하여 확정하고, 문화유산법 각 관련 조항에 의거하여, 코뮌(Article R. 212-57)과 데파르트망(Article R. 212-62, 212-63), 레지옹(Article R. 212-64)이 각기 지역 고유의 기록물 수집을 위해 해당 공공기록문서 서비스를 관할할 수 있도록 하였다.

그리고 마지막은 조형예술 분야의 창조 정책에서 간과할 수 없는 비중을 차지하고 있는, 지방자치단체법Code général des collectivités territoriales L. 1616-1조에 따른 1% 아르티스티크 제도와 관련된 조치이다. 정부는, 중등학교를 비롯한 지자체의 모든 공공건물 신축 시에 투자 재원의 1%를 예술 작품 설치에 할당하도록 하는 '1% 아르티스티크'를 의무 조건으로, 조형예술 분야의 행정 권한을 코뮌과 데파르트망, 레지옹에 이양하였다. 이는 공공구매정책의 민주적이고 효율적인 실현으로서, 정부는 현대미술에 대한 실질적인 지원 및 만인을 위한 생활 속 공공문화서비스 체계를 확립한 것이었다.

하지만 일반적으로 문화 분야에 있어서는 데페르법이 큰 실효를 거두지 못한 것으로 평가되는데, 그 이유는 무엇일까? 여기에는 두 가지 이유를 생각해볼 수 있다.

첫 번째 이유는 관념적인 차원에 속하는 것이다. 문화부는, 지자체에 전권 이양을 독려하는 내무부 데페르 장관의 방침을 마주하고서도, 여전히 문화정책은 국가만이 중립성과 전문성, 비전을 가지고 제대로 수행할 수 있으며, 따라서 국가가 주도해야 한다는 기존의 관념을 고수한 측면이 있었다. 즉, 다른 정부 부처들과 달리 문화부는 전통적인 관념에 입각하여 내무부의 방침에서 한 발 거리를 두고 상대적으로 소극적인 대응을 한 측면이 없지 않았다. 게다가 지자체들 역시 국가가 문화민주화의 매개나 국토균형문화개발정책의 주체라는 전통적인 역할에서 이탈하는 것을 원치 않았던 것도 이유라면 하나의 부차적인 이유가 될 것이다.

그리고 두 번째 이유는 현실적 차원에 속하는 것으로, 문화는 획일적으로 분배할 수 있는 재화가 아니기 때문이다. 다른 분야와 달리 문화 분야의 경우, 예컨대 오페라는 레지옹, 뮤지컬은 데파르트망, 극은 코뮌 같이, 문화 내지 문화정책 권한을 상품 나눠주기 식으로 단순 분배하는 것은 사실상 불가능할 뿐만 아니라 무의미한 일이기 때문이다.

2) 지방분권화 2기 (1995~2012)

1기에 제정, 시행된 데페르법을 근간으로 한 지방 분권 법제는 미온적이기는 하였으나, 그런 가운데서도 특히 정부와 지자체 간에 진전된 파트너십 정책 전략 등에 힘입어, 문화 분야는 변화하고 있었다. 이러한 변화는 시라크 대통령의 우파 정부 시기, 특히 2002년 재선을 전후로 한 시기에 소위 지방분권화 2기라 할 만한 전기를 맞으며 보다 새로운 국면으로 나아가게 된다.

2001년 1월 17일 리오넬 조스팽Lionel Jospin 국무총리는 국회성명서를 통해 새로운 차원의 지방 분권을 위한 기본 방침을 제의하면서, 각 장관에게 새로운 분권을 예시하는 시범 정책에 동참해줄 것을 요청했었다. 이에 문화부는 문화 분야, 특히 문화유산 및 고등문화예술교육 분야에 얽힌 지자체 간 권력 관계를 명확히 하고 그들 간 이니셔티브 문제를 조정하기 위해 문화 분야 차원의 지방분권화 절차를 밟게 된다. 로렌Lorraine과 미디 피레네Midi-Pyrénées에서 추진된 다른 한편의 절차들은 특히 국가와 각 단위 지자체의 개입 양식 및 재원의 조정에 중점을 두고 진행된 것이었다. 나아가 문화부는, 그간 특히 국가 관할을 고수해온 문화유산 부문에서도 지방분권화의 의지를 보이며, 2002년 2월 27일 근린민주주의관련법Loi n° 2002-276 du 27 février 2002 relative à la démocratie de proximité에 따라 지자체에 최대 3년 기한의 시범 운영을 조건부로 문화유산 추가목록 등재와 등재 문화유적의 보수 · 복원 공사를 위한 재원 운용 그리고 해당 공사 허가 등에 관한 정부의 권한을 대리 행사할 수 있도록 승인하였다. 이어 2003년 지방 분권 강화의 실질적 기초가 되는 개정헌법인 국가지방분권조직헌법Loi constitutionnelle du 28 mars 2003 relative à l'organisation décentralisée de l'État이 시행되기에 이른다. 이 개정헌법으로 특히 레지옹 단위 지자체의 권한이 강화되었으며, 나아가 문화협력공공시설법인Établissement Public de Coopération Culturelle(EPCC)(정부와 지자체 또는 지자체와 지자체 간 문화 행정적 및 상공업적 협력기관)의 창설로 지방 분권의 강화를 위한 새로운 합법적 초석이 마련되었다.

문화 분야 차원에서 실효성 있는 지방분권화의 새로운 단계는 지자체의 재량권 및 책임 범위를 규정하는 2004년 지방자치단체자유 · 책임관련법Loi n° 2004-809 du 13 août 2004 relative aux libertés et responsabilités locales의 시행으로 시작되었다. 이 법에 따라 지자체는 문화유산과 문화예술교육, 공연 분야의 새로운 권한을 이양 받게 되었다.

우선 문화유산 분야의 경우, 제95조에 따라 본래 국가의 특권이었던 문화유산 종합목록 관리 및 감독 업무를 레지옹 단위 지자체가 이양 받게 된다. 이 법규의 적용으로, 레지옹의 문화유산 목록 업무 일체를 레지옹의회Conseil régional가 관할하게 되어, 레지옹의회는 새로운 권한을 자족적으로 행사할 수 있게 되었다. 또한 제97조에 의거하여, 동산 문화유산의 경우와 마찬가지로, 본래 국가 또는 국정기념물센터(CMN) 소관의 역사기념물로 분류 또는 등재된 일군의 부동산 문화유산의 소유권이 희망하는 지자체에 이양되었다. 그리고 제98조에 힘입어 국가에 귀속된 프랑스 박물관 소장 문화자산의 위탁 및 대여의 가능 범위가 탄력적으로 조정 확대되었다. 마지막으로 제99조를 통해 국가와 공공시설법인 소관 밖의 동산 · 부동산 보호문화유산 및 프랑스의 전통적인 국정 역사문화유산인 파이프오르간의 보수와 복원을 위한 예산 집행 관련 시범 정책을 법제화하였다.

문화예술교육 분야의 경우, 기초문화예술교육의 필수 권한을 규정하고 있는 제101조에 따라, 국가 지원 예산을 각 해당 지자체가 이양을 받아 운영 관리하게 되었다. 이로써, 우선 코뮌과 코뮌협력체는 초보 단계 실습을 목적으로 하는 기초문화예술교육 지원에 관한 권한을 유지하게 되어, 학교가 정규 교육 이외에도 아동보육기관과 공동으로 취학 연령 아동의 문화예술교육에 참여할 수 있도록 지원하는 업무를 수행하게 되었다. 다음 데파르트망의 경우, 데파르트망 단위의 문화예술교육 발전 구상에 따른 문화예술교육 네트워크를 구축하고, 또한 기초교육을 위한 재정 지원 개입 양식을 수립하는 데 주력하였다. 그리고 레지옹은 레지옹 단위 전문가 양성교육을 사명으로 하여, 기초전문교육 과정cycle의 운영 및 재정 지원을 담당하게 되었다. 따라서 예를 들면, 국립레지옹예술원Conservatoire National de Région(CNR)이나 국립음악 · 무용 · 연극학교École Nationale de Musique, de Danse et de Théâtre(ENMDT)의 운영 지원을 위한 국가 예산은 해당 관할 레지옹이나 데파르트망으로 이양되어 집행되는 형식의 지방분권적 체계가 자리를 잡게 되었다.

하지만, 여전히 수정 보완이 요구되는 여러 문제가 남아, 이는 향후의 개혁을 기다려야 했다. 지자체 간 필수 권한의 범위, 책임 및 예산의 이양 체계, 특히 줄곧 논의되어온 지자체로서 데파르트망의 존폐 내지 위상의 문제, 그리고 레지옹문화사무국의 업무 범위와 기능 등의 문제가 해결을 기다리고 있었다. 특히 일반행정권한조항Clause de Compétence Générale의 유지 여부도 중요한 문제였다. 이 조항은 각 지자체에, 법적으로 명시되지 않은 경우에도 필요에 따라, 이익활동의 도모 및 행정업무의 기획, 결정, 집행 권한을 잠정 허용하는 여지를 남겨 줄곧 지자체 간 권한의 중복 내지 상충의 문제를 야기하고 있었다.

3) 지방분권화 3기 (2012~)

2012년 올랑드 정부가 출범하면서 프랑스의 지방 분권 체제는 새로운 국면을 맞이한다. 3기라 할 수 있는 2012년 이후 현재에 이르는 시기의 지방분권화는 그 동안의 말하자면 '양적' 지방 분권 정책과 달리 '질적' 차원의 변화를 추구한다. 3기가 목표로 하는 지방 분권의 합리화는 지자체 간의 조화와 행정의 효율성을 지향하는 질적 변화를 내포하는 것이다. 올랑드 정부는 광역지자체에 해당하는 레지옹의 통합 및 기초지자체에 해당하는 코뮌 간 협력체인 메트로폴métropole 정책의 확대 계획을 밝히고, 2014년 '국토공공사업현대화 · 메트로폴확정법Loi n° 2014-58 du 27 janvier 2014 de modernisation de l'action publique territoriale et d'affirmation des métropoles(Loi MAPAM ou Loi MAPTAM)'과 '레지옹경계획정과 레지옹 · 데파르트망선거 및 선거일정변경 관련법Loi n° 2015-29 du 16 janvier 2015 relative à la délimitation des régions, aux élections régionales et départementales et modifiant le calendrier électoral'을 제정한다.

3기 지방분권화 정책의 주요 키워드가 되는 메트로폴은, 지방자치단체법 L. 5217-1조에 따르면, 다음과 같이 규정된다.

> 메트로폴은 지리상 인접한 동시에 독립된 여러 코뮌이 하나의 연대적인 공간으로 묶여 통합된 일종의 코뮌협력체로서 자체 징세가 가능한, 코뮌 간 협력을 위한 코뮌협력공공시설법인Établissement Public de Coopération Intercommunale(EPCI)이다. 이 코뮌협력체는 레지옹 지역의 결속력과 경쟁력을 향상시켜 상호 연대 하에 지속적인 발전을 도모하는 것을 목적으로, 그들 지역의 경제·생태·교육·문화·사회 개발 및 발전 계획 일체를 기획, 추진한다. 메트로폴은 레지옹내·레지옹간 협력 정신과 국토균형개발의 일념 하에 메트로폴의 경제 기능과 교통망 그리고 대학·연구·혁신 자원을 진흥한다.

즉, 메트로폴은 행정적 경계를 초월하여 도시의 지리 및 기능을 중심으로 구성되는 하나의 대도시권이자 법적 행정주체로서 해당 권역의 경제 및 경쟁력 강화를 위해 공동으로 프로젝트를 추진하는 등 지방 분권 체제의 새로운 성장 동력으로서 그 역할을 수행하게 된다.

그리고 나아가 2015년 현행의 일명 '노트르법Loi NOTRe', 곧 '신국가지방행정체제법Loi n° 2015-991 du 7 août 2015 portant nouvelle organisation territoriale de la république(Loi NOTRe)'이 공포되어 2016년 1월 1일 시행된다. 노트르법은 전면적인 행정체제 개편법으로서 지방 분권 정책의 새로운 패러다임이 되고 있다. 무엇보다 기존의 22개에서 현재의 13개로 통합된 레지옹이 보다 다양한 영역에 걸쳐 포괄적인 기능을 담당하게 되고, 또한 올랑드 정부와 함께 처음 시행된 메트로폴 정책이 본격적인 추진에 들어간다. 본래 2010년 '지방자치단체개혁법Loi n° 2010-1563 du 16 décembre 2010 de réforme des collectivités territoriales'의 범위에서 구상된 메트로폴 정책은 2012년 시행에 들어가 '니스 코트 다쥐르 메트로폴Métropole Nice Côte d'Azur' 편성을 시작으로 2015년에 11개, 그리고 2018년 현재 21개로 확대 편성되어 추진되고 있다.

그리고 또 다른 중요한 변화로서, 줄곧 지자체 간 권한의 중복 내지 상충의 문제를 야기해 말썽의 소지가 많았던 일반행정 권한조항에서 레지옹과 데파르트망의 법권이 삭제되어, 각 지자체 단위 간의 권한이 명확해짐으로써 상호 조화로운 공공정책의 추진이 가능해지고, 또한 유사 사업에 복수의 지자체가 경합함으로써 낭비되는 불필요한 재정 지출을 경감할 수 있게 되었다.

노트르법의 시행에 따른 변화를 지자체별로 살펴보면 다음과 같다.

코뮌의 경우에는 기초 단위 지자체의 역할에서 나아가 코뮌 간 협력체를 결성하여 그에 상응하는 추가적인 재정 지원을 받게 됨으로써 강화된 권한을 가지게 되었다.

데파르트망의 경우는 보다 포괄적인 차원에서 사회연대 및 지역균형개발 정책에 주력하게 된다. 즉 취약계층의 보호나 아동 복지, 노인 · 장애인 보호 등과 같은 사회 연대를 강화하는 사회복지정책과 더불어, 주거환경 개선 등의 지역균형개발정책을 중점적으로 수행하게 되었다.

그리고 레지옹은 국가 경제 도약의 중추로서 경제 개발을 중심으로 유럽연합 프로젝트 수행, 고등학교 운영, 직업교육, 지역 정비 및 환경, 대중교통 등 다양한 분야에 걸쳐 거시적으로 주도적 권한을 행사하게 되었고, 나아가 데파르트망과 함께 문화, 관광, 스포츠, 지역 언어 진흥, 중등교육, 지역 정보화 등의 분야에서 공동 권한을 행사하게 되었다.

문화 분야 차원에서 보면, 문화부 역시, 정부의 전면적인 행정체제 개편에 발맞춰, 중앙 부서와 산하 지방 및 공공 기관의 구조 개혁을 꾸준히 단행하면서 무엇보다 각 단위 지자체 간 관할 체계를 명확히 하고 예산 지원 및 행정의 효율성을 극대화하는 데 주력한다. 그간 정부의 지방 분권 정책에 보조를 맞추면서도 상대적으로 다른 부처들에 비해 수동적인 입장을 취해왔던 문화부는, 특히 노트르법 이후, 지방 분권을 단순한 권한 이양이 아닌, 궁극적으로 각 지자체 지역민의 삶의 양식, 수요, 복지, 향유 등과 맞닿는 '접근성', 곧 '문화민주화'와 직결되는 문화정책의 핵심 기조로 인식하게 된다. 문화부는, 문화접근성은 만인의 삶이자 권리 자체, 곧 인권이라는 인식에서, 초기에 지향했던 예술적 차원의 접근성에서 나아가 삶의 일상적 차원의 접근성을 추구하며 문화정책의 지방분권화를 가속화하고 있다.

4) 노트르법과 문화정책

지방분권화 3기에 시행된 핵심적인 지방행정체제 개혁 관련

법을 정리해보면 다음과 같다.

- **n° 2014-58 국토공공사업현대화 · 메트로폴확정법** 레지옹, 코뮌협력체, 메트로폴 등 개편 지자체 관련 규정
- **n° 2015-29 레지옹경계획정과 레지옹 · 데파르트망선거 및 선거일정변경 관련법** 레지옹 개편 관련 규정
- **n° 2015-991 신국가지방행정체제법, 일명 노트르법** 레지옹 통합 개편 및 코뮌 위상 강화 관련 규정

상기 개혁법들은 프랑스 지방 분권 체제의 근본적인 개편과 함께 문화권 및 문화정책에도 다각적인 영향을 미치며 오늘에 이르고 있다. 레지옹의 통합과 코뮌협력체나 메트로폴 같은 새로운 행정구역의 편성은 곧 문화정책 수행 체계의 재편성을 불가피하게 만들었다. 행정체제의 개편은 행정구역 자체의 재편을 넘어 결국 그 최종적인 목적은 국정 '권한' 및 '예산' 체계의 재편, 즉 중앙정부와 지자체 간 '새로운 계약'에 의한 '권한의 이양' 및 '지원 예산의 집행' 체계를 보다 합리적이고 효율적으로 재편하는 데 있는 것이기 때문이다.

그렇다면, 새로운 일련의 체제 개편에 따른 문화 분야 및 문화정책 차원의 주요한 변화는 무엇일까? 지방 분권을 통한 문화정책의 실효성은 결국 문화접근성의 문제와 직결되는 것으로, 지자체의 경쟁력 강화와 행정의 효율성 제고를 위해 기존의 분권 체제 및 예산 지원 체계의 변화가 요구되었으며, 큰 줄기

의 변화는 다음과 같다.

- **레지옹문화사무국 통합** 레지옹의 통합은 수를 줄여 레지옹 간 협력을 강화하고 행정적 및 재정적 업무 효율을 높이고자 한 것으로, 레지옹문화사무국의 통합도 같은 맥락에 있었다. 기존 22개 레지옹이 13개로 통합되면서 레지옹문화사무국도 마찬가지로 통합 편성되어, 각 사무국 관할 문화 권역의 확장과 함께 업무 역시 중앙 문화부의 시책과 맥을 같이하는 거시적이고 포괄적인 성격의 관리 감독 업무를 수행하게 된다.
- **코뮌의 지자체 위상 강화** 일반행정권한조항에서 레지옹과 데파르트망의 법권이 삭제됨으로써 코뮌이 유일하게 일반행정권한을 유지하게 된다. 코뮌은, 법적으로 명시되지 않은 경우에도, 이익활동의 도모 및 행정업무의 기획, 결정, 집행을 위해 필요한 경우, 문화정책을 비롯한 공공 업무 전반의 모든 사안에 개입할 수 있고, 모든 분야에 예산을 지출할 수 있는 잠정적 권한을 계속 행사하게 된다. 이로써 코뮌은 공화국 행정의 기초 단위이자 지역민의 모든 일상적 요구에 부응하는 접근성, 곧 지역민주주의의 토대로서 그 역할을 공고히 하며 위상이 강화된다.
- **코뮌협력체**intercommunalité **위상 강화** 코뮌협력체는 지역 프로젝트 추진을 위해 결성된 코뮌공동체la communauté de communes(인구 무관 소도시 공동체)나 인구밀집지역공동체la

communauté d'agglomération(5만 이상 중도시 공동체), 도시공동체 la communauté urbaine(25만 이상 대도시 공동체), 미래의 메트로폴 métropole(40만 이상, 거대도시 공동체) 등 '다양한 형태의 코뮌단체le groupement de communes'로서 이들 각 단체 혹은 협력체는 지자체 규정에 비견될만한 공동의 합의 규정을 따르며, 2014년 이후 36,700여 코뮌이 각기 프랑스의 기초지자체 단위이자 코뮌협력체를 구성하는 단위가 된다. 코뮌협력체는 코뮌 간 경제 및 경쟁력 강화를 위해 공동 프로젝트를 추진하는 등 지방 분권 체제의 새로운 성장 동력으로 자리매김하며 그 위상이 강화되었다. 현재 코뮌협력체는 레지옹, 데파르트망, 코뮌과 함께 프랑스의 주요 행정 단위의 하나로서 분권을 행사한다. 법적 행정주체인 코뮌협력체는 직접 선거로 선출 조직된 의회를 중심으로 운영되며, 개별 코뮌 차원에서는 기대할 수 없는 규모 있는 예산 및 체계를 동원하여 지역 도서관, 체육센터 등 보다 확대 강화된 지역밀착형 문화 서비스를 제공한다.

- **메트로폴 체제 확립** 메트로폴 정책은 본래 지역개발정책의 패러다임 변화 및 수도권발전정책을 추진하면서 구상된 것이다. 2009년 사르코지 대통령이 수도권을 본격 성장시키려는 목표에서 전략적으로 '그랑파리Grand Paris' 계획을 공포하였고, 이를 올랑드 대통령이 계승하여 메트로폴 정책으로 본격화한 것이 오늘에 이른 것이다. 메트로폴 정책은 지자체의 변화와 함께 문화정책의 패러다임을 전환시킨다.

지방자치단체개혁법에 따라 메트로폴은 다음 요건들에 해당하는 경우 구성이 의무화되어 있다. 우선 코뮌협력체를 구성하는 코뮌들 가운데 코뮌협력체 총 인구의 1/2에 해당하는 코뮌들의 2/3가 요구하는 경우나, 총 인구의 2/3에 해당하는 코뮌들의 1/2이 요구하는 경우, 또는 최소 40만 명 이상의 주민이 거주하고, 그 영토 내에 레지옹의 수도를 포함하고 있는 코뮌협력체의 경우에 자동으로 구성된다. 메트로폴은 공공시설법인으로, 그 행정주체로서의 권한은 주로 코뮌들로부터 위임받는 것이나, 레지옹과 데파르트망으로부터도 위임을 받는다. 그리고 법적으로 메트로폴에 일단 권한을 위임한 지자체 혹은 기관은 향후 메트로폴의 관할 영역에 개입할 수 없으며, 메트로폴은 메트로폴의회Conseil de la métropole 및 메트로폴협의회Conférence métropolitaine(메트로폴의회 의장, 부의장 및 기타 집행부로 구성된 심의기구), 발전위원회Conseil de développement(시민사회대표로 구성된 자문기구)를 중심으로 하는 협의체적 거버넌스를 유지하면서 메트로폴과 소속 코뮌 간 이해와 협력에 관한 모든 사안 및 사업을 협의하고 추진한다. 각 단위 지자체로부터 이임 받은 메트로폴의 문화 분야 권한은 다음 장에서 구체적으로 살펴보기로 한다.

- 데파르트망의 지자체 역할 포지셔닝 데파르트망은 계속 위상이 강화되는 레지옹과 코뮌 사이에서 그 역할이 모호해지며 줄곧 지자체로서 존폐 내지 위상의 문제가 논의되어

왔으나, 코뮌이나 코뮌협력체의 힘이 미치지 않는 사회연대 및 지역균형개발 등의 보다 포괄적인 차원의 정책에 주력하면서 자기 위상을 찾게 된다. 따라서 데파르트망의회는 다음 세 가지 해결안을 통해 권한의 유지 가능성을 모색한다. 첫째, 리용과 같은 메트로폴을 겸하는 데파르트망의 경우는 합병 체제로 의회의 권한을 유지할 수 있다. 둘째, 데파르트망이 영향력 있는 코뮌협력체를 아우르고 있는 경우 의회는 코뮌협력체연맹Fédération d'intercommunalités으로서 권한을 행사할 수 있다. 셋째, 그 산하 코뮌공동체가 일정 요건을 충족하지 못하는, 특히 농촌 데파르트망과 같은 경우 그 의회는 따로 정한 범위 내에서 권한을 유지할 수 있다.

지방 분권은 정책의 실무 주체인 각 지자체에 행정과 예산 집행의 자율성을 보장하고, 보다 효율적인 지역 밀착 서비스를 수행 가능케 한다. 중앙집권 전통의 프랑스 문화정책은 노트르법 이후 사실상 '지역문화정책la politique culturelle locale'의 성격을 띠게 된다. 지역문화정책은 무엇보다 문화정책의 기조인 '문화민주화'와 직결되는 것으로, 3기의 개혁 과정에서 지역 기반 문화서비스를 수행하기에 최적의 단위인 코뮌과, 또한 (문화는 단선적으로 분리될 수 없는 복합적인 유무형의 자산인 만큼) 코뮌 간 협의와 경쟁력을 결집할 수 있는 코뮌협력체의 위상이 강화된 것은 당연한 결과라고 할 수 있을 것이다.

요컨대 노트르법 이후 각 지자체는 '명시된 권한 범위' 내에서 '자율적 업무 수행'을 할 수 있게 된다. 이제는 어느 지자체 단위가 행정상 '우위인가'가 아니라 '최적인가' 하는 문제가 중요한 관건이 된다. 이는 문화정책의 차원에서도 마찬가지로, 각 지자체는 법적으로 규정된 재량 범위의 권한과 업무를 자율적으로 수행하게 된다. 우선 코뮌은 문화생활의 기본 행정 단위로서 그 위상이 강화되어 자체적으로 혹은 코뮌 간 상호 협력을 통해 발전된 규모와 체계를 가지고 근린 문화 공공서비스를 보다 효율적으로 제공하게 된다. 데파르트망은 무엇보다 지역의 문화 연대 조성 및 발전에 집중하게 된다. 레지옹은 관할 지역의 경제 발전에 기여할 수 있는 문화 행정을 펼치고자 거시적 차원의 관리 감독 업무를 수행하게 된다. 그리고 문화부는 정책의 기조를 설정하고 나아가 설정 목표 달성을 위한 최상의 환경을 조성하고자 노력하며, 이를 위해 최대한 탄력적으로 권한(규제)과 예산(지원)을 집행한다. 이제 문화정책의 이니셔티브는 문화부 이상으로 정책을 수행하는 각 해당 지자체의 권한이자 의무가 된다.

하지만 현실적으로 여전히 문제는 남아있다. 법에 의한 레지옹의 통합은 대체로 자연발생적인 환경에 따라 나뉘어 유지되어온 지역의 경계 및 관습을 물리적으로 재편성한 측면도 없지 않아 레지옹문화사무국은 아직 여러 과정에서 시행착오를 겪고 있으며, 따라서 체제가 자연스럽게 자리를 잡기까지는 여전히 상당한 시간과 노력이 필요할 것으로 보인다. 또한 본격 시행 중에 있는 메트로폴 정책의 경우, 현재 그랑파리, 리용, 액스-마르세유-프로방스Métropole Aix-Marseille-Provence와 같은 대도시권 메트로폴은 일종의 특구 형태로 승격 분리하여 그 자격을 특수 메트로폴로 발전시키는 수준으로까지 확대 추진되고 있는데, 이러저러한 반발로 진행이 순조롭지 않아 행정의 체계가 얽히거나 일관성 없이 모호해지는 경우가 생기기도 하여, 이 역시 문화정책의 안정되고 원활한 수행을 저해하는 문제로서, 시간을 두고 풀어가야 할 과제라고 할 수 있다.

2-2. 지방자치단체의 주요 문화 행정

1) 코뮌 및 기초지자체의 문화 활동

오늘날 코뮌을 비롯한 기초지자체municipalité는 문화유산의 보존과 전시, 공연예술의 제작과 보급, 공중 도서 · 독서 진흥, 문화예술교육 등 모든 문화 분야에서 중요한 역할을 수행한다. 이에 따라 자연히 도시계획이나 지역개발과 별개로 혹은 연계하여 문화 활동 서비스를 제공하는 기초지자체가 계속해서 늘어나고 있다.

문화를 위한 기초지자체의 지출 수준은 지역 당국의 정책 의지도 중요하지만 결국은 현실적인 재정 상황에 좌우되는 것으로, (그들의 문화적 노력을 가시적으로 보여주는) 문화 분야에 대한 지원 비율은 각 기초지자체의 재정 규모와 가장 밀접한 관련이 있는 것으로 나타난다. 이는 결국 문화란 가계 차원에서 뿐만 아니라 코뮌의 차원에서도 경제적 여유가 허락되어야 접근 가능한 '상급 재화'라는 사실을 의미하는 것이다.

문화부 연구 · 전망 · 통계과Département des Études, de la Prospective et des Statistiques(DEPS)가 보고한 『지방자치단체 문화 지출*Les Dépenses culturelles des collectivités territoriales en 2010*』 수치에 따르면, 2010년 인구 1만 명 이상의 코뮌이 문화 분야에 할당한 재정은 예산의 8.2%로 주민 1인당 152 유로에 해당하는 46억 1천만 유로였는데, 이러한 할당 비율은 코뮌의 규모에 비례하여 증가하는 것으로 나타났다. 예를 들어 인구 10만 명 이상인 코뮌의 문화 지출 할당 비율은 9.6%로 평균보다 더 높았다. 또한 중앙 도시와 외곽 도시 간을 보면 9.5% 대 6.8%로 중앙 도시의 할당 비율이 확연히 더 높은 것으로 나타난 바, 코뮌별로 편차가 크다는 것을 알 수 있다. 이러한 지출 비율은 2006년에 비하면 수치상으로는 감소한 것이라 할 수 있는데, 이는 각 코뮌이 수행하던 업무를 점차 코뮌협력체를 비롯한 문화협력공공시설법인(EPCC)에 이양한 데 따른 것으로, 반드시 부정적인 결과만은 아니라고 할 수 있다.

집행된 문화 지출의 성격을 살펴보면, 지출은 당연히 지역문화서비스(도서관, 미디어라이브러리, 음악 및 무용 교육, 박물관 등)와 관련된 것이다. 우선 인건비가 54%로 상당한 몫을 차지하였다. 다음은 영화와 극장 및 극단에 주로 보조금이나 설비 지원 명목으로 지출되었는데, 여기에는 다소 복잡한 문제가 뒤따른다. 다시 말해 이 경우는 대부분의 지원이 투자 형식으로 이뤄지기 때문에 연간 결산을 산출하기 어려운 문제가 따른다. 예를 들어 지자체들이 가장 우선적으로 투자 지원하고 있는 문화유산 분야의 경우, 문화유산의 보존과 보급에만 47%가 투자 형식으로 지출되었으며, 이 중 2.6%가 미술품 구입 용도로 쓰였다.

1999년 코뮌협력강화 · 간소화법Loi n° 99-586 du 12 juillet 1999 relative au renforcement et à la simplification de la coopération intercommunale의 시행으로 문화 행정 업무는, '문화 활동 및 활성화'를 사명으로 하는, 인구 25만 이상의 대단위 도시공동체에 한정된 필수 권한이 되며, 중소단위의 인구밀집지역공동체와 코뮌공동체, 특히 나머지 다른 모든 공동체의 경우에 있어서는 선택 권한으로 남게 된다. 상황이 이렇게 되자, 기초지자체들은 문화 행정에 보다 적극 개입 할 수 있는 권한을 부여받기 위해 코뮌협력공공시설법인(EPCI)을 창설하게 된다. 이듬해인 2000년 프랑스공동체의회Assemblée des communautés de France가 실시한 설문 조사를 보면, 새로 설립된 코뮌협력공공시설법인이 주도한 문화 활동의 성격 내지 영역을 묻는 질문에, 응답자 중 52%가 문화유산 개발, 44%는 문화시설 지원, 53%는 문화행사 관련 활동이라고 답했다. 하지만 이러한 코뮌협력공공시설법인의 개입 활동 영역은 사실상 법의 규정 범위(관리 행정 및 문화시설 유지)를 넘어서는 것이다. 게다가 소속 코뮌들은 문화와 지역 발전을 연계시키고 싶은 의중을 가감 없이 피력하였다. 이러한 입장에 대해 응답자의 71%는 문화접근성 향상에 도움이 될 것이다, 64%는 총체적 개발 전략의 일환이 될 수 있다, 40%는 시설 및 문화 서비스 관련 수요를 충족시킬 수 있을 것이다, 28%는 코뮌 간 협력 분야의 지출을 상호부조 하는 시너지 효과가 있을 것이다, 16%는 문화 분야 할당 예산의 보다 효율적인 관리 방안이 될 것이다, 라고 답하였다. 결국 문화는 지역의 역동성을 드러내 보여 주고, 이를 통해 그 지역을 매력적인 곳으로 만들 수 있는 수단, 말하자면 도시의 경우는 대내적인, 농촌 지역의 경우는 대외적인 소통의 수단인 만큼, 코뮌협력공공시설법인의 입장에서 문화는 관할 지역 주민의 소속감을 형성하고 법인 자체의 정체성을 확립하는 데 필요불가결한 조건이 된다.

하지만 역시 난점이 존재한다. 우선 수많은 외곽 지역 코뮌들은 시설을 설립할 경우, 그 혜택이 다른 인근 지자체의 주민에게 우선적으로 돌아가는 시설들에는 공동 투자하기를 꺼린다. 게다가 일부 지자체는 그간 자신들이 많은 비용을 투자해온 시설들의 경우, 그 권한을 양도 내지 공유하고 싶어 하지 않는다. 결국 각 지역 의원들은 보다 광범한 지역 간 활동에 쓰일 재원 조달을 위해 상호부조를 해야 한다는 생각과 자신들의 지역 발전에 우선 투자하고 싶은 입장 사이에서 항상 딜레마에 빠지게 된다.

2) 코뮌단체의 문화 활동

인구 1만 명 이상의 코뮌을 하나 이상 포함하는, 자체 세원을 가진 코뮌단체le groupement de communes(코뮌 간 모든 공동체 및 협력체를 총칭하는 공식 행정어로, 현재는 '코뮌협력체'가 전형)는 현재 대다수가 코뮌협력공공시설법인(EPCI) 성격의 코뮌협력체intercommunalité

이다. 코뮌단체 내지 코뮌협력체는, 실제 문화 행정에 참여한 경우를 대상으로 하여 집계된 2010년 통계 결과를 보면(DEPS/Ministère de la Culture 2014), 문화 분야에 예산의 7.1%, 그러니까 약 11억 유로, 주민 1인당으로 보면 44.3 유로를 지출한 것으로 나타났다. 인구밀집지역공동체는 이 예산 비율이 그들 총 예산의 10%에 달한 반면, 도시공동체만 따로 보면 1.5%에 지나지 않았다. 이는 도시공동체의 경우, 인구밀집지역공동체보다 단체 단위가 큰 관계로, 문화 분야 외에도 다른 여러 분야에 걸쳐 지원이 분산된 데 따른 결과라고 할 수 있다.

코뮌협력체들은 경우별로 소속 도시들이 관할하는 문화 활동의 전부 또는 일부를 지원하므로, 주민 1인당 지출이 1 유로에서 307 유로까지 매우 가변적이었다. 코뮌협력체들의 운영비 구조는 여전히 인건비 명목의 직접비 지출이 77%까지 높은 비율을 차지하며, 보조금은 운영비의 19%로, 이는 대부분 극장과 영화관 그리고 기타 공연 시설의 지원을 위해 지출되었다. 이는 코뮌 차원에서 수행되는 문화 활동에 비하면 매우 빈약한 것으로, 문화 활동은 주로 코뮌을 비롯한 기초지자체 소관의 업무라는 사실을 말해준다. 코뮌협력체의 투자 지출의 경우는 일반적인 패턴을 보이는 바, 문화유산의 보존 및 보급 활동에 집중적인 투자가 이루어지고 있다.

3) 데파르트망의 문화 활동

데파르트망은, 현재 지자체로서 위상이 강화되고 있는 코뮌이나 레지옹과는 상황이 사뭇 다르다. 물론 1983년 지방분권법에 따라 데파르트망은 본래 중앙 관할 기관이었던 각 데파르트망 소재 중앙대출도서관 및 기록문서국의 운영 권한을 이양 받으며, 적어도 법적으로는 권한이 강화된 측면도 없지는 않았다. 더욱이 데파르트망의 문화 분야 재정 지출을 보면 2010년 기준으로 약 14억 유로, 주민 1인당으로는 22 유로 정도를 지출했는데, 이는 순수 총액으로만 따지면 레지옹의 두 배를 넘는 것이며, 최근 2016년의 경우도 약 12억 유로로 레지옹의 7억 유로 정도에 비하면 거의 두 배라 할 만한 지출 수준을 유지하고 있다. 하지만 일단 문화 분야는 실질적으로 데파르트망의 지원 우선순위 분야가 아니다. 게다가 『문화부 예산안*Culture PLF*』 및 『지방자치단체 문화 지출』, 내무부 『지방자치단체 통계 수치*Les Collectivités locales en chiffres*』 등의 누적 자료에 따르면 2007~2008년부터 데파트르망 차원의 문화 예산 증가세가 둔화되기 시작했고, 무엇보다 여전히 데파르트망들 간 문화 예산의 편차가 심한 것으로 나타나, 요컨대 데파르트망의 현 입지를 일률적으로 단정하기는 쉽지가 않으며, 나아가 지자체로서 데파르트망의 존폐 문제까지 논하도록 만든다. 단적인 예로, 데파르트망의 문화 분야 주요 지원 대상의 하나인 박물관의 경우만 대략 살펴보아도 이러한 편차 문제의 윤곽을 쉽게 파악할 수가 있다.

데파르트망들 간 지출의 편차가 심한 것은 몇 가지 요인에 기인한다. 데파트르망별로 차이가 상당한 조세 잠재력이나 정책적 자발성, 그리고 (투자나 행사 파이낸싱을 보다 쉽게 유치할 수 있는 기반으로서) 도시의 규모 등과 같은 여러 변수로 인해 지출의 규모나 성격은 편차가 있을 수밖에 없다. 반면, 규모는 작아도 농촌 지역 데파르트망의 경우는 토착 연합 단체들의 협조에 힘입어 상대적으로 네트워크화된 문화 활동을 펼치기가 보다 용이하여 도시 지역 데파르트망에 없는 이점을 지니기도 한다. 그리고 때로 데파르트망들은 역할 포지셔닝을 위해 전략적으로 소규모 코뮌들을 대상으로 자문 기관 역할을 수행하는 등, 각기 다양한 자기 모색을 하고 있어, 사실 데파르트망의 지자체로서 위상이나 정체성을 어떤 한 마디로 제시하기는 어렵다.

데파르트망은 문화 분야에, 2010년의 경우, 그들 총예산의 2.1%에 해당하는 14억 유로 정도를 지출했는데, 이중 운영비로 대략 2/3, 나머지 1/3을 투자비 명목으로 지출하였다(DEPS/Ministère de la Culture, 2014). 데파르트망의 핵심 업무는 각 관할 기록문서국의 책임 운영으로, 지출도 당연히 이에 대한 비중이 가장 높게 나타났다. 농촌 지역 데파르트망의 경우 또 다른 주요 업무인 관할 지역 도서관 운영에 집중적인 지출이 이루어졌다. 기록문서국의 경우 지출의 상당 부분이 투자 유치로 충당되어, 실질적인 관련 예산 지출은 감소한 것으로 나타났다. 반면, 문화예술교육 부문에서, 중학교 차원의 문화 진흥을 위한 지원의 경우는 예산 지출이 증가했다. 사실 데파르트망 단위의 중학교 지원은, 데파르트망들이 사전에 지역 문화 활성화의 일환으로 미리 계획을 하고 추진했다기보다, 이전부터 현실적으로 중학교를 재편하거나 현대화할 필요성을 절감하고 있었기 때문에,

그 동안 간과했던, 보다 정확히 말하면 미루어두었던 사업으로, 데파르트망들은 사실상 그들의 오랜 과제에 대폭적인 예산을 할당한 것이라고 할 수 있다.

또한 문화유산 분야도 데파르트망의 주요 개입 분야라 할 수 있는데, 개입은 몇 가지 형태로 나타난다. 일반적인 형태는 농촌이나 소도시 지역의 문화유산 영역에 개입을 하는 것인데, 이 경우에는 대체로 운영비 중 보조금의 책정 비율이 도시 지역에 개입을 하는 경우에 있어서보다 상대적으로 훨씬 높게 나타난다. 이는 선험적으로 데파르트망들은 지자체로서 자체 권한이 매우 한정되어 있어, 주로 다른 지자체들이 관할하는 일정 프로젝트를 보조적으로 지원하는 범위 내에서 개입 및 지출을 하기 때문인데, 농촌이나 소도시 등 소규모 지자체를 지원할 경우 상대적으로 개입의 폭이 넓어지는 것이다. 결국 투자 지출의 경우는 사례별로 상당히 다양한 양상을 띠는 바, 때로 드물기는 하지만, 몇몇 데파르트망은 문화유산이나 박물관에 도시 평균보다 높은 투자 지출을 자랑하는 경우도 생긴다. 여기서 우리는 데파르트망의 문화 행정상 특성의 하나를 이야기해볼 수 있다. 즉, 자체적인 주된 권한이 결여된 데파르트망들의 경우 주로 코뮌들이 수행하는 정책 프로그램을 재정적으로 보조 지원하는 역할로 동원이 되는데, 이는 활동의 스펙트럼은 넓어지는 것이나, 그만큼 전반적인 역할의 몫은 제한이 되는 것이라고 할 수 있다. 이렇듯 데파르트망들이 문화유산 분야에서 펼치고 있는 여러 형태의 지원 활동들은 결코 문제의 소지가 없는 것은 아니지만, 그럼에도 현재 정부가 조달에 난항을 겪고 있는, 문화유산의 보존 등을 위한 재정 문제와 관련하여 상당한 기여를 하고 있는 것은 사실이다. 문화유산에 들이는 공은 곧 문화 관광이나 여러 예술 직종의 개발로 이어져 데파르트망 지역의 사회적 및 공간적 통합은 물론 지역 경제 발전에도 기여하는 것이니 만큼 데파르트망의 문화 활동에 있어 중요한 비중을 차지한다.

문화유산 분야 지원과는 대조적으로, 상당수의 데파르트망이 창조 분야 지원과 관련해서는, 물론 음악 분야의 경우는 다소 예외적으로 어느 정도 위상과 특혜를 부여한다지만, 대체로 미온적인 태도를 보인다. 이는 무엇보다 창조 분야 지원의 경우 지출에 상응하는 수익 내지 기대 효과를 단기간에, 게다가 유형화하여 제시하기 어렵기 때문인데, 이는 분명 현실적으로 해결 방안을 찾기 쉬운 문제는 아니다. 사실 창조는 당장 고비용을 요구하면서도 그 결과는 서서히 나타나거나 가시화하여 제시하기에 복잡하고 미묘한 활동이며, 이로 인해 결국 데파르트망들간 일종의 경쟁이 일기도 한다. 예를 들어 특히 축제와 같이 데파르트망의 활동을 가시적으로 드러내 보여줄 수 있는 중요하고 인기 있는 행사 활동을 지원하는 경우에는 더욱 그러하여, 서로 지원을 몰아주거나 규모 경쟁을 하기도 한다. 마찬가지로, 데파르트망들은 주로 지역 연합기관에 위탁하는 방식으로 음악 및 오페라, 무용에 대한 지원 활동을 수행하는데, 이 역시 농촌 지역의 문화예술교육 및 문화 보급을 그들의 주요 업무의 하나로 특화하고자 하는 의중이 담겨 있는 것이다. 뿐만 아니라 데파르트망은 독서 분야에 대해서도 활발한 지원 활동을 펼치는데, 이러한 일련의 문화 지원 활동은 전국의, 특히 모든 농촌 지역의 주민에게까지 문화적 혜택이 돌아가도록 하여 그들 일상의 삶 자체를 문화화 하겠다는, 곧 평등한 문화접근성에 대한 의지의 발현이라고 할 수 있다.

현재 지자체로서 상대적으로 모호한 입지에 미래마저 불확실한 측면도 있지만, 그럼에도 데파르트망이 자기 모색으로서 의지를 가지고 추진하는 일련의 문화 활동들은 1970년대 이후 지속적으로 추진된 지방분권정책의 영향 및 시대에 발맞춰 변화하고 있는 프랑스 문화정책의 방향성을 잘 보여주는 것이라고 할 수 있다.

4) 레지옹의 문화 활동

레지옹은, 1871년과 1884년에 차례로 창설된 데파르망이나 코뮌에 비하면, 비교적 최근인 1982년에 창설된 지자체 단위이다. 문화 분야에서 레지옹의 책임 권한이 처음부터 일괄적으로 강화된 것은 아니다. 레지옹의 국정 참여는 명확한 분권에 따른 것이기보다 국가와 레지옹 간 다양한 협약에 의거하여 단계적으로 이루어진 것이다. 하지만 레지옹은 다른 지자체들에 비해 상대적 우위의 특권을 누리게 된다. 정부의 지방 분권 시책에 따라 문화부가 자체 조직을 지자체 지역으로 처음 분산 배치하기 시작한 시점부터, 레지옹은 레지옹문화사무국(DRAC)과 항시 업무를 공조하면서 자연스럽게 권한 이양 조치의 최대 수혜자가 된다. 대표적으로, 레지옹의회는 레지옹문화사무국과 긴밀한 관계를 유지하면서 문화유산 분야의 주요 정책 사안인 문화유산목록 관련 권한을 실질적으로 이양 받았다.

이렇게 레지옹은 지자체로서 새로운 지형도를 형성하며 문화 분야에서 필수 권한과 함께 고유의 위상을 갖추게 된다. 하지만 엄밀히 보아 문화 분야의 경우, 중앙 문화부의 권한 이양은 사실 다른 분야들의 경우에 비춰보면 상대적으로 극히 제한된 선에서 이뤄진 것이라고 할 수 있다. 다시 말해 레지옹은 문화부로부터 문화유산목록 관리 외에, 레지옹박물관의 조직 및 재정 지원, 국정기념물 관리, 공공 예술교육기관 지원 관련 업무 정도에 한하는 일부의 권한만을 이양 받은 것이라고 할 수 있다. 이외에 다른 지자체들과 마찬가지로 레지옹 역시 공공 건축물 신축 예산의 1%를 현대미술품 설치 내지 장식 비용으로 편성해야 하는 1% 아르티스티크 정책을 의무적으로 따르게 된다.

문화부 연구 · 전망 · 통계과가 산출한『지방자치단체 문화 지출』누적 자료에 따르면, 레지옹의 문화 분야 지출은 1980년대에는 증가세가 뚜렷하였으나, 1990년대 중반부터 둔화되기 시작하여, 2006년 이후 2016년 사이에는 연간 예산이 계속해서 감소한 것으로 나타났다. 사실 문화 분야는 레지옹이 새롭게 개입하기 시작한 분야로, 데파르트망에 있어서와 마찬가지로, 레지옹의 개입 우선순위 분야는 아니다. 게다가 문화 분야 내에서도 레지옹이 지원하는 우선순위 부문은 상당히 가변적으로 나타난다. 과거 레지옹공공시설법인Établissement Public Régional(EPR)에 부여된 문화 개입의 권한 범위가 투자 활동으로 제한되어 있던 당시에는, 그들 지출의 절반 이상이 관할 코뮌 소재 문화유산 및 복합문화시설을 지원하는 데 투자되었었다. 그리고 당시 공연 부문은 지출 대상 후순위였다. 하지만 비교적 최근에 들어 이러한 순위는 사실상 역전이 된다. 문화부 연구 · 전망 · 통계과가 집계한 『2018 핵심수치*Chiffres clés 2018*』 상의 가용 최신 데이터에 따르면(DEPS/Ministère de la Culture 2018: 87), 2014년의 경우 레지옹의 문화 분야 지원 우선순위는 공연을 축으로 하여 영화, 조형예술 등을 포괄하는 예술 창작 및 활성화 부문으로, 지출 비중이 71%에 달했으며, 주로 보조금 형식으로 지원되었다. 다음 순위는 도서관, 박물관, 기록문서국 등 문화유산의 보존 및 보급 부문으로 29%의 지출이 투자 형식으로 이루어졌다. 이외 문화예술교육을 비롯한 기타 문화 부문의 경우, 기존에는 일정 부분 투자 지원이 이루어졌으나, 최근에는 우선순위 두 부문에 완전히 밀려 사실상 지원이 미미하거나 거의 이루어지지 않고 있다.

레지옹은 문화 분야에 2010년 기준으로 6억 6천 2백만 유로를 지출했는데, 이는 그들 총예산의 2.6%, 주민 1인당으로는 10.5 유로에 해당하는 것이다. 레지옹의 경우에도 문화 예산 중 운영비가 차지하는 비율이 투자비에 비해 단연 높게 나타나는데, 특수 상황에 있는 코르시카의 경우 이러한 운영비의 비율은 훨씬 높아, 레지옹별로 운영비 비율의 편차가 3배에 이르기도 한다. 레지옹의 운영비 지출은 현재까지 지속적인 증가세를 유지하고 있는데, 이는 2006년 이후 지속적인 감소세를 보이고 있는 문화 예산 자체의 추이와는 양상이 대조적이라고 할 수 있다. 레지옹의 2016년 문화 지출은 약 7억으로, 물론 전년 대비 감소한 것이며, 이는 그들 총예산 280억 유로의 약 2.5%, 지자체 문화 지출의 8%에 해당하는 것이라고 할 수 있다.

레지옹의 지출이 보여주는 다른 주요한 특징은 보조금 지출과 관련된 것으로, 그들 총 운영 보조금 중 문화 보조금의 비율이 약 6%에 이르는 수준으로까지 상승하였다는 것이다. 그러나 이러한 문화 보조금은 사실상 그 80~90%가 민간 법인들, 특히 예술 창작 및 활성화와 관련된 민간 법인들에 지원되어 일종의 쏠림 현상을 보였다. 하지만 투자비 내지 시설비 명목의 지출 차원에서는 혜택을 독점하는 부문이 역전되어 나타나는데, 시설비의 대부분이 문화유산의 보전 및 보급과 관련된, 주로 코뮌의 공공 법인들을 지원하는 데 투자되었다.

5) 지자체 간 교차 보조금의 구실과 중요성

지자체들은 서로 여러 문화 활동에 개입하는 만큼 자연히 그들 지자체 간 재정 문제가 서로 얽히는, 즉 예산 지출 교차, 주로 보조금subvention 지원 교차의 문제가 발생하게 된다. 따라서 어느 지자체가 무슨 활동을 수행하는지, 혹은 어느 지자체가 그들의 재원에 개입하는지, 아니면 어느 지자체가 다른 지자체의 재원으로 혜택을 누리는지 등의 문제를 분명히 하고 상호 개입을 하는 것이 합리적이고 바람직하다.

교차 지출의 주요 유형은 협력기금le fonds de concours을 위한 보조금이나 분담금participation 혹은 추가금abondement의 출자versement라고 할 수 있다. 이외 다른 유형은 지자체 간, 특히 코뮌을 비롯한 기초지자체와 문화협력공공시설법인(EPCI) 간 자원ressource의 상호부조mutualisation로서, 주로 상호간 재정 자원 부조나, 인적 제공과 같은 재능 자원 부조가 이에 해당한다.

그런데 재정이나 재능 자원을 상호부조 하는 경우는 그 규모가 사실 크지 않아 달리 문제될 일이 별로 없다. 문제는 예를 들면 2006년 2억 3천만 유로나 2010년 2억 4천만 유로에 달했던 보조금 지출의 경우라고 할 수 있다. 주로 기초지자체들이 출자한 그 보조금들은 대부분이 문화협력공공시설법인에 이러저러한 명목으로 교차 지원되었고, 나머지 미미한 비율에 해당하는 4백만 유로가 레지옹의 몫으로 돌아갔다. 결과적으로, 데파르트망의 보조금은 크게 감소한 반면, 레지옹이 사실상 직간접으로 운용한 합산 보조금은 1억 1천만 유로 전후로서 안정세를 유지한 것으로 나타났다. 그러나 이 레지옹이 운용한 보조금은 결국 관할 코뮌과 데파트르망을 지원하는 데 그대로 지출된 것이니 만큼, 이 보조금의 최종적인 주된 수혜자는 결국 문화협력공공시설법인, 보다 포괄적으로는 모든 다양한 형태의 코뮌협력체라고 할 수 있다.

II. 프랑스 문화정책의 재정 구조와 운용

문화부의 예산을 국가 총예산의 1%까지 끌어오자는 목표는, 1960년대 장 빌라르Jean Vilar가 상정한 이래 줄곧 고수되어온 것이나, 프랑스 내적 차원에서는 물론 대외적인 차원에서도 문화정책의 쟁점들을 결국 예산 차원의 문제로 환원시키는 결과가 되었다. 그럼에도 이러한 목표는 한편으로 일리가 있다고 하는데, 왜냐하면 문화부의 예산 지출은 지자체나 민간기관이 문화분야에 예산을 출자하도록 직간접으로 고무, 유도하는 순기능을 가지고 있다는 것이다. 하지만 이는 문제를 너무 단순하게 보는 것으로, 실제 정부가 감당하는 문화 지출 예산은 필요한 전체의 일부에 지나지 않기 때문이다.

사실 문화 예산을 산정, 산출하는 일은 그리 단순하지가 않다. 관점이나 대상 범위를 어떻게 한정하느냐에 따라 결과가 완전히 달라질 수 있기 때문이다. 문화 예산의 출처는 정부와 지자체, 민간 메세나 외에도, 사실상 이들 전체를 합친 것보다 더 큰 비중을 차지하는 가계 문화 지출, 게다가 공영방송 수신료나 기업의 매체 광고 지출 등 그야말로 다양하고 복합적일 수가 있다. 그렇다고 텔레비전이나 비디오, 정보과학기술 장비와 같은 본래 문화적 용도 이외로도 전용 가능한 각종 설비 등의 구입을 무조건 문화 지출로 산정하는 것도 궤변이 될 수 있다. 기업들이 문화 매체에 지출하는 광고비도 이와 유사한 문제를 안고 있는데, 왜냐하면 일단 광고비가 문화 활동 기반을 조성하는 데 기여하는 부분이 있다 하더라도, 결국 광고비란 본래 온갖 다른 동기에서 출자가 이뤄지는 것으로, 그 동기들 역시 신중한 고려와 접근이 필요한 문제가 되기 때문이다. 따라서 이러한 문화 예산 내지 지출을 산출하는 일은 우선 그 범위를 한정하는 문제부터, 여러 행정주체와 다양한 지출을 유형화하는 문제까지 전부 종합적으로 감안하여 접근하게 되면 예상보다 훨씬 복잡한 문제가 된다. 따라서 우리는 우선 문화부의 재정적 관점에서부터 논의를 시작하지만, 단계적으로 나아가 문화정책의 재정적 기반을 조성하는 데 기여하는 여러 유형의 주체 내지 재원 전반을 살펴보는 선까지 종합적인 논의를 해보도록 할 것이다.

1. 문화부의 예산 및 지출

1-1. 꿈의 2%, 하지만 하락

프레데리크 미테랑 장관 재임기인 2011년은, 문화부가 자체 제시한 일련의 논거들에도 불구하고, 사실상 줄곧 지속되던 문화부의 예산 증가세가 꺾인, 말하자면 불가침한 문화 예산의 소위 '성역화sanctuarisation'가 막을 내린 해로 기억된다.

2011년 문화부 예산안 기준으로만 보면, 문화부가 운용한 예산 총액은 75억 유로로, 이는 2010년 대비 2.1% 증가한 것이라고 할 수 있다. 이 증가한 문화부의 총예산은 문화부의 3대 미션Mission(대단위 주력 사업), 즉 문화 미션Mission Culture과 미디어 ·

도서 · 문화산업 미션Mission Médias, livre et industries culturelles 그리고 고등교육 · 연구 미션Mission Recherche et enseignement supérieur(현 연구 미션(Mission Recherche))의 예산과 공영방송지원기금Avances à l'audiovisuel public(공영방송세(기존 TV 수신료)를 재원으로 하는 공적 기금으로, 통상 3대 미션 합산 예산을 상회)을 모두 합산한 총액에 해당하는 것이다. 이 예산은 수치상으로는 분명 프랑스 정부 전체 예산의 약 2%에 상응하는, 즉 상징적 기준치인 1%를 훨씬 상회하는 것으로, 이는 국가가 가진 문화의 중요성에 대한 인식을 보여준 것이라 할만 했다.

그러나 2013년부터 이 예산의 절대 가치가 하락한다는 사실과 더불어, 문화정책에 대한 국가의 관심을 증명하는 잣대라 할 수 있는 문화부 예산의 연간 증가에 대한 (문화부가 제시한) 일련의 논거는 다분히 기만적인 측면이 있었다. 이는 무엇보다 다음 두 가지 이유에서다.

첫 번째는, 문화부가 밝힌 그 연간 증가라는 것은 실제 지출이 아닌, 연초에 상정되는 『문화부 예산안*Culture PLF*』 상의 산출에 따른 잠정적 수치이기 때문이다. 실제로 예산의 일부는 전액이 집행되지 않은 채 다음 해로 이월되는데, 이는 추진 중인 사업장의 인가나 기후 요인, 예산 하달 등의 문제가 서로 동시에 얽혀 집행이 지연되거나 아예 미집행 되는 경우가 발생하기 때문이다. 통상 계속비le crédit d'engagement(다년 프로젝트의 전체 예산)와 연부액le crédit de paiement(다년 프로젝트의 연차별 예산) 간의 차이는 크게 나타난다. 이 차이는 문화유산 분야에서는 특히 중요한 문제가 된다. 문화유산 분야의 경우, 안타깝게도 예산의 과소 소비나 회계연도 상 과하게 지연된 예산 청구의 경우가 종종 발생하게 되는데, 이는 결국 다음 회계 연도 예산 갱신 시점에 마이너스 요인으로 작용하여 기대치의 예산 확보에 차질을 빚게 만든다. 따라서 2011년의 경우를 보면, 민간 소장 기념문화유산 부문에 당초 책정되었던 예산은 1억 6천 7백만 유로였으나, 실제 집행 예산은 1억 2천만 유로에 지나지 않았다.

이미 지난 2007년의 경우에도 마찬가지로, 발표 상으로는 예산이 7.8% 증액되었다고 했지만, 실제로는 일정 기간 기준으로 계속비 2.2%, 연부액 2.6% 증액에 불과했던 것으로 확인된 바 있다. 이와 같이 예산 지출이 실제 집행되지 않았음에도 불구하고 예산을 상향하여 공표할 수도 있는데, 이는 여러 이유에 기인한다. 우선 의무 기한까지 서류 구비가 불가능한 경우, 아니면 서류를 구비하여 신청하였으나 적정 기한 내 신청 연부액 수령이 불가능한 경우, 그리고 연내 급격한 경기 변동과 점점 규모가 불어나는 지출을 이유로 연부액이 동결되는 경우 등을 들 수 있다. 이 때문에 예산이 미집행 되는 비율이 해를 거듭할수록 높아진다. 그리고 이로 인해 쌓이는 불안은 계속해서 누적될 수밖에 없는데, 결국 미집행된 연부액이 다음 회계연도로 이월되면 공식 예산이 엄청나게 부풀려지거나 그 액수만큼 실제 운용 규모가 감소될 공산이 크기 때문이다. 따라서 몇 년 전부터 의회에서 문화부 예산을 보고하는 책임 관계자들이, 소위 그들이 숙명적 한계수치라 말하는, '국가 예산의 1%'에 대해서보다

(예산 지출 비율의 증가는 활발한 정책 수행 활동의 결과로서 바람직한 운영의 예로 간주되기에) 실제 지출된 예산의 비율에 대해 더욱 신경을 쓰고 있다는 사실은 놀랄 일이 아니다.

다음 두 번째 이유는, 공공 개입의 반경은 계속해서 변해 예산 산출의 기준 범위는 해마다 달라지므로, 단순한 수치상의 비교는 엄밀한 결과치라고 할 수 없기 때문이다. 개입의 반경이나 산출의 기준 범위가 변화하는 것은 행정 권한이나 예산법이 바뀐 데 따른 것일 수도 있으나, 무엇보다 지방분권화의 결과로 법적 혹은 실무적 체계가 바뀌면서 재무 구조가 변화한 데 따른 것이라고 볼 수 있다. 게다가 정부는 점점 더 지자체의 협력기금에 의존하는 경향을 보이는데, 이는 결국 중앙이 예산의 마진에 따른 수익은 취하면서, 그 수익을 상응하는 지출로 다시 환원시키지 않는 경우가 빈번해지고 있다는 반증이 된다. 그리고 마지막으로 2010년부터 공영방송세Contribution à l'audiovisuel public(CAP)(기존 TV 수신료)로 조성된 공적 자금을 재원으로 하는, 공영방송기구를 위한 일종의 재정원조기금Compte de concours financiers인 일명 '공영방송지원기금' 사업의 세수 예산(세금 수입으로 충당되는 예산)이 문화부의 예산 범위 내에 통합됨으로써 상황이 완전히 달라졌다는 사실도 분명히 하고 넘어갈 필요가 있다. 왜냐하면 그러한 예산 통합으로 당시까지는 공적 지출로 산정되지 않았던, 사실상 공영방송세 징수 총액에 해당하는, 30~35억 유로 상당의 세제기금을 예산으로 투입하는 것이 가능해졌기 때문이다. 하지만 이 TV 수신료인 공영방송세의 성격은 사실 공적 지출이 아니라 가계 지출에 더 가까운 것이라고 할 수 있다.

1-2. 예산의 장기적인 증가

어떤 단기적인 변동을 해석하는 데 따르는 문제점들을 고려할 때, 대체로 기간을 세분화하여 상대적으로 지속적인 구간을 대상으로 예산의 중장기적 동향을 살펴보는 것이 보다 유효하다. 결과를 보면 괄목할 만하다. 1980년대 초반부터 2005년까지 비교적 중장기에 해당하는 25년 동안 문화부의 예산은 상당 부분 증가했다. 1981년 4억 5천만 유로였던 것이 1983년에 10억 6천 6백만 유로, 1995년에 20억 6천 7백만 유로, 2000년에 24억 5천 2백만 유로, 그리고 2005년에는 28억 5백만 유로로까지 상승했다. 가장 뚜렷한 증가를 보인 시기는 좌파 정권이 집권을 시작한 1981~1983년이며, 그 다음 시기는 1993년 이후의 세기말로서, 뒤를 이은 다른 우파 정권의 시기에 해당하는데, 이는 말하자면 좌파나 우파에 상관없이 문화에 우선순위를 부여하는 국가적 합의를 실증적으로 보여주는 것이라고 할 수 있다.

실제로 1981년 좌파 여당은 숙명적 한계수치인 1% 달성을 목표로, 문화 지출 예산을 국가 총예산의 0.47%로 증액하기로 결정한다. 본래 정부는 집권 첫 해에는 예산을 단번에 증액하는 데 사실상 미온적인 태도를 취했었지만, 다음 해인 1982년 총예산의 0.76%까지 대폭적인 증액을 결정하게 되며, 그 다음 1983년에도 목표 달성을 위한 노력을 지속한다. 공식 지표상, 목표는 빠르게 달성되어 1993년 1%에 이르게 되는데, 사실 이는 실제 지출이 아닌 예산상의 수치에 불과한 것이었다. 좌파 집권기의 1987년과 우파 집권기의 1995년은 특히 종종 문제가 되는데, 그럼에도 주기적으로 순환을 거듭하는 좌우의 당파적인 정세가 1%에 대한 보편적 합의를 향한 길을 열어가는 과정에서 어떤 걸림돌이 되지는 않았다.

[표 15] 1960~2005년 정부 총예산 중 문화부 예산 비율 (%)

1960	0.38%	1987	0.86%
1969	0.42%	1988	0.81%
1970	0.37%	1989	0.86%
1971	0.41%	1990	0.86%
1972	0.47%	1991	0.94%
1973	0.55%	1992	0.98%
1974	0.61%	1993	1.00%
1975	0.56%	1994	0.95%
1976	0.55%	1995	0.91%
1977	0.56%	1996	1.00%
1978	0.56%	1997	0.97%
1979	0.52%	1998	0.95%
1980	0.51%	1999	0.94%
1981	0.47%	2000	0.97%
1982	0.76%	2001	0.97%
1983	0.79%	2002	0.97%
1984	0.84%	2003	0.90%

1985	0.86%	2004	0.94%
1986	0.93%	2005	0.96%

Greffe et alii 2015: 76

문화부의 운용 예산은 2005년부터 2011년까지 계속해서 완만하게 증가하지만 그 수치는, 2006년 정부의 새로운 예산 편성 관련법인 '재정법 관련 조직법Loi organique n° 2001-692 du 1er août 2001 relative aux lois de finances(LOLF)'의 발효로 산정 체계가 달라져, 그 이전의 수치들과 직접적인 비교는 불가하다. 이 새로운 법은 현행의 법제로서, 이에 대해서는 다음 장에서 다시 논의하기로 한다.

1-3. 2012년 이후 동향, 역전의 역전...

유럽연합 차원에서 합의된 지원 정책을 이행하기 위한 프랑스 대내 공공 지출의 불가피한 억제 및 감축, 게다가 경제적 난국 등의 여러 악조건에도 불구하고 2011년까지 문화부 예산 1%의 경우는 마치 '성역sanctuaire(프랑스 문화 관계자들의 표현)'처럼 여겨졌으나, 이후 정부의 공공 지출은 뚜렷한 하향 곡선을 그리고 있었다. 각 연도 예산안 기준 문화부의 2012년 가용 총예산은 74억 3천 5백만 유로였으나, 2013년에는 73억 6천 4백만 유로로 2012년 대비 2.3% 감소했으며, 2014년에도 72억 6천 2백만 유로로 전년 대비 2% 감소한 것으로 나타났다. 그리고 2015년에도 70억 8천만 유로로 역시 계속 감소한 것으로 나타나, 문화부의 예산은 지속적인 하락세를 보였다. 특히 문화부 산하 국립영화센터 등 공공시설법인 지원 예산은 이미 2010년부터 연평균 거의 5%에 이르는 일률적인 감소세를 보여, 문화부는 무엇보다 상업 수익(공간 임대, 파생 상품 판매 등) 증대나 메세나 진흥을 통해 공공시설법인들이 자체 재원을 확충하도록 하는 방안을 권장하였다.

그러나 2016년부터 다시 상황은 역전되기 시작하여, 문화부의 예산은 72억 7천만 유로로 2015년 대비 2.7% 증가하였으며, 2017년과 2018년에는 약 100억 유로에 이르는 대폭적인 증가세를 이어가고 있는데, 이러한 문화부의 예산은 국가 총예산 7천110억 유로의 1%를 상회하는 것이다. 2018년 예산안에 따른 문화부의 향후 예산 전망은 어느 정도 낙관적으로, 당분간 유지 내지 다소의 상승 추세를 이어갈 것으로 내다봤다.

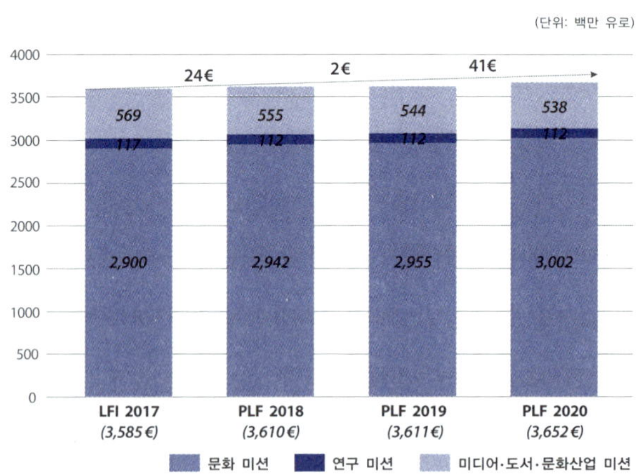

Ministère de la Culture 2018: 6

[그림 4] 2017~2020년 프랑스 문화부 예산 – 산하기관 예산 제외

1-4. 기본 운영상 지출: 경상 소비와 투자

일반적으로 예산은 '운영(인건비, 투자 등)'과 '분야(문화유산, 조형 예술 등)'의 두 가지 기준에 따라 편성된 항목별로 할당 및 지출이 이루어진다. 만일 이러한 두 기준에 따른 예산 편성이 적합한 것이라면, 다음에 유의하여 활용할 필요가 있다.

첫 번째 '운영'별 기준은 대체로 예산 지출을 현재의 운영과 미래 대비 투자를 위한 두 부분으로 구분해 할당하는 경우 그 지표로 활용된다. 하지만 이러한 단선적인 구분은 극히 피상적인 관념적 해석에 따른 것일 수도 있다. 급여는 현재의 운영 관점에서만 보면 사실 미래와는 크게 상관없는 당장에 소요되는 지출로 한정해 볼 수도 있지만, 미래의 대비를 위한 관점에서 보면 인적 자원을 향상시키는 수단으로 볼 수도 있고, 또한 운영비 항목에 들어가는 개입 내지 지원을 위한 투자 지출 역시 미래를 위한 전략적 대비로 보아도 무방할 것이다. 예를 들어, 비영리단체에 대한 지원은 그 단체를 보강하여, 향후 그 단체가 제공할 서비스 및 자원의 양과 질을 동시에 향상시키는 데 기여할 것이기 때문이다.

2013년 예산은 그 대부분인 93%가 경상 소비 지출la dépense de consommation courante의 몫으로 할당되었는데, 이는 급여salaire(사적 직무 수행자 일체를 위한 지원 자금인 개입 지출(la dépense d'intervention))와 봉급traitement(문화 및 기타 공무 수행 담당자를 위한 보조금 지출(la dépense de subvention))으로 거의 반반씩 균등하게 배분되었으며,

나머지 7%만이 투자 지출la dépense d'investissement을 위한 것이었다. 결과적으로, 지난 10년간 대형국책사업들의 추진이 급격히 둔화된 것만 보아도 알 수 있듯이, 투자 지출은 꾸준히 감소된 것으로 나타났다. 인건비 지출의 경우는 문화부의 인원 감축 노력에 힘입어 부분적으로는 상대적인 감소세를 보인 것으로 평가할 수 있다.

1-5. 지원 분야별 지출

두 번째 '분야'별 기준은 종종 압력 단체들이 서로 충분한 지원 혜택을 받지 못한다며 항의를 하기 위한 명분으로 내세우는 상대적 논리이기도 한 만큼 또 다른 논쟁의 소지가 있다. 따라서 이 분야별 기준은, 일례를 들어 말하자면, 현대 시각예술 옹호자들이나, 아니면 (사실 그들도 문화부 보조금의 약 40%에 이르는 대폭적 지원을 받는 주요 수혜자들인) 공연예술 옹호자들의 경우, '문화유산 보전과 박물관' 부문 단독으로 문화부 총 지출의 약 1/4까지 혜택을 누린다고 항의를 하는데, 이는 문화부의 회고주의적 성격을 직간접으로 부각시키고자 과시적으로 주장하는 이야기일 수가 있다. 사실 이와 같은 어떤 문제제기는 현실적으로 근거가 없는 것인데, 왜냐하면 그러한 주장은, 문화유적지에서 시각이나 조형 예술 같은 현대 예술 전시가 점점 더 빈번하게 활성화되고 있는 것만 보아도 알 수 있듯이, 문화유산과 창조 간 불가분의 관계를 무시한 이야기일 뿐만 아니라, 사실은 회계연도별로 예산의 1/3에서 절반 정도가 문화유산 분야도 창조 예술 분야도 아닌 다른 긴급 조치 사업에 전적으로 할당되었다는 사실을 간과한 이야기이기도 하기 때문이다. 그러나 이는 결국 압력 단체들 간 다툼에 자주 휘말리는 문화부의 현실을 말해주는 것이라고 할 수 있다. 하지만 어떻든 문화부의 예산 증가가 정체된 시기에 예산 감소로 인해 가장 큰 고통을 받은 분야는 현실적으로 문화유산 분야였다.

1-6. 새 예산 지출 항목 분류 체계: 미션과 프로그램 단위 편성

2006년 정부의 새로운 예산 편성 관련법인 '재정법 관련 조직법(LOLF)'이 4년 이상이라는 긴 논의의 시간을 거쳐 시행에 들어간다. 이 새로운 법에 준하여 예산 지출 항목 분류 및 산정 체계가 달라짐에 따라 그에 대한 접근 방식도 변화하게 되는데, 기존의 방식보다 훨씬 합리적인 것으로 평가된다.

2000년 전후의 프랑스는, 국가의 공공 지출 규모가 갈수록 증대되어 재정 적자가 누적되어 감에 따라, 어떻게 하면 예산 편성 과정에서 보다 효율적으로 의회의 통제 기능을 강화할 수 있을까를 고민해야 하는 상황에 처하여 그 해결 방안을 모색하기에 이른다. 그리하여 무엇보다 그간 국가의 재정 지출에 관한 정확한 평가 작업이 미비하여 예산이 비효율적으로 운영되어 왔다는 비판 여론 등을 고려하여, 예산을 분야domaine별이 아닌 미션Mission(부처 주력 사업)별로 배정하고 그에 따른 결과를 산정하는 방식으로 예산 편성 체계를 전환하게 된다. 그리고 성과의 효율적 관리와 재정 운영의 책임성을 강화하기 위해 기대 목표의 설정과 재정 운영 담당자의 책임 소재를 명확히 하였다. 즉 재정 운영자의 재량권을 확대하는 대신 책임성을 강화하여 재정 지출의 효율적 관리 체계를 확보하고자 한 것이다. 특히 법제의 측면에서, 정부는 재정 관련 법률의 권한 범위를 확대하고 의회에 대한 정보 제공을 강화하여 재정 운영의 투명성을 확보하고자 하였다. 그리하여 상기의 '재정법 관련 조직법'을 제정하여 예산에 대한 의회 의사 과정의 비중을 강화하였고, 또한 행정 업무를 '분야' 단위에서 실무적인 '미션' 단위로, 즉 '미션-프로그램programme-수행action 체계'로 편성하여 행정의 실효성을 높이는 한편, 예산도 미션별로 배분하여 주무부처 단독 혹은 부처 간 공동으로 운영하도록 함으로써 예산 체계 역시 보다 실질적이고 투명하게 편성하였다. 그리고 마지막으로 부처별 지출 한도를 사전에 제시하여 각 부처가 미리 예산 규모를 파악하고 각기 자율적으로 예산을 편성할 수 있도록 하였다.

따라서 문화부 역시 예산을 더 이상 분야 단위가 아닌, 미션 및 프로그램 단위에 따라 편성 집행하게 된다. 결과적으로 현재 문화정책 예산은 대분류의 세 미션, 특히 '문화 미션Mission Culture' 및 '미디어 · 도서 · 문화산업 미션Mission Médias, livres et industries culturelles'을 축으로, '연구 미션Mission Recherche'까지 포괄하여 세 미션으로 편성되며, 이 세 미션은 각기 다음과 같이 다시 하위의 중분류 및 소분류 프로그램들로 세분화되어 편성된다.

(단위: 백만 유로)

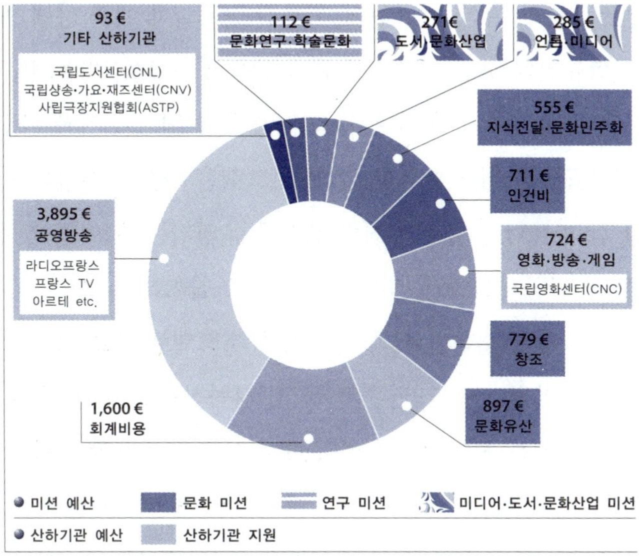

Ministère de la Culture 2018: 6

[그림 5] 2018년 프랑스 문화부 예산

그런데 이 새로운 편성 체계가 사실상 그 철학이나 범주 등에 있어 기존의 체계와 완전히 단절적인 것은 아니다. 그림 5에도 잘 나타나있듯, 예를 들어 '문화 미션'의 경우는 세 프로그램, 즉 '문화유산'과 '창조', '지식전달 · 문화민주화' 프로그램으로 구성되어 있는데, 이는 여전히 '문화유산'과 '창조', '문화민주화'라는, 1959년 말로의 법령에 규정된 3대 문화정책 기조를 그대로 따르고 있는 것으로, 결국 새로 재편된 체계 역시 기존 문화정책의 연장선상에 있다고 할 수 있는 바, 시대의 변화나 법제의 변화 속에서도 이어지는 프랑스 문화정책의 연속성을 눈여겨볼 필요가 있다.

먼저, '문화 미션' 하위의 '문화유산 프로그램'에 할당된 예산은 문화유산의 보전과 함께 공공 소장품의 확충을 위한 것으로, 주로 부동산 유산과 동산 유산(역사기념물, 박물관 등), 기록문서 유산 등과 관련하여 집행된다. 이 프로그램은 관계 지자체와 민간기관 간 파트너십 형태의 협력 체제로 운영되는데, 여기에 국가의 관계 공공시설법인 역시 기본적으로 참여하게 된다. 이 프로그램은 예산 개혁법 시행 초기에 상대적으로 가장 많은 지원 특혜를 받았으나, 2012년부터 특히 '지식전달 · 문화민주화 프로그램'과 예산 줄다리기를 하며 예산 삭감으로 제한 또한 가장 많이 받은 프로그램이기도 하다. 각 연도 예산안 기준으로, 이 프로그램의 예산은 2010년에는 10억 유로에 달했으나, 이후 대폭 삭감되면서 2014년에는 7억 4천 4백만 유로, 2015년에는 7억 5천 3백만 유로에 지나지 않았다. 하지만 2016년부터 다시 증가되기 시작하여 2018년 예산은 8억 9천 7백만 유로에 이르고 있으며, 이 가운데 유형 문화유산 부문(역사기념물, 박물관, 고고학)에 책정된 예산이 8억 1천 6백만 유로로 약 90% 정도를 차지하는데, 이는 예년과 거의 비슷한 비율이라고 할 수 있다.

다음 '문화 미션'의 '창조 프로그램'에 할당된 예산은 2014년에는 7억 4천 6백만 유로, 2015년에는 7억 3천 4백만 유로였으며, 이후 큰 변동 없이 2018년까지 7억 7천 9백만 유로 정도로 안정세를 유지하고 있다. 이 프로그램의 예산은 예술 창작의 진흥과 이 분야의 지속적인 고용 안정화를 도모하기 위해 예술 창작 관련 기관 및 시설에 재정적, 기술적 지원을 하는 데 그 목적이 있다. 이 프로그램의 지원 우선 부문은 단연 공연예술 부문으로, 2018년의 경우 이 부문에만 예산 총액의 약 90%에 이르는 7억 5백만 유로가 배정되었으며, 이는 조형예술 부문에 책정된 예산 7천 4백만 유로의 10배에 이르는 것이라고 할 수 있다. 이 프로그램이 상정한 목표의 기준은 매우 엄격하고 높은 것으로 잘 알려져 있는데, 이는 지원 수혜 기관들이 그에 상응하여 활동을 엄수하고 수준 높은 성과를 올리도록 유도하기 위한 것이다.

그리고 '문화 미션'의 '지식전달 · 문화민주화 프로그램'은 구체적으로 프랑스 전역의 모든 예술 학교 지원을 기본 사명으로 하는 것인데, 2012년부터 예산이 약 10억 유로로 가히 폭발적이라 할 만큼 증가하여 문화부의 정책 핵심 프로그램이자 '문화 미션'의 예산 1순위 프로그램이 되었다. 이러한 추세는 2014년까지 이어지다 2015년부터 예산이 4억 3천 7백만 유로로 순위의 하락과 함께 대폭 감소하여 이후 크게 상승하지 못하고, 2018년에는 5억 5천 5백만 유로가 책정되었다. 이 프로그램의 예산은 '문화 인식 및 접근성 제고'를 목표로, 누구나 평등한 문화적 혜택을 누릴 수 있게, 전국의 문화예술교육 발전을 고무, 지원하고자 책정된 것이다. 문화부장관은 의회의 투표로 가결된 이 프로그램의 목표 및 과제들을 통해 전 국민에게 평등한 여건과 처우를 보장하여 장기적으로 누구나 동동하게 접근 가능한 문화적 환경을 제공하겠다는 의지를 천명한 바 있었다. 특히 가장 열악한 지역 및 그 주민들에게 최우선으로 여러 지원 수단을 배정하는 방안을 밝히며, 구체적으로 취약 지역을 위주로 문화예술교육 예산을 우선 할당할 것임을 공언했었다. 그러나 실제는 달라, 2018년의 경우에도 약 2억 9천만 유로, 즉 이 프로그램의 총예산 5억 5천 5백만 유로의 1/2 이상이 고등교육 및 전문직업 교육 기관들에 배정된 것으로 나타나, 결과적으로 민주화보다 창조 기조를 위주로 하는 이 프로그램의 다소 편향된 지원 경향을 지적하지 않을 수 없다. 결국 청소년 문화예술교육의 경우는 원론적으로 지원 우선순위 부문임에도 불구하고 실제 배정된 예산은, 특히 2014년에는 상당 부분 증액되는 수혜를 입었음에도 1억 2천만 유로에 불과했으며, 현재 2018년의 경우에도 1억 7천 3백만 유로에 그치고 있다.

한편, '미디어 · 도서 · 문화산업 미션'은 예산이 현재 공영방송지원기금을 제외하고도 약 5억 5천 5백만 유로에 이르며, 주된 목적은 본래의 규정 그대로 창작 활동 지원이다. 2018년 예산안 기준으로, 이 프로그램의 예산은 우선 도서 · 문화산업 부문에 2억 7천 1백만 유로, 또한 쇠퇴 일로에 있는 취약한 구조의 신문 등 활자미디어presse 부문에 1억 1천 9백만 유로가 할당되었다. 그리고 국외 방송을 포함한 공영방송 부문 지원은 방송미디어의 프로그램 수준을 지켜가기 위한 것으로 1억 6천 6백만 유로의 예산이 배정되었다. 여기에 38억 9천 5백만 유로에 이르는 공영방송지원기금을 더하여 합산하면 이 미션의 가용 총예산은 44억 유로를 상회하여, 문화부의 예산 1순위 미션으로 부상하고 있다.

2. 유관 부처

정부의 문화 분야 공공 예산은 문화부를 비롯한 여러 유관 부처에 그들이 각기 나눠 맡은 역할 비중에 따라 할당되므로, 부처들 간 예산 비율은 다양한 편차를 보인다. 정부 예산안에 따르면(Ministère de l'Économie et des Finances 2018), 2018년 문화 분야에 책정된 중앙 예산은 약 79억 유로인데, 문화부에 36억 유로(세제기금 예산 제외)가, 그리고 나머지 43억 유로가 그 밖의 부처들에 나눠 배정되었다. 문화부 이외 나머지 부처들에 배정된 예산의 흐름을 살펴보면, 그 78% 정도가 전략적인 측면에서 중요한 역할을 수행하는 두 부처, 즉 교육부와 외무부에 배정되어, 각기 61%(25억 9천 6백만 유로)와 17%(7억 4천 9백만 유로)를 운용하게 되었다. 그 다음으로 고등교육연구혁신부Ministère de l'Enseignement Supérieur, de la Recherche et de l'Innovation가 사실상 나머지에 해당하는 약 13%(5억 6천 7백만 유로)를 확보한 것으로 나타났다. 이 세 주요 부처 이외 다른 부처들의 활동으로는, 대표적으로 국방부의 앵발리드 박물관Musée des Invalides 후원처럼 산하 박물관 지원 활동을 들 수 있으며, 일반적으로는 역사유적지 운용이나 유지비용 지원 등의 활동을 들 수 있다. 이러한 지출 예산은 무엇보다 '문화유산 프로그램'의 예산을 보강하는 데 실질적인 기여를 하는 것으로 나타났다.

따라서 이러한 유관 부처들의 역할이나 전반적인 기여도는 결코 무시할 수 없는 수준이라 할 수 있으며, 특히 그들 몫의 예산이 갖는 의미는 더욱 크다고 할 수 있는데, 2018년의 경우 (DEPS/Ministère de la Culture 2018), 이들의 문화 예산 42억 8천 3백만 유로는, 문화부의 가용 총예산 83억 2천 1백만 유로(세제기금 예산 47억 1천 1백만 유로 포함)의 절반을 상회하는 것이다. 결과적으로 문화부와 다른 유관 부처의 문화 예산 합산 총액은 126억 유로가 넘는 것인데, 이는 정부 총예산 3천 763억 유로의 3.3% 정도에 상응하는 것으로, 문화를 위한 국가 차원의 노력을 상징적으로 보여주는 것이라고 할 수 있다.

3. 지방자치단체의 문화 예산 및 지출

지자체의 문화 지출은 2010년에는 76억 유로로, 지자체 총 지출의 2.7%, 그리고 정부와 지자체 합산 전체 공공 문화 지출의 40%에 해당하는 것이었다. 이후 약 5년 이상이 흐른 시점인 2016년의 경우를 다시 보면, 지자체의 문화 지출은 85억 유로로, 지자체 총 지출 2천 140억 유로의 약 4%, 그리고 전체 공공 문화 지출의 40% 정도를 지속적으로 부담한 것으로 나타났다. 이는 (물론 2017년에는 일정 부분 하락했다는 잠정적인 보고가 있지만) 어떻든 지자체가 평균적으로 공공 문화 지출의 40% 전후를 부담하는, 따라서 이제 정부와 '나란히' 문화정책을 주도하는 양대 문화 행정 및 재정 주체라는 사실을 말해주는 것이다.

그런데 이러한 지자체의 문화 지출 흐름을 살펴보면, 지자체 단위별로 그 지출 비율은 상당한 편차를 보이는데, 2016년의 경우(DGCL/Ministère de l'Intérieur 2018)를 보면 다음과 같다.

- **코뮌과 코뮌협력체** 각각 50억과 16억 유로를 지출했는데, 이는 지자체 전체 문화 지출의 59%와 19%, 총 78%에 이르는 것이고, 또한 그들 총예산 1천 190억 유로의 약 5.5%에 상당하는 것이다.
- **데파르트망** 지자체 문화 지출의 15%에 해당하는 12억 유로를 지출했는데, 이는 그들 총예산 670억 유로의 약 1.8%라고 할 수 있다.
- **레지옹** 지자체 문화 지출의 8%, 즉 7억 유로를 지출했는데, 이는 그들 총예산 280억 유로의 2.5% 정도에 해당한다.

정부는 2006년 이후 2010년까지 거의 5년 동안, 지자체의 문화 지출이 매년 평균 2.3% 정도 증가한 것으로 발표했지만, 물가 상승률을 감안하면 실제 지출 규모는 기껏해야 0.8% 증가에 지나지 않는 것이었다. 여기에다 지자체간 격차도 심한 편이었다. 2010년 기준, 코뮌의 문화 지출 규모는 다소 답보 상태를 보인 반면, 문화 영역에서 활동하는 코뮌단체 혹은 코뮌협력체의 수는 증가하여 그들의 문화 지출은 매년 6%씩 증가했다. 데파르트망과 레지옹의 문화 지출은 각기, 물가 상승률을 약간 상회하는 수준으로, 매년 1.8%와 4.5%씩 증가한 것으로 나타났다. 다시 약 5년 전후의 시점인 2014~2016년 사이의 문화 지출 동향을 살펴보면, 인구 3천 5백 명 이상 코뮌의 문화 지출은 약 57

억에서 50억 유로로, 데파르트망은 14억에서 12억 유로로, 레지옹은 8억에서 7억 유로로 전반적인 감소세를 보였고, 그나마 (주민 3천 5백 명 이상 코뮌 최소 하나 포함) 코뮌협력체가 16억 유로를 지속적으로 유지한 것으로 집계되었다.

이러한 지자체의 문화 지출은, 당연히 지역의 문화 서비스를 위한 것으로, 먼저 그 대상의 측면에서 보면, 크게 두 부문, '창조'와 '문화유산' 부문에 집중되고 있는데, 다음과 같은 특징적 경향을 보인다.

[표 16] 2014년 지방자체단체의 문화 부문별 지출 비율 (%)

재무 유형	코뮌	코뮌협력체	데파르트망	레지옹	전체
문화유산 보존과 보급	**37**	**36**	**60**	**29**	**39**
도서관·미디어라이브러리	20	24	13	–	–
박물관	10	8	17	–	–
기록문서국	1	1	12	–	–
문화유산보존	6	3	18	–	–
예술표현과 문화활동	**56**	**59**	**40**	**71**	**56**
음악·무용	17	29	–	–	–
연극	6	8	–	–	–
영화·기타공연	7	5	–	–	–
조형예술·기타예술	3	4	–	–	–
문화활동	23	13	–	–	–
기타	**7**	**5**	**0**	**0**	**5**
총지출	**100**	**100**	**100**	**100**	**100**

DEPS/Ministère de la Culture 2018: 87

우선, 문화유산 부문은 '문화유산의 보존과 보급Conservation et diffusion des patrimoines'에 주력하는 도서관과 미디어라이브러리, 박물관, 기록문서국, 그리고 문화유산 보존 활동 전반을 포괄하는데, 이 부문의 지원을 위한 예산 지출은 증가세가 매우 둔화되고 있는 상황이다. 레지옹과 데파르트망이 이 부문에서 지출을 늘려 증가세를 견인하는 역할을 하고 있지만 역부족으로 나타난다. 문화부의 통계에 따르면(DEPS/Ministère de la Culture 2018: 87), 2014년의 경우, 이 부문에 지자체들은 그들 문화 분야 총지출의 39%에 해당하는 36억 유로를 지출한 것으로 나타났다. 그중 레지옹과 데파르트망이 각각 2억 2천만 유로와 8억 1천만 유로를 지출했는데, 이는 그들 문화 분야 총지출에 비춰보면 각각 (7억 7천만 유로 대비) 29%와, (13억 6천만 유로 대비) 60%에 해당하는 것이었다.

다음으로 창조 부문은 '예술표현과 문화활동Expression artistique et activités culturelles'에 속하는 음악과 무용, 연극, 영화와 기타 공연, 조형 및 제반 예술, 그리고 기타 문화 활동(예술 작품 창작 및 보급, 다양한 학제 교육, 문화 활성화 등) 전반으로서, 이 부문의 지원을 위한 예산 지출은 급격히 증가했는데, 특히 코뮌과 코뮌협력체의 경우가 더욱 그러한 경향을 보이고 있다. 2014년의 경우(DEPS/Ministère de la Culture 2018: 87), 이 부문에 대한 지자체의 지출은 그들의 문화 분야 총지출 93억 유로의 56%에 해당하는 52억으로 집계되었는데, 이중 코뮌과 코뮌협력체가 41억 유로로 사실상 대부분을 지출한 것으로 나타났으며, 이는 그들 문화 분야 총지출 72억 유로의 약 58%에 달하는 것이었다.

문화 분야 지출의 나머지 5%는 분류하기가 모호하다. 더욱이 문화 분야 지출에서 기본적으로 운영비가 차지하는 비율이, 2014년의 경우에도 75%였던 것과 마찬가지로, 대략 70~80% 이상에 이르는 것도 하나의 일관된 지출 구조상의 경향이라고 할 수 있다. 현재 데파르트망과 레지옹은 점점 더 문화유산 부문에 방점을 두고 예산을 집중 지원하는 방향으로 나아가는 추세이다.

한편, 이러한 문화 지출을 그 성격 측면에서 살펴보면, 무엇보다 운영비 및 인건비 쏠림 현상을 읽을 수 있다. 다시 말해 지자체들은 도서관이나 문화예술학교, 박물관 등 근린 문화 시설 및 서비스 운영에 직접적으로 관여하면서 그들의 문화 예산 중 거의 대부분을 사실상 운영비 명목으로 지출하고 있으며, 그 중에서도 인건비가 절반 이상에 이른다는 사실을 알 수 있다. 하지만 운영비 중 지원 보조금의 몫도 그 비율이 꾸준히 증가하고 있는데, 특히 연극과 조형예술 부문에서는 그 증가세가 상당한 것으로 나타난다. 2006~2010년 사이 메트로폴 코뮌들의 경우를 예로 보면, 매년 보조금을 5%씩 증액 지원한 것으로 나타났다. 특히 레지옹의 경우는 보조금 지출이 사실상 그들 문화 지출의 80% 이상에 달하였다. 레지옹의 출자 보조금은 관련 사법상의 기관들, 특히 연합 단체들의 원활한 운영 및 산하 코뮌들의 문화 투자 활동을 지원하기 위한 것이었다.

중앙정부가 제공 가능한 공공 서비스와는 다른 차원에서, 다시 말해 보다 체감적인 현실적 차원에서 지자체들은, 그 중에서도 코뮌은, 접근성과 민주화라는 전통적인 목표에서든, 아니면 최근 확산되고 있는, 지속 가능한 국토 개발이라는 목표에서든 꾸준히 도서관이나 문화예술학교, 박물관 등 지역의 근린 문화예술 활동을 지원해왔다. 그럼에도 지난 30여 년 전과 최근을 수치상으로만 비교해보면, 국가의 지출 비중은 오히려 강화된 것으로 나타난다. 지자체는 문화 분야의 공적 재정에 있어, 1984년의 경우 약 54%를, 2016년에는 40% 정도를 부담 지출하였다. 그러나 이러한 지자체의 지출 부담률의 감소에 대해서는 신중한 분석이 필요한데, 왜냐하면 문화부가 산정에 넣는 중앙 예산의 범주가 확대되면서, 예를 들어 공영방송세를 다시 예산에 편입 합산하면서, 결과적으로 문화부의 예산이 수치상 두 배까지 늘어났기 때문이다. 하지만 이러한 상황에서도 코뮌(주민 1만 명 이상)이 단독으로는 가장 높은 부담률을 자랑한다는 사실, 다시 말해 2016년의 경우에도 50억 유로 가까이를 지출하면서, 거의 매년 일률적으로 전체 공공 문화 지출의 1/4 정도를 부담하고 있다는 사실은 변함이 없는 것으로 나타난다. 여기에 마찬가지로 2016년 코뮌협력체가 출자한 19억 유로를 합산하게 되면 60억 가까이 되는데, 이는 문화부의 주력 미션인 '문화 미션' 총액의 대략 두 배 이상에 이르는 금액이라고 할 수 있다. 하지만 다른 단위 지자체들의 경우는 출자 비중이 그다지 높지도 않고, 더구나 노력 자체도 다소 저하되고 있는 상황으로, 2006년부터 2016년까지 그들의 문화 지출 동향을 살펴보면, 현상 유지 내지 다소 감소 추세에 있는 것으로 나타난다.

요컨대, 공적 문화 지출 총예산은 2016~2018년 가용 최신 데이터 기준으로, 표 17과 같이, 약 211억 유로 정도에 이르러, 비교적 고무적이라 할 수 있다. 이러한 중앙 문화부의 지출 예산은 단순한 액수의 차원을 넘어 결과적으로 공적이든 사적이든 다른 각 단위, 각 방면의 재정 출자를 유도하는, 사실상의 지렛대 역할을 수행한다는 측면에서, 문화부 예산의 순기능 내지 파급력을 논하는 이야기도 분명 일리가 있는 주장이라고 할 수 있다.

4. 공공 개입의 포괄적 해석

국가의 문화 분야 개입은 비단 예산 지출 활동에만 국한되지 않는다. 실제로 국가가 공공 문화 지원을 비롯하여 문화 분야에서 어떤 공헌들을 하고 있는지 빠짐없이 알고 싶다면, 문화 활동을 지원하기 위한, 예를 들어 부가가치세 감면 같은 세금 감면이나, 아니면 문화 지원 기구 내지 기금(재단)이 재정 충당을 위해 정부로부터 배속 받아 관할 운용하는 각종 특별배속세la taxe affectée 등과 같은, 여러 세제에 기인하는 국가 차원의 세수 결손액도 모두 감안해야만 할 것이다.

[표 17] 2018년 중앙정부 및 지방자치단체 재무 유형별 문화 예산

(단위: 백만 유로, %)

재무 유형	공공재정	세목예산/%	총예산/%
미션 예산	3,610	28,6	17,1
문화 미션	2,942	23.3	14.0
문화유산 프로그램	897		
창조 프로그램	779		
지식전달 · 문화민주화 프로그램	555		
인건비	711		
연구 미션	112	0.9	0.5
문화연구 · 학술문화 프로그램	112		
미디어 · 도서 · 문화산업 미션	555	4.4	2.6
언론 · 미디어 프로그램	285		
도서 · 문화산업 프로그램	271		
세제기금 예산	4,711	37.4	22.2
공영방송 France TV 등 [공영방송세]	3,895	31.0	18.4
영화 · 방송 · 게임 CNC 등 [특별배속세]	724	5.7	3.4
기타 산하기관 CNL 등 [특별배속세]	93	0.7	0.4
문화부 예산 총합	8,321	66.0	39.3
기타 부처 예산 총합	4,283	34.0	20.3
중앙정부 총예산	12,604	100.0	59.6
코뮌	4,996	59.6	23.6
코뮌협력공공시설법인(EPCI)	1,580	13.2	7.5
데파르트망	1,242	18.4	5.9
레지옹	717	8.8	3.4

지차체 총예산 (2016년)	8,535	100.0	40.4
공공 총예산	21,139		100.0
세제지출 예산	1,585		
전체 총예산	22,724		

Ministère de la Culture 2018 ; DEPS/Ministère de la Culture 2017 ; DGCL/ Ministère de l'Intérieur 2018

문화부의 공적 개입은, 물론 다른 부처들도 마찬가지로 수행하는 활동인 만큼, 문화부만의 고유한 활동에 속한다고 할 수는 없지만, 그럼에도 상대적으로 공적 재정이나 세제 지원 없이는 특히 존립이 어려운 문화예술 분야의 발전에 있어서는 거의 절대적인 기여를 하고 있다고 할 수 있다. 문화 분야를 위한 세출 la dépense fiscale(세제지출) 지원 예산은 2012년 14억 유로 정도였던 것이, 2018년의 경우 약 16억 유로에 달하고 있다. 세출 지원은 주로 문화산업 분야를 중심으로 이루어진다. 세출 지원의 비중은 일반적으로 시청각 부문이 월등 높으며, 다음은 출판 부문, 그리고 상대적으로 문화유산(기념유적, 박물관 등) 및 공연 부문은 낮게 나타난다.

특별배속세 관련 세출 예산은 2012년 추산 약 8억 유로였는데, 2018년의 경우도 8억 유로를 비슷하게 유지하고 있으며, 이 중 약 89%에 해당하는 7억 유로 정도를 국립영화센터(CNC)가 운용하게 되는데, 영화 및 시청각, 게임 부문의 지원을 위해 사용된다.

따라서 문화에 대한 국가의 공적 개입의 반경을 간접적인 세제 범위까지, 다시 말해 전 중앙 부처 예산과 세출 예산 범위까지 포괄적 차원에서 바라본다면, 2018년의 경우, 문화 분야는 직간접적으로 140억 유로를 상회하는 중앙정부의 공적 재정 지원을 받는 것으로 생각할 수 있다. 여기서 문화부 소관 예산은 미션 예산과 공영방송세를 합산한 75억 유로로, 이는 곧 중앙 문화 예산 총액의 절반을 넘는 약 53%를 문화부 단독으로 운용하는 것이 된다.

5. 기타 유관 행정 기관의 문화 예산 및 지출

5-1. 비정부기구의 역할

1901년 단체결성법Loi du 1er juillet 1901 relative au contrat d'association 100주년을 맞아 이 법에 힘입어 결성된 문화 단체들의 권한이 다시 한 번 분명하게 천명되었다. 그로부터 다시 10년이 지난 시점인 2011년, 당시 프랑스에는 26만 7천여 문화 단체들이 네트워크를 이루고 있었는데, 그 수효는 프랑스 단체 순위 5위에 해당하였다.

문화부와 지자체는 이러한 문화 단체들 중 상당수를 지원하는데, 실질적으로 다른 어떤 기구들보다 문화 단체들에 가장 큰 비중을 두고 보조금을 지원하고 있다. 전문적이며, 법률상 독립적인 이 문화 단체들은 현장 차원에서 문화적 일상을 선도하는 핵심 주체로서 그 역할을 다한다. 그들은 단체association(협회, 연합)의 자격을 부여받음으로써 결과적으로 모든 법적 자율성을 유지하면서 지자체로부터 기금 지원을 받을 수 있게 된다.

현재 정립된 문화부의 문화 단체 지원 체계는 지난 노력들의 결과에 따른 것이다. 문화부는 그들이 지원하는 단체들 간의 관계와 지원 할당 기준을 명확히 하고자 필요한 제도 및 실무 체계를 단계적으로 갖춰 나갔다. 우선은 무엇보다 단체들이 지원을 받는 명분인 공무 및 공익 수행 활동과 관련하여 그 책임 소재 및 범위를 보다 명확히 규정하고자 하였다. 이러한 노력의 결과 중 하나가 바로 (1998년 공연예술을 위한, 이어 2000년 현대 예술을 위한) '공무귀속헌장Charte des attributions de service public'의 채택이다. 특히 '연간 지침Directive annuelle'은 원칙적으로 레지옹문화사무국이 레지옹 차원에서 시행하는 보조금의 배분과 관련한 행정에서 우선 기준이 된다.

5-2. 메세나

프랑스 기업들은 문화 분야의 재정 조달 측면에서 그다지 중요한 역할을 한 적이 없었다. 그러나 2003년, 다른 여러 유럽 국가의 법들에 비견될 만한, 나아가 보다 실속 있는 세금 감면이나 면제 등의 세제부양책을 담은 법이 시행됨으로써 상황이 달라진다. 그럼에도, 이러한 세제 정책을 토대로 조성되는 재원이라는 것은 여전히 취약한 것일 수밖에 없는데, 왜냐하면 그러한 재원은 기업의 경제적인 성과에 좌우되는 측면이 강하기 때문이다. 사실 경기가 불안정한 시기에도 과연 기업후원le parrainage des entreprises, 즉 메세나mécénat의 출자 수준이 그대로 잘 유지될 수 있을지의 여부는 결코 확신할 수 없는 것이다. 상공업메세나진흥협회Association pour le Développement du Mécénat Industriel et Commercial(ADMICAL)와 고등시청각위원회(CSA)가 격년으로 실시하는 공동조사(ADMICAL/CSA 2014, 2016)의 결과는 그러한 우려를 공식화하는 듯하다. 조사 결과에 따르면, 20명 이상의 직원을 가진 기업의 경우, 2012~2014년 사이 메세나 비율이 10%나 낮아져, 결과적으로 전체 메세나 예산이 2012년도 19억 유로에서 2014년도에는 18억 유로로 감소한 것으로 나타났다. 그 중에서 문화 메세나 예산은, 2014년의 경우, 전체 메세나 예산의 13%인 3억 6천 4백만 유로로 집계되었는데, 이는 2012년 4억 9천 4백만 유로에 비하면 현저하게 하락한 것이라고 할 수 있다. 하지만 2015년 다시 5억 2천 5백만 유로로 소폭 상승한 것으로 나타났다.

문화 분야에서 기업의 출자 참여나 분담의 방식은 한정되어 있다. 기업은 '메세나'나 '광고publicité'의 방식으로 출자를 하며, 이렇게 출자한 총액은, 2015년의 경우, 문화 분야 총예산의 8% 정도로 집계되었는데, 사실상 저조한 것이라고 할 수 있다.

따라서 문화 메세나 차원에서 보면, 프랑스의 상황은 다른 나라들의 상황과는 상당히 다르다고 할 수 있는데, 이는 다음 두 가지 이유에 기인하는 것이다. 우선은, 역사적으로 프랑스 정부가 문화 분야의 행정 및 재정에 있어 주도적인 역할을 자처하며 직간접으로 기업의 역할을 배제시켜왔기 때문이고, 다음은, 문화는 공공재 내지 공공서비스로서 최대한 공공기금으로 지원되어야 한다는 원칙을 고수해왔기 때문이다. 물론 오늘날에는 메세나를 장려하기 위한 세제부양책이 미비하다 할 수도 없고, 그러한 식의 주장이 더 이상 통용되지도 않지만, 그럼에도 불구하고 시장 논리상 문화 영역, 특히 엄밀한 의미에서의 문화 영역은 상대적으로 여전히 취약한 상황에서 사회의 다른 영역들과 불가피한 경쟁을 할 수밖에 없는 것이 현실이라, 시대적으로 자연스럽게 경쟁보다는 상부상조의 성격을 띤 문화 메세나 활동이 장려되고 있다. 예를 들어, '경제 영역'의 기업은 문화를 통한 사회 통합 프로젝트를 수행하는 '문화 영역'의 교육 기관을 후원함으로써 경쟁보다는 화합의 관계를 이루고, 나아가 기업 홍보라는 부가적인 혹은 본질적인 효과도 얻을 수 있어, 문화와 기업 간 상부상조의 구조가 자리를 잡아가고 있다. 특히 공공기금의 한계 상황이 심화되면서, 중앙정부를 비롯한 많은 문화 관계 기관들이 기업을 단순한 파트너가 아닌 문화 재정의 대안적 출처로 인식하기 시작했다. 그러나 이러한 인식은 여전히 문화 부문별로 다양하게 나타나며, 또한 후원 대상 기관의 사회적 위상이나 규모에 따라서도 다르게 나타난다. 기업들은, 실제 후원이 절실한 문화기관보다, 베르사유 궁이나 루브르 박물관 같은 국제적 위상의 영향력 있는 문화기관들을 과시적으로 후원하려고 하는 경향이 강하여, 한편은 여전히 빈곤하고, 다른 한편은 심지어 감당하기 거추장스러울 정도의 후원을 받게 되는, 빈익

빈부익부의 편중 현상이 빈번히 일어난다.

5-3. 크라우드펀딩

2010년 이후, 새로운 기대주가 문화 분야의 재정 파트너로서 자리 잡으며 그 힘을 발휘하게 된다. 그 새로운 재정 파트너는 바로 '시민들'이다. 이들은 참여기금le financement participatif, 흔히 말하는 크라우드펀딩crowdfunding의 주체들이다. 크라우드펀딩은 개인이 박물관 컬렉션을 위한 예술 작품의 구매나 역사적인 건축물의 복원, 음반 발매 등을 위해 출자하면서 문화 활동에 참여하고 기여할 수 있는 비교적 최근에 생겨난 새로운 재정 출자 방식이다. 예를 들어, 2010년 루브르 박물관이 소장하게 된 크라나흐Lucas Cranach의 그림 〈삼미신Les Trois Grâces〉 구매를 위한 크라우드펀딩 캠페인을 비롯한 몇몇 캠페인은 엄청난 반향을 불러일으킬 정도로 큰 성공을 거둔 것으로 잘 알려져 있다. 그리고, 프랑스참여기금Financement Participatif France(FPF)의 보고서를 보면, 상대적으로 널리 알려지지는 않았지만, 다른 한 코뮌의 캠페인도 의미 있는 경우로서, 코뮌의 상징적 건축물을 복원하는 작업에 주민들이 각기 출자하여 자기 지역에 대한 애착심을 보여주었으며, 또 다른 경우는, 젊은 예술가가 첫 음반을 발매할 수 있도록 그의 음악 창작을 지원하는 등, 여러 의미 있는 자발적 사례가 많았다(FPF 2018). 그러나 한편으로 이러한 크라우드펀딩 참여 방식은 자원봉사의 경우에서 노출되는 일정한 문제들, 즉 낮은 신뢰도와 높은 불안정성(가변성) 등의 한계 역시 지니고 있다.

6. 종합 요인: 공공 요인부터 민간 요인까지

지금까지의 논의를 종합하는 의미에서, 이제 여기서 무엇이 공적 지출에 속하고, 무엇이 사적 지출, 특히 가계 소비 지출에 속하는지를 구별하면서, 공공 요인부터 민간 요인까지 문화 재정에 관계되는 제반 요인들을 종합적으로 정리해보기로 한다.

우리가 얻을 수 있는 산정 수치는 어느 선의 지출까지를 분석 범위에 포함시키느냐에 따라 그 결과가 달라진다. 특히 문제가 되는 경우는, TV나 DVD 플레이어 등과 같은, 순수한 문화적 목적 이외 다른 목적으로도 유용될 수 있는 기자재 구매와 관련된 지출이라고 할 수 있다. 이러한 지출은 일단 가계 차원에서 이루어지는 것인데, 가정과 지자체 그리고 중앙정부 간의 문화 지출 비율을 산정할 시에, 그와 같은 기자재 구매 등의 지출을 산정 범위에 포함시키느냐 아니냐, 혹은 어느 소관 범위에 포함시키느냐에 따라 결과 수치는 현저히 달라진다. 이와 마찬가지로, 기업의 광고 지출도 정기간행물이나 포스터 등을 포함하는데, 이 경우도 사실은 공적 관점에서 보면 문화 영역으로 간주할 수 있는 범위를 벗어나는 것이다.

가계의 문화 지출은 직접적으로는 문화 상품 및 서비스 구매, 그리고 간접적으로는 기자재를 비롯한 관련 부속품 및 서비스,

통신 구매로 나뉠 수 있는데, 이러한 지출은, 국립통계·경제연구소Institut national de la statistique et des études économiques(INSEE)에 따르면, 2017년의 경우 965억 유로에 달했으며, 이는 가구 실 소비 지출 총액 1조 5천 928억 유로의 약 6.1%에 상응하는 것이었다(INSEE[1] 2018).

그리고 주로 문화산업 매체에 실리는 기업 광고 수익에 따른 문화 예산의 경우는, 영화와 TV, 라디오, 출판물, 포스터, 인터넷 등의 매체별로 나눠 살펴볼 수가 있는데, 포괄적으로는 둘로 나눠 생각해보아도 좋다. 하나는 문화 영역에 전폭적으로 기여할 수 있는 영화산업 매체의 광고 수익이고, 다른 하나는 상대적으로 문화 기여도가 낮은 기타 여러 산업 매체의 광고 수익이다. 후자의 경우는 관련 광고의 성격이 문화뿐만 아니라 다른 여러 영역에 걸쳐 있을 수 있으며, 더욱이 광고교육연구소Institut de Recherches et d'Études Publicitaires(IREP)의 통계 결과를 보면, 전체 문화 매체의 광고 수익은 2015년 기준 97억 유로로 집계되었는데(IREP/FrancePub 2017), 이는 가계 문화 지출에 비하면 현저히 낮은 것이라고 할 수 있다.

최근 2017년의 가계 문화 지출은 거의 965억 유로에 달했는데, 이는 가계 여가 총지출의 약 48%이자 전체 문화 재정의 75.4%를 분담한 것으로(INSEE[2] 2018), 사실상 문화 분야의 재정 분담 차원에 있어 가계 문화 지출이 지대한 비중을 차지하고 있음을 알 수 있다. 반면 기업의 문화 출자는, 2015년의 경우를 기준으로 보면, 문화 매체들의 광고 수익 총액에 해당하는 약 97

억 유로와 메세나 지출 약 5억 유로(ADMICAL/CSA 2016)를 합산한 총 100억 유로, 말하자면 전체 문화 재정의 8% 전후를 분담한 것으로 나타난 바, 문화 분야의 재정에 있어 기업의 기여도는 상대적으로 확실히 낮다고 할 수 있다.

[표 18] 2018년 프랑스 문화 예산

(단위: 백만 유로)

행정 주체	문화 예산	%
문화부	3,610	2.8
공영방송세 등	4,711	3.7
문화부 예산 총합	**8,321**	**6.5**
기타 부처 예산 총합	**4,283**	**3.3**
중앙정부 총예산	12,604	9.8
코뮌	4,996	3.9
코뮌협력공공시설법인(EPCI)	1,580	1.3
데파르트망	1,242	1.0
레지옹	717	0.5
지자체 총예산 (2016)	8,535	6.7
공공 총예산	21,139	16.5
가계 (2017)	96,503	75.4
기업 (2015)	10,236	8.0
광고	9,711	7.6
메세나	525	0.4
크라우드펀딩 (2017)	45	0.1

(비영리) 민간 총예산 (2015~2017)	106,784	83.5
전체 총예산	**127,923**	**100.0**

Ministère de la Culture 2018 ; DEPS/Ministère de la Culture 2018 ; DEPS/Ministère de la Culture 2017 ; DGCL/Ministère de l'Intérieur 2018 ; ADMICAL/CSA 2016 ; FPF 2018 ; INSEE[1] 2018 ; INSEE[2] 2018 ; IREP/FrancePub 2017

2018년 현재 공적 재정과 사적 재정의 비율은 거의 1:5로 상당한 편차를 보이고 있으며, 가계 차원의 소비 지출만도 전체 문화 지출의 2/3를 훨씬 넘어서는 등, 문화 재정에 있어 민간 재원이 결정적인 기여를 하고 있는 것으로 분석된다. 사실 기업의 광고 지출 예산만도 지자체의 예산 총합을 상회하고 있음을 알 수 있다. 이는, 특히 미국을 비롯한 다른 여러 나라들이 가진 통념, 다시 말해 프랑스 문화가 국가의 수혈을 받고 있다는 통념과는 분명히 거리가 있는 사실이다.

요컨대, 문화 예산의 분담 비율은 30여년 사이 다소의 변화가 있었다. 1984년을 기준으로 볼 때, 총 문화 예산에서 공공 재정은 20.4%, 가계 소비 지출은 68.1%, 기업(광고와 메세나) 출자는 11.5%의 비중을 각각 차지하고 있었다. 이와 비교하여 2018년 현 시점에서 가장 눈에 띄는 변화는 정부가 차지하는 비중이 낮아졌다는 것인데, 이는 무엇보다 가계 소비 지출이 증가하여 그 분담 비율이 75.4%까지 높아진 까닭이다. 이는 상당히 고무적인 현상으로, 결국 정부의 재정 부담이 완화된 것이기 때문이다. 정부의 예산 산정 범위가 달라져 시청각 분야의 공영방송세와 같은 세제 수익이 문화부의 예산에 편입 합산되었음에도, 오히려 공공 재정의 분담 비율은 16.5%로 줄어든 것이다. 하지만, 가계 차원의 분담 비율은 사실 더 높게 집계되어야 옳은 것인데, 왜냐하면 본래 공영방송세와 같은 정부의 세제 수익은 엄밀히 보아 가계가 부담하는 지출이기 때문이다.

나가며 함께 생각해보기

프랑스 한류의 의미와 글로벌 비전

1. 한류, 프랑스에까지
2. 프랑스의 이국취미와 한류
3. 한류, 글로벌 시뮬라크르

이 글은 다음 논문을 수정하여 실은 것입니다.

류은영, 「프랑스 한류의 의미와 글로벌 비전」, 『프랑스학연구』, 73집, pp. 293-318, 2015.

나가며 함께 생각해보기

프랑스 한류의 의미와 글로벌 비전

1. 한류, 프랑스에까지

프랑스의 시각에서 한국은 전통적으로 그다지 비중 있는 교류 대상국이 아니었으며, 양국 간 굳이 주도권이라고 한다면 프랑스에 있었다. 그러했던 결과로 프랑스의 눈에 비친 한국의 이미지는 그저 『조용한 아침의 나라, (어제와 오늘의) 한국*Le Matin calme, Corée d'hier et d'aujourd'hui*』(Max Olivier-Lacamp 1976), 아니면 『가난하고 온순한 한국*Pauvre et douce Corée*』(Ducrocq 1993) 정도였다. 말하자면 한국의 이미지는 어떤 인상적인, 최소한 문화국의 이미지는 아니었다. 그랬던 한국이 프랑스에 인상 깊은 문화적 이미지로 어필을 하고 있다. 한류라 일컬어지는 글로벌 문화 파워로 문화 선진국 프랑스의 관심, 나아가 동경이라 할 만한 반응을 불러일으키고 있다.

이미 주지의 사실로, 프랑스는 세계의 문화를 널리 수용하지만 어느 특정 문화에도 드러내 열광을 표하지 않는 나라, 문화의 다양성을 인정하면서도 여전히 자국어를 고수하는 문화보수적인 나라, 말하자면 이문화를 받아들이면서도 자존적인 고유의 수용 논리를 이야기하는 나라이다. 때문에 프랑스가 물리적으로나 정신적으로나 어쩌면 가장 이질적인 나라의 문화신드롬이라 할 한류에 환호를 하고 아직 세대 한정적이지만 그들 생활문화의 일부로 수용하고 있다는 사실은 확실히 이례적인 일이 아닐 수 없다. 그래서 프랑스 한류는 한류가 프랑스에까지 이르렀다는 현실적인 의미 이상의 의미, 한류의 글로벌 비전을 가늠케 하는 상징적 의미를 지닌 현상이라고 할 수 있다.

2011년 K-팝K-pop 파리 공연을 계기로 본격 가시화된 프랑스 한류는 2018년 현재까지 진행형으로 점차 저변화 단계에 있다. 일시적 시류에 따른 해프닝이 아니었다는 의미다. 그렇다면 프랑스 한류는 단순한 트렌드가 아니라 글로벌 문화 자체로 승화 가능한 구조적 현상, 다시 말해 한 순간의 신기루가 아니라 미래가 있는 현실이 아닐까? 이제 프랑스 한류는 장기적인 메가트렌드가 됨으로써 우리로 하여금 그 의미와 글로벌 비전에 대해 다시 한 번 자문하도록 한다. 이제 현상에 대한 단순한 인식에서 나아가 보다 구체적이고 심화된 성찰이 요구되는 시점이라고 할 수 있다.

이를 위해 우리는 기본적으로, 프랑스의 오랜 정서인 이국취미exotisme를 16세기부터 세기별로 조명하면서, 프랑스인이 지녀온 이국문화에 대한 관념의 흐름을 먼저 통시적으로 이해할 필요가 있다. 그리고 그러한 통시적 이해의 연장선상에서, 2000년대 초반 영화를 시작으로 드라마와 K-팝 나아가 K-컬처K-culture로 이어지고 있는 프랑스 한류의 여정 및 현황을 살펴보면서, 프랑스 이국취미의 전례에 비춰 프랑스 한류의 역학과 의미를 논의해보도록 할 것이다.

2. 프랑스의 이국취미와 한류

2-1. 프랑스의 이국취미

16세기 라블레의 『제4서*Quart Livre*』(1552)에 처음으로 'exotique' 라는 용어가 나온다(Lestringant 1997: 5). 프랑스의 역사에서 문화보수적인 정서 한편으로 이국의 문화를 즐기는 정서, 즉 이국취미는 오랜 전통으로, 장 마크 무라Jean Marc Moura에 따르면 이국취미는 무엇보다 "이국에 대한 어떤 정신적인 태도, 그 어떤 특별한 감수성(Moura 1992: 3)"에서 비롯하는 정서다. 다시 말해 이국취미는 기본적으로 정신적 차원의 향유, 곧 정신적 수용을 의미한다.

하지만 이국취미라는 것이 정신적 수용인 만큼 단순하지가 않아, 프랑스인에게 있어 이국취미는 미묘한 양가성을 띤 정서로 나타난다. 문화보수적이고 자존적인 프랑스인은 이국의 문화를 즐기면서도 다른 한편으로는 터부시하는 양가적 태도를 견지한다. 케네스 화이트Kenneth White는 프랑스인의 이국취미 이면에 자리하는 터부의 정서를 이렇게 설명한다. 즉, "프랑스인은 이국취미를 달가워하지 않는다. […] 델테이나 세갈렌 같은 이국취미의 작가들과 거리를 둔다. 그러한 이국취미의 천재들이 보여주는 기발함보다는 한정된 배경 내에서 우아하거나 복잡한 유희를 즐기는 것을 더 좋아한다(White 1978: 120).” 이렇듯 프랑스인의 관념 속 이국의 문화는 분명 어떤 저항의 정서를 자극하는 터부다. 하지만 바타이유Georges Bataille의 말처럼 위반을 부르는 것은 바로 그 터부다(Bataille 1957: 72). 인간은 본래 금기된 것, 욕망하지 말아야 할 것을 오히려 욕망하는 존재다. 그래서 내가 가지지 못한 무엇, 혹은 가질 수 없는 무엇인 이국의 문화는 터부인 동시에 욕망이 되는 것이다. 실제로 프랑스인은 이국취미를 터부시하면서도 수 세기에 걸쳐 즐겨왔다. 프랑스의 방대한 이국취미 소설들은 그러한 역사를 그대로 보고하고 있다. 몽테뉴나 라블레로부터 라신느, 페늘롱, 루소, 디드로, 샤토브리앙, 위고, 네르발, 플로베르, 보들레르, 클로델, 지드, 카뮈, 뷔토르, 르클레지오 등 세기의 작가들이 남긴 텍스트들만도 무수하다.

당대 프랑스의 이국취미를 서사적으로 보고하는 세기별 소설들을 살펴보면 프랑스인의 이국 문화에 대한 양가적 시각을 통시적으로 잘 이해할 수 있다. 프랑스가 이국의 문화를 활발히 접하기 시작한 16세기 르네상스 시기의 소설을 비롯하여, 특히 현대의 소설은 배경이 우리 시대라 한층 더 그러한 양가적 시각에 대한 현실적이고 다각적인 이해가 가능하다. 이미 화이트가 “프랑스인은 이국취미를 좋아하지 않는다. […] 3세기 동안 그랬지만, 이제 확장의 시간이 온 듯하다(White 1978: 120)”라고 밝힌 바 있듯, 프랑스의 이국취미는 현대에 이르러 그 성격이 근본적으로 변화한 만큼 현 시대의 소설은 우리의 논제인 프랑스 한류의 의미와 비전을 밝히는 데 특히 유의미한 텍스트가 될 것이다.

프랑스의 이국취미가 본격 가시화되는 것은 16세기에 이르러서다. 사라센Sarrasin에 대한 이국취미가 풍미했던 중세를 지나 16세기 르네상스 시기에 접어들면서 프랑스는 당대의 정복자인 콘키스타도르conquistadors(정복자를 뜻하며, 16세기 초 멕시코, 페루 등 아메리카를 광범위하게 정복한 에스파냐인을 일컬음)에 심취한다. 지난 세기의 불황으로 상실한 유럽의 자존감을 아메리카 정복이라는 위업으로 드높인 콘키스타도르는 비단 프랑스뿐만 아니라 당시 해상국의 전통을 자랑하던 제노바Genova나 베네치아Venezia의 선망을 사기도 했다. 이 때 그들의 선망은 문화적인 선망이라기보다 정복을 가능케 하는 무력과 정복이 가져다주는 부에 대한 지극히 현실적인 선망으로, 동시에 콘키스타도르와의 동일시와 적대시라는 양가적 양상으로 드러난다. 즉 스스로도 정복자가 되고 싶은 욕망과 독점적 정복자에 대한 시기와 투쟁의 의지가 동시에 발현돼 나타난 것이다. 프랑스는 제2의 콘키스타도르가 되어 역시 아메리카를 정복하고자 했다. 그들의 식민지가 된 영토의 거주민과 원시적 풍경은 이국적 감수성을 불러일으키기에 충분했으며, 그 이미지는 로제 마테Roger Mathé의 표현처럼 "선량한 미개인(Mathé 1973: 68–74)"으로 환원되는 것이었다. 이는 20세기 초 아프리카에 몰두했던 프랑스 지식인들의 이국취미로까지 연계되는 이국취미의 원형적 정서, 곧 '미완의 인간조건(*Documents* 1991)'으로, 잃어버린 원시 내지 순수에의 향수와 같은 정서였다. 때문에 콘키스타도르에 대한 선망으로 시작돼 정복자가 된 프랑스의 당대 이국취미는 원시적 순수에 대한 갈망과, 한편으로 미개함이라는 경시의 시각이 뒤섞인 양가적 정서의 발현으로 나타난다.

르네상스 대발견의 시대, 그 연장선상에서 17세기에 이른 프랑스는 이제 동양으로 눈길을 돌린다. 당시 프랑스는 동양인이라고 하면 "아랍인과 페르시아인뿐만 아니라 터키인과 타타르인은 물론 중국인까지, 회교도나 이교도 게다가 우상숭배자들인 거의 모든 아시아인으로 이해를 했다(Galland 1694: Avertissement)." 그러나 프랑스가 이미 8세기 무렵부터 활발히 교류하면서 그 언어까지 차용하기도 했던 아랍은 그리스 유산을 전승한 찬란한 문화와 활발한 상업교역으로 번영을 누리며 한 때 이베리아 반도를 점령하고 유럽과 십자군전쟁을 감행하기까지 한 과거 강대했던 제국이었고, 페르시아 역시 이미 기원전 5세기에 그리스를 침략할 정도로 강성했던 제국이었다. 터키는 왜 또 아니겠는가. 터키 역시 오스만제국을 이은 나라다. 그럼에도 프랑스인에게 아시아는 그 전체로 우상숭배, 결국 미개함의 이미지로 환원되는 이국, 이대륙이었다. 과거 그 위상이나 문화가 아메리카 식민지 대륙의 그것과는 완연히 다른 아시아였지만 결국 이국은 프랑스인에게는 미개한 관념의 영토였다. 물론 17세기 이국취미를 보고하는 문학 중에는 라퐁텐Jean de La Fontaine의 『우화집 XI-4*Fables XI-4*』(1679)처럼 드물게 동양을 신비한 지혜의 대지로 신화화한 경우도 있지만, 태양왕 루이 14세 치하 황금의 세기를 구가하던 당시 프랑스의 대다수 문학을 보면 프랑스인의 관념에 내재하는 동양에 대한 경시, 심지어 몰리에르 Molière의 『부르주아 귀족*Le Bourgeois gentilhomme*』(1670)을 보면 비속할 정도로 희화화된 오리엔탈리즘을 읽을 수 있다.

황금의 세기를 지난 18세기에도 프랑스인의 이국취미는 여전히 "선량한 미개인"을 바라보는 정서로 나타나는 바, 마테는 이렇게 집약하였다. "이국취미의 소설이 꽃피는 데 걸림돌은 여전히 많았다. 작가들은 '미개인'을 경시하는 문명인임을 표방하는 엘리트들을 겨냥하고 글을 썼다. 당대 프랑스의 지적, 정치적 우위는 국가적 자부심을 부추기며 대다수 프랑스인으로 하여금 유럽 외 이국적인 모든 것은 관심을 둘 가치가 없는 것이라 믿도록 만들고 있었다(Mathé 1973: 93)." 이와 같이 18세기 계몽의 시대 프랑스인의 이국에 대한 경시는 무엇보다 엘리트주의적 세계관에 따른 것이었다. 하지만 비단 엘리트주의뿐만은 아니다. 마테의 지적처럼 지리상 멀어 여의치 않았던 소통의 문제, 그리고 상상을 즐기며 실제에는 무관심했던 그들의 지적 태도 역시 큰 몫을 했다. 즉 "소통의 곤란함이 여러 이민족들, 그중에서도 특히 이국 지역이라 할 수 있는 아메리카와 동양의 먼 원주민들과 교류를 하는 데 방해가 되었다. 작가들의 고증은 불확실했다. 그들은 신대륙의 발견이나 탐험, 식민지화에 여전히 무관심했다(Mathé 1973: 93)." 사실 18세기 대다수의 이국취미 작가들이 그와 같은 경향을 띠었다. 그럼에도 시대적으로 계몽과 대혁명에 이르는 격동을 거친 만큼 18세기 이국취미는 상대적으로 이전 세기들에 비해 다양한 정서로 발현돼 나타난다. 볼테르Voltaire가 그린 상상의 낙원 엘도라도(Voltaire 1759)부터 생피에르Bernardin de Saint-Pierre의 원시적인 열대 아프리카(Saint-Pierre 1789), 또한 조롱(Montesquieu 1721)과 동시에 지적 호기심(Voltaire 1759)의 대상인 동양, 그리고 비교적 현실적 시각들(Voltaire 1759 ; Rousseau 1782)로 그려진 가까운 여러 유럽 나라에 이르는 각양각색의 이국적인 초상들을 보면 전통적으로 익숙한 상상과 풍자는 물론이고 드물지만 윤리적인 문제나 정치, 종교 등에 대한 어떤 새로운 지적이고 객관적인 시각까지, 다양한 인식의 변화가 이뤄지기 시작했음을 알 수 있다.

19세기는 프랑스 이국취미의 전성기를 이룬다. 지구의 모든 지역이 프랑스 이국취미의 대상이 되는 세기이다. 18세기에 이미 인식의 변화를 보인 이국취미가 한층 다변화한 양상으로 나타난다. 샤토브리앙, 프로망텡, 라포르그, 네르발, 위고, 보들레르, 게다가 본래 해군장교로서 세계를 두루 돌아다닌 풍부한 경험으로 이국의 정서를 섬세하게 기술한 로티Pierre Loti의 소설 등, 당대 작가들의 문학 속에는 가까운 유럽은 물론 아메리카 대륙, 사하라 사막, 열대 아프리카, 일본 등 거의 전 세계의 전경과 정취가 다채롭게 펼쳐진다. 특히 주목할 만한 사실은 이국에 대하여 전통적인 경시의 정서가 미약하나마 완화되고 상대적으로 감성어린 사랑(Chateaubriand 1848)과 몽환(Loti 1906), 도피(Baudelaire 1869) 등을 노래하는 서정적 정서의 이국취미 문학들이 봇물을 이룬다.

근대의 끝을 지나 20세기에 이르면 프랑스인이 지난 3세기 동안 즐기면서도 경시했던 이국취미는, 화이트가 "이제 확장의 시간이 온 듯하다(White 1978: 120)"라고 밝혔듯, 전환기를 맞는다. 그런데 화이트가 이야기하는 확장의 의미는 사실상 어떤 '번성'보다는 전환기적 '변화'와 일맥상통하는 의미이며, '확장되다'라는 의미보다 '확장해야하다'라는 필요의 의미로 이해해야 옳을 것이다. 왜냐하면 19세기 전성기를 누린 이국취미는 20세기에 들어 쇠퇴의 길을 걷기 때문이다.

하지만 여기서 한 번 생각해보자. 세계는 교통과 통신의 발달로 상호 지리적으로 보다 가까워지고 더 많은 정보와 함께 더 깊이 이해할 수 있게 되었는데 왜 이국취미는 오히려 쇠퇴하게 되는 것일까? 마테는 현대 프랑스 이국취미의 쇠퇴 이유를 세 차원에서 설명한다. 사회경제적 차원, 정치적 차원 그리고 심리적 차원.

먼저 사회경제적 차원의 이유를 들어보자. "과학의 발달이 이국의 가치를 무너뜨린 주범이다. [⋯] 50년 전부터 대부분의 국가가 독립을 쟁취하면서 그들 고유의 문화를 포기하고 뉴욕, 모스크바, 파리, 런던 등을 열심히 모델로 삼고 있다. [⋯] 도시들은 획일화된 모습을 띠어간다. 그 도시인들은 유럽식으로 옷을 입고 머리 모양을 똑같이 따라하며, 스포츠에 열광하고 코카콜라나 위스키 등을 마신다. 이제 민속적 전통, 지역적 특색은 끝인 것이다(Mathé 1973: 162-163)." 즉 무라의 표현처럼 "지리의 소멸(Moura 1992: 85)", 다시 말해 프랑스 이국취미의 쇠퇴는 원론적으로 이국 자체의 소멸에 기인하는 것이다. 문화적으로 획일화된 세계에서 이국은 존재하지 않는 것이다. 본래의 모습을 잃은 자연, 고유의 정체성을 상실한 문화, 전통적 가치를 버린 민족, 홍수처럼 넘치고 빛처럼 빠른 미디어 속에 노출된 나라, 나라들, 그 하나같은 세계에서 이국은 없는 것이다.

그렇다면 정치적 차원의 문제는 무엇일까? "제2차 세계 대전 이후 이뤄진 탈식민지 정책과 개발도상국에 주어진 권위는 이국취미의 쇠퇴를 가속화한다. […] 다른 주요 와해의 원인은 과거 이국취미의 본고장이요 천국이었던 제3세계와 접촉했던 작가나 수필가, 여행가 등의 유럽인들이 경험했던 죄의식을 들 수 있다(Mathé 1973: 166)." 결국 권위의 상실과 죄의식의 문제라고 할 수 있다. 세계 식민화와 탈식민화의 오랜 정치적 여정 속에서 프랑스는 해당 이국들과 너무나 많은 갈등과 충돌을 경험했다. 그 과정에서 판타지는 사라지고 비극적인 현실의 초상만이 고스란히 남는다. 과거 종속적이던 이국들은 독립을 하고 여타 미개한 지역으로 치부했던 나라들은 권위를 갖게 되면서 프랑스는 이국에 대해 가졌던 수 세기에 걸친 오랜 관념을 버리거나 수정할 수밖에 없는 상황을 맞는다. 불과 반세기만에 프랑스 이국취미의 전통적 정서는 급격한 현실적 괴리와 혼돈 속에서 대상과 목적을 상실한 것이다. 이는 곧 마테가 20세기 이래 현대 프랑스의 이국취미를 "슬픈 이국취미(Mathé 1973: 160)"라 일컫는 까닭이 될 것이다.

마지막으로 심리적 차원의 문제를 보자. "결국 금세기 쇠퇴의 몇몇 이유는 인간이 변한 데서 기인하는 것이다. […] 그런데 현대인의 모델은 단적인 예로 테크노크라트 내지 기술자, 말하자면 인적 자원과 재능을 신뢰하며 미래를 향해 가는, 옛 유적과 자연의 아름다움에는 관심이 없는, 거의 무감각한 현실주의자다. 모든 판타지를 불신하고, 원시적인 삶과 문화의 장점들을 비난하는 현대인은 인공적인 것을 즐기고 오브제들에 가로막혀 자신의 주위를 둘러보지 못한 채 분주히 살면서, 몽상이나 명상 같은 비생산적인 활동을 거부한다(Mathé 1973: 167)." 요컨대 사람이 변했다는 것, 이는 결국 사회경제적, 정치적 차원의 변화에 따른 필연적인 결과일 것이나, 사실상 가장 근본적인 문제라고 할 수 있다. 현실과 실용 그리고 미래를 키워드로 하는 변화한 현대인의 사유와 삶에 이국취미가 비집고 들어갈 정서적 여유는 없는 것이다.

그렇다면 이제 여기서 다시 한 번 생각해보자. 프랑스의 이국취미는 이제 끝이라는 말인가? 사실 수 세기에 걸쳐 경시하면서도 즐겨왔던 오랜 이국취미를 대안 없이 포기하기란, 그 상실을 받아들이기란 결코 쉬운 일이 아니다. 현실과 실용이 전적인 대안이 될 수도 없다. 더구나 과학의 세기에 오히려 향수 같은 이국취미는 더 왕성해져야 맞는 것이 아닐까? 실제로 마테의 말처럼 "슬픈 이국취미"라 하더라도 이국취미의 소설들은 계속 쓰이고 또 계속 읽히고 있다.

결국 사람이 변한 것이 아니라 먼저 상황이 변했던 것으로 이해해야 옳을 것이다. 현대인은 현실과 실용 이외 향유할 이국과 이국문화를 애초에 박탈당한 것이다. 향유할 지역과 대상, 그 자체가 존재하지 않는 것이다. 결국 현대인은 이국취미를 상실한 것이 아니라 향유할 기회를 상실한 것이다. 그래서 이국취미는 잠정 보류된 혹은 잠재된 정서, 어쩌면 현대에 오히려 더 절실한 정서인지도 모른다. 아니라면 낯선 한류에 왜 프랑스인들이 환호를 하겠는가.

> "그렇기에 그 어느 때보다도 사람들은 '다른 곳에서' 미지의 감정 혹은 그저 다소의 고요함, 자연스러움, 아름다움, 평화를 구하고 싶은 욕구를 느끼는 것이다(Mathé 1973: 160)."

"다른 곳에서, 미지의 감정 혹은 그저 다소의 고요함, 자연스러움, 아름다움, 평화를 구하고 싶은 욕구", 이렇게 현실에 존재하지 않는 미지의 무엇을 갈망하는 판타지, 결국 현대의 이국취미는 '현실과 판타지 간에서 자생하는 시뮬라크르simulacre에 대한 갈망'인 것이다. 그렇기에 현대 프랑스인은 이국취미 상실의 시대에 그 어느 때보다 현실 저편 미지의 어떤 이국적인 순수와 위안을 갈망한다. 하지만 그 미지의 어디, 그 순수하고 위안을 주는 무엇은 존재하는 것일까? 그 어디, 그 무엇에 대한 그러한 시뮬라크르한 갈망은 충족 가능한 희구일까? 질문을 바꿔, 대한민국이 또 한류가 그 시뮬라크르, 그 미지의 어디 그리고 무엇은 아닐까, 아니면 될 수는 없는 것일까?

프랑스 한류는 프랑스 이국취미의 한 현대적 발현, 상실한 그들 이국취미의 르네상스를 의미하는 것은 아닐까? 이제 현 시대 프랑스의 이국취미를 반영해 보여주는 한류의 여정과 현황을 고찰하면서 프랑스 한류의 역학과 시대적 의미를 밝혀볼 필요가 있다.

2-2. 프랑스 한류의 역학과 의미

장기적인 경제 침체, 국제적 위상의 하락, 더욱이 전범국으로서 독일과 대비되는 군국주의적 행보 등으로 저패니즘의 색이 바래면서 한류가 새로운 글로벌 오리엔탈리즘으로 급부상 과정에 있다. 프랑스에서도 마찬가지로 한류는, 망가manga와 저패니메이션을 보며 자란 청소년에서 장년에 이르는, 폭넓은 팬덤을 자랑하던 저패니즘을 압도하며 그 저변을 넓혀가고 있다.

프랑스 한류는 2011년 K-팝 파리 공연으로 본격 가시화되었지만, 그 시발점은 우리 작가주의 영화에서부터 찾아야 할 것이다. 프랑스 한류의 여정은 대략 2000년대 초반 영화를 시작으로 이후 드라마 그리고 K-팝에 이르는 3단계로 나눠 생각해볼 수 있다. 나아가 한국 문화콘텐츠에 대한 관심이 최근 한국 문화 자체에 대한 관심으로 이어지고 있는데, 이를 'K-컬처'라 일컬을 수 있다면 현재는 K-컬처 4단계로 나아가는 과정에 있다고 할 것이다.

프랑스 한류의 1단계라 할 수 있는 영화의 경우, 2000년 〈춘향전〉에서부터 최근 〈아가씨〉, 〈부산행〉에 이르기까지, 프랑스 영화계 및 평단의 환호는 이제 가히 한류라 할 만한 차원에 있다. 〈취화선〉, 〈봄 여름 가을 겨울 그리고 봄〉, 〈올드보이〉, 〈마더〉, 〈시〉 등을 비롯하여 2013년에는 프랑스 전역에서 봉준호 감독의 〈설국열차〉가, 올 2018년 8월에는 관객을 불편하게 만드는 불친절하고 난해한 비대중적 성격으로 하여 국내 평단에서는 호불호가 갈리는 〈버닝〉까지 전격 개봉이 예정되는 등, 〈춘향전〉 이래 지난 20여 년 동안 100편을 훌쩍 넘는 한국 영화가 프랑스에서 상영되었다. 제도권 언론으로부터 다수의 영화들이 4점 이상, (현재까지 프랑스 개봉 역대 한국영화 흥행 1위를 기록하고 있는) 〈설국열차〉의 경우는 당시 헐리웃 블록버스터 〈그래비티〉를 제치고 『르몽드*Le Monde*』 평점 5점 만점을 받는 등, 한국 영화는 프랑스 진출 이래 줄곧 호평을 받고 있다. 한국 영화의 칸영화제 수상도 이제 놀라운 일이 아니며, 이창동 감독의 〈시〉는 각본상까지 수상해 한국 영화의 의미를 더했다. 영화의 작가주의 나아가 철학적 미학을 지향하는 프랑스에서 각본상이란 영화의 형식적 연출뿐만 아니라 내용적 깊이까지 평가하는 것이기에 그 의미는 한층 상징적이라고 할 수 있다. 반면 대중적 반응을 이야기하는 흥행은 상대적으로 저조해 〈설국열차〉가 100만 명에도 훨씬 못 미치는 64만여 명으로 최고를 기록[1]하고 있

---

1 프랑스 JP's 박스오피스(www.jpbox-office.com) 기준 646,578명으로, 기존 최고 기록은 2002년 〈취화선〉의 315,378명이었다. 흥행 수입은 약 530만 달러로 2013년 프랑스 순위 69위, 1위는 약 4천만 달러의 〈슈퍼배드 2〉였다. 참고로, 프랑스에서 한 해 개봉되는 5천 편 이상의 영화 중 70% 이상이 자국과 헐리웃 영화이며, 관객 동원력도 그에 비례하는 것으로 나타난다. 상대적으로 한국 영화의 평균 관객 수는

어, 사실 흥행 수치상으로는 특별히 한류라 일컫기에는 무리가 있어 보인다. 하지만 한국 영화를 보며 지식인인 양하는 프랑스인의 허식을 풍자한 르노Renaud의 샹송 〈졸부Les Bobos〉의 한 구절("그들은 즐겨 일본 식당엘 가고 한국 영화를 본다네~")이 말해주듯, 프랑스에서 한국 영화의 위상은 교양인 내지 지식층이 향유하는 문화콘텐츠라는 인식 위에 토대하는 것이다. 다시 말해 프랑스에서 한국 영화가 가지는 문화적 의미는 대중성에 있는 것이 아니라 그 예술성에 있는 것으로 보아야 한다.

하지만 예술적 위상이 곧 한류의 확산으로 이어지는 것은 아니며, 때로는 그 예술성이 오히려 대중화를 가로막는 벽이 되기도 한다. 실제로 프랑스 영화 마킷에서 한국 영화의 대중성은 앞서 밝힌 대로 그리 높지가 않다. 다수의 영화가 영화제에서 수상을 했지만 대중적 한류를 형성하는 데는 이르지 못하고 있다. 이는 앞으로도 작가영화 위주의 전략만을 고집하는 한 탈피가 쉽지 않을 딜레마임이 분명하다.

영화와 그 확산 경로나 지지 기반은 다르지만 시기적으로 볼 때 영화에 이은 프랑스 한류의 다음 단계는 한국 드라마, 일명 한드K-drama에 따른 것이다. 영화가 프랑스의 영화계나 언론 등 제도권 미디어 및 엘리트 그룹을 중심으로 지지층을 형성한 반면, 드라마는 2010년을 전후로 인터넷을 통해 확산되며 감성적인 20~40대 여성층을 중심으로 팬덤을 형성하고 있다. 다시 말

채 5만 명이 되지 않는다.

해 영상미학에 철학적 세계관까지 갖춘 '무거운' 영화가 '지성'과 '주류'를 코드로 한류를 형성했다면, 오리엔탈 판타지와 배우의 비주얼 특히 남자배우의 비주얼을 강점으로 하는 상대적으로 '가벼운' 드라마는 '감성(혹은 성性)'과 '비주류'를 코드로 한류의 대중적 지평을 확장하고 있다.

프랑스에서 드라마 한류의 시작은, 자생적이었던 영화의 경우와 달리, 무엇보다 일본 망가의 인기에 동반하여 이뤄진 것이다. 트랜스미디어 시대 글로벌 문화콘텐츠의 주 향유층인 인터넷 유저들을 〈풀하우스〉나 〈궁〉, 〈꽃보다 남자〉와 같은 초창기 프랑스 한류 드라마로 이끈 힘은 그 원작들, 즉 일본 망가의 저력에서 나온 것이다. 프랑스는 세계 2위의 망가 시장으로, 홍석경의 말처럼 1990년대 일본 망가와 애니메이션을 즐기며 성장한 세대가 이후 남성은 공상과학 중심의 미드로, 여성은 동아시아, 특히 한국의 로맨틱 드라마에 빠져들게 된 것이며, 2000년대 중반 이후에는 K-팝 아이돌들이 대거 드라마에 출연하면서 오히려 한국 드라마가 일본 드라마의 인기를 압도하기에 이른 것이다(홍석경 2012: 194-195).

프랑스 드라마 한류는 인터넷[2]과 오리엔탈리즘 그리고 여성

[2] KBS World나 Arirang TV 이외 프랑스의 일부 케이블 채널이 한국 드라마(한드)를 서비스하고 있지만 프로그램의 한정성이나 시차 등의 문제로 프랑스 한드 마니아들은 사실상 '드라마파시옹(www.dramapassion.com)' 등 인터넷 사이트를 통해 거의 모든 드라마를 실시간으로 시청하고 있어, 방송이 마니아층의 욕구와 수요를 좇아가지 못하는 실정이다. 한드 전문 서비스 사이트 '드라마파시옹' 이외, 동아시아 콘텐츠 전반을 서비스 하는 여러 사이트(www.dramacrazy.tv, www.dl.roadrunner5.net, www.viki.com, www.nautiljon.com, www.nanhiko.over-blog.com 등)를 통

팬덤 등의 다층적 역학 속에서 (영화가 메이저의 길을 걷느라 이루지 못한) 대중화를 젠더 및 세대 한정적이지만 점진적으로 이뤄가고 있다. 프랑스 한드의 시작은 망가를 통한 것이지만, 한드는 한드만의 매력으로 고유의 팬덤을 만들어가고 있다. 〈겨울연가〉 한 편으로 수많은 일본 한드 팬덤이 형성되었듯, 인터넷을 통해 실시간 시청이 가능한 우리 한국적 순애보의 로맨틱 트렌디 드라마들이 프랑스 한드 팬덤을 지속적으로 확장 중에 있다.

프랑스인을 사로잡는 한드의 매력은 긴 시즌에 플롯이 복잡한 미드와 달리 시즌이 짧고 무엇보다 접근 방식이 감성적이라는 데 있다(Wikipedia France: 검색어 "Drama coréen"). 프랑스인에게 현대판 '로미오와 줄리엣'이나 '신데렐라' 같은 통속적 판타지는 그들의 오랜 합리주의적 고정관념을 깨는 신선한 충격이며 그들 현실 너머 원초적 로망의 구현과 같은 것이다. 특히 프랑스 여성 팬덤은 통속적이면서도 판타지한 한국적 스토리 및 캐릭터, 무엇보다 서구의 남성과도 다르면서 기존 동아시아 남성의 이미지도 아닌, 요컨대 근육질이면서 아름다운 데다 순정적인 그야말로 판타지 속 '순정남', '도시남', '연하남', '실장님'인 한국의 남성 캐릭터에 열광을 한다. 젠더를 초월하는 일명 보고쓰(bogosse: beau(아름다운)+gosse(아이))인 미소년 같은 한국 꽃미남 배우를 향한 프랑스 여성 팬덤의 그러한 열광은 비현실적인 메트로섹슈얼한 매력에 무장 해제된 일종의 광기, 평자에 따라서는

해서도 한드를 볼 수 있다.

(홍석경 2012: 195–199), 그 같은 광적 열광을 팬덤 스스로 '소녀팬놀이fangirlisme'라 일컫는 어떤 퇴행성 팬 활동의 범주에서 바라보기도 한다. 폐쇄된 팬 포럼의 울타리 안에서 서로를 정당화하고 연령과 죄의식을 초월해 스스로 광팬임을 자처하며 팬픽을 쓰고, 코스프레를 즐기고, 선정적인 장면을 반복 시청하거나 캡처해 공유하기도 하는 그러한 열광 혹은 중독은 결국 그들 억압된 성적 판타지의 도착적 실현, 라캉의 시각을 빌자면 어떤 도를 넘어선 성적 쾌락의 추구, 곧 주이상스jouissance[3]라고 할 수 있다. 따라서 소녀팬놀이는 오랜 프랑스 여성 하위 팬문화의 하나인 슬래시 팬픽Slash fanfiction[4]('슬래시'는 팬픽 속 커플을 가리킬 때 '/' 기호를 넣은 데서 유래)이나, 망가 문화를 통해 서구에 수용된 보이즈러브(Boys' love. 남성 캐릭터 간 가시적 혹은 잠재적 동성애) 장르 내지 야오이[5](Yaoi. 보이즈러브 읽기 · 쓰기) 등의 성도착적 성격을 띤 팬

---

[3] 우리말로 '향유', '향락', '희열' 등을 의미하는 프랑스어 'jouissance'는 영어 'enjoyment'에 해당하지만, 'enjoyment'에 없는 여러 의미, 특히 성적 의미를 함축하고 있어, 라캉 정신분석학자들은 일반적으로 프랑스어를 그대로 사용한다. 라캉은 주이상스를 '자기 한계를 넘어선 고통스러운 쾌락'이라고 설명하는데, 이러한 한계를 넘어서는 확산적이고 유동적인 속성 때문에 주이상스는 일종의 물질명사처럼 항상 정관사와 함께 단수로 사용된다. 라캉 초기에 주이상스는 생물학적 욕구 충족에 따른 유쾌한 감각 정도로 이해되었으나, 점차 성적 즐김, 성적 쾌락과 같은 성적 의미를 함축하게 된다. 참고로, 바르트도 텍스트론에서 쾌락(plaisir)과 주이상스를 구별하여 논하는데, 이 때 주이상스는 수동적인 '즐거움'으로서 쾌락에 대비되는, 주체로서의 능동적인 '즐김', 즉 향유를 의미한다. (Cf. 김희영 외 2014: 656–659)

[4] 주요 사이트로 www.fr-fansub-src.tumblr.com, www.fanfiction.net/forums/tv, www.asia-choc.biz 등이 있다.

[5] '절정없음, 결말없음, 의미없음'을 뜻하는 'ヤマなし, オチなし, 意味なし[야마나시, 오치나시, 이미나시]'의 첫 글자들을 조합한 용어라는 속설이 있음. (Cf.

활동으로도 자연히 이어지는데[6], 이는 단순한 유희의 차원에 그치지 않는, 관점을 바꿔보면 성적 주체로서의 여성, 그러한 여성의 주체적 문화 향유 행위, 곧 젠더 전복의 의지가 내포된 사회적 행위로도 이해 가능한 차원에 있다. 향유자의 다수가 동성애 혐오자를 포함한 이성애자임을 감안할 때 충분히 설득력이 있는 논리다. 주로 남성의 관음증을 앵글로 하는 영화의 경우에는, 로라 멀비Laura Mulvey가 이미 공론화한 바, 스크린 속 여성을 지배 혹은 포착하는 주체는 대부분 남성의 시선이다(Mulvey 1999: 837). 다시 말해 주류 영화들 속에서 관음증으로 대변되는 성적인 시선 관계는 대개 남성 주체적 구도를 기반으로 이뤄진다. 하지만 한드는 여성을 관음증의 주체로 승화시키며 젠더 전복적인 유희와 동시에 권위를 향유케 함으로써 결국 성정체성 전반에 문제를 제기하는 퀴어의 논리와 맞닿는 전위성을 내포한다. 이와 같은 한드의 메커니즘이, 영화 스크린이 아웃되는 순간 그들의 현실로 돌아가는 남성과 달리, 모니터가 아웃된 순간에도 '소녀들'로 하여금 가부장적 현실 너머 로맨틱 판타지를 꿈꾸도록 만드는, 곧 전복적 쾌락 속에서 현실을 영위하도록 만드는 한드 고유의 전위적이고도 생성적인 역학이라고 할 수 있다. 그리고 이와 같은 한드의 심리적 역학은 팬덤의 열광을 드라마

Wikipedia Korea: 검색어 "야오이". https://ko.wikipedia.org/wiki/%EC%95%BC%EC%98%A4%EC%9D%B4).

[6] 프랑스 동아시아 드라마 팬포럼 '도라마월드(https://doramaworld.blogspot.com)'에 대한 홍석경의 2년에 걸친 관찰 연구의 결과(홍석경 2012: 196-198)를 참조함.

에 대한 몰입을 넘어 한국의 문화와 정서에 대한 현실적 관심으로 연계시키는 기제가 된다.

현재 한드는 시트콤이나 미국의 폴리스 시리즈밖에 모르던 프랑스인, 특히 여성들의 드라마 장르에 대한 인식을 전환시켜 가는 과정에 있다. 우리는 통속적인 것이 보편적인 것이라는 대중예술의 논리를 한드를 통해 실증적으로 확인하고 있는 셈이다. 합리적 전통의 나라 프랑스의 여성들을 열광케 만드는 한드의 힘은 아이러니하게도 그 통속성, 그 스테레오타이프한 인류 보편의 판타지에서 나오는 것이다.

드라마의 랭귀지는 영화처럼 임팩트한 플롯이나 미학적인 영상, 음악처럼 감각 호소적인 리듬 같은 보편적 랭귀지가 아니다. 드라마의 랭귀지는 일상사의 이야기, 다시 말해 관습적인 문화와 정서, 정취를 그대로 반영하는 삶의 서사인 까닭에, 드라마는 상당히 문화적 벽이 두터운 콘텐츠이다. 하지만 이론과 달리 한국 드라마는 오히려 시뮬라크르의 역학, 현실과 판타지의 경계에서 재현되는 인류 보편의 통속성, 그 소통의 역학을 바탕으로 문화적 벽을 넘어 프랑스 팬들을 열광케 만들고 있다. 따라서 드라마의 경우는 이제 포맷 자체보다는 팬덤뿐만 아니라 대중의 시청이 용이한 채널을 확보하는 등의 실질적인 배급 마케팅에 전략을 집중하면서 사회적 저변화를 보다 가속화해야 할 시점에 있다.

드라마보다 시기적으로 최근에 그리고 보다 가시적이고 폭발적으로 프랑스를 사로잡은 한류 콘텐츠는 바로 K-팝이다. 사실 영화는 대중화 단계에서 정체돼 있고, 드라마는 중독층을 형성하고 있지만 잠정적으로 확산되고 있는 반면, K–팝에 대한 반응은 매우 가시적으로 드러나고 있다. 우리 문화관계자들은 향후의 한류는 K–팝이 주도할 것으로 기대한다. 여러 가지 이유에서다. 모바일을 통한 향유의 용이성, 소셜 미디어 기반의 글로벌 유통 및 마케팅 네트워크, 체계적인 K–팝 아이돌 기획 육성시스템, 글로벌 시장을 겨냥한 현지화 전략 등, K–팝의 비전은 다양하다.

실제로, 영화의 제도권 진입이나 드라마의 여성 팬덤 저변화로도 요원해보였던 프랑스 한류의 가시적 확산이 K–팝을 통해 본격화되고 있다. 거대 매니지먼트사의 기획 하에 체계적으로 조직된 그룹의 남녀 아이돌은 단순한 리듬에 후렴구를 반복하는 중독성 있는 노래, 판타지한 댄스, 게다가 워너비를 자극하는 외모와 패션 등으로 어필하며 자신들이 즐길만한 문화콘텐츠를 갈망하던 10~20대 여성층을 중심으로 팬덤을 급속히 확장하고 있다. KBS World가 유튜브를 통해 세계 78개국, 1만 2천명의 K–팝 팬을 대상으로 K–팝의 매력에 대한 설문조사를 한 바 있는데, 결과를 보면 역시 노래와 댄스, 비주얼을 우선 선호하는 것으로 나타났다. 하지만 K–팝 팬덤을 열광케 하는 것은 아이돌의 노래나 댄스, 외모뿐만은 아니다. 아이돌은 영화, 드라마, 예능 등 장르를 초월해 전방위적으로 등장하며 친근한 이미지로 K–팝 팬을 우리 문화콘텐츠 전반의 팬으로, 나아가 우리 한국 문화 자체의 수용자로 유도하고 있다. 노래와 댄스는 물론이고 글로벌 네트워크를 통해 실시간으로 제공되는 아이돌의 생활 패턴, 패션, 관심사 등은 곧 팬덤의 일상으로 이어지며, 그러한 K-팝 팬덤의 한류 수용 구조는 프랑스 한류의 4단계, 곧 K-컬처 단계를 여는 메커니즘이 된다. 프랑스 K-팝 팬덤은 각 그룹은 물론 그 구성 멤버의 이름들을 모두 외운다. 그들의 앨범을 사고 음원을 다운받고 댄스를 익히고 가사를 그대로 따라한다. 그들이 출연하는 모든 프로그램을 서핑하고, 사진과 캐릭터를 비롯한 여러 자료를 수집하며 서로 교환도 한다. 그들이 입는 옷을 입고, 그들이 먹는 음식을 직접 만들어 먹는다. 한국어를 배우기 위해 학원을 다니고, 호기심을 가지고 태권도도 배우고 한국의 다른 문화도 접해보고자 한다. 그리고 한국을 찾기도 하며, 한국을 사랑하기에 이른다[7].

물론 K-팝 첫 파리 공연이 이뤄졌던 2011년 당시나 지금이나 여전히 프랑스 언론의 시선은 호불호가 갈리고 있다. 신선함을 전하면서도 한편으로 K-팝 그룹을 문화적 인프라가 아닌 스파르타식으로 기획 생산된 상품 내지 국가가 전략적으로 지원하는 홍보 메이커쯤으로 폄하하는 시각(*Le Monde* 2011-6-9 ; *Le*

---

[7] Cf. KBS 1TV, 〈K-pop, 세계를 춤추게 하다〉 (2011-6-26), 〈KBS 뉴스광장〉 (2015-3-12): "한국 하면 가장 많이 떠오르는 이미지가 'K-팝'이라고 하는데요. 한국문화산업교류재단이 전 세계 14개국 5,600명을 대상으로 조사한 결과, 응답자의 17%가 K-팝을 꼽았습니다. 2위는 한식이 차지했고 IT가 3위에 꼽혔습니다. 가장 인기 있는 한국 문화콘텐츠로는 응답자의 43%가 한식이라고 답했고 음악, 패션, 영화, 드라마가 뒤를 이었습니다. 이는 한국 대중문화의 인기가 생활 문화 전반으로 확대된 것으로 분석되고 있습니다. 누리꾼들은 "K-팝 가수 좋아해서 한국 오는 외국인들이 많아요" 등의 반응을 보였습니다."

Figaro 2011-6-16)은 현재도 크게 변함이 없다. 이는 제도권 미디어의 관례적 터부, 그 문화적 편견 내지 사실상 비하일 수도 있으나, 우리 영화에는 호의적인 언론이고 보면 반드시 그렇게만 치부하고 넘어갈 수 있는 문제는 아니다. 결국 K-팝의 미학적 차원에 대한 근본적인 문제제기로 받아들여야 할 것이다. 뿐만 아니라 K-팝은 오로지 아이돌 중심인데다, 그만큼 팬 층 역시 10대 소녀 위주의 마니아 내지 얼리어댑터 그룹 한정적이라 전 세대가 환호하는 상황도 아니다. 사실 프랑스처럼 오랜 전통과 다층적 기원의 문화를 가진 나라와 단 시간에 어떤 저항도 없이 소통을 이룬다는 것은 원론적으로 불가능한 일이다. 프랑스의 경우가 아니더라도, 본래 일부 세대만으로, 또 이색적이고 감각적인 어필만으로, 또 아니면 마케팅만으로 소통을 이룰 수는 없는 것인 바, 아이돌 이외 한국의 다양한 음악적 인프라, 더불어 이국의 관념과 카타르시스를 공유할 수 있는 글로컬 미학의 문제를 보다 심층적으로 고민해야 할 단계다.

이와 같이 프랑스에서 한류가 다양한 장르, 다양한 메커니즘으로 확산되는 가운데, 한국 문화를 사랑하는 프랑스 동호인 모임이었던 '코리언커넥션Korean Connection'이 결성 2년만인 2012년 전격 해체되었다. 프랑스 한류 확산 과정에서 일정한 구심점 역할을 했던 모임이었으나 상업적 활동이 개재되면서 불협화음과 비리로 결국 와해되고 말았다. 이미 프랑스 내 한류가 어느 정도 힘을 받은 시점이었고, 곧 후신인 봉주르코레Bonjour Corée[8]가 결성되어 영향은 크지 않았지만 현대의 이국취미는 단지 정서적 차원의 문제만이 아닌 사회경제적, 정치적, 심리적 차원과도 밀접한 관계에 있음을 보여주는 단적인 사례라고 할 수 있다.

현대의 이국취미는 더 이상 과거와 같이 상상이나 판타지만이 아닌 현실 역시 개재되는 행위이다. 가속화된 탈식민화, 아시아의 부상, 무엇보다 초강대국 미국 주도의 국제 정세 속에서 전례 없이 위축된 권위, 게다가 심리적 죄의식을 안고 있는 프랑스인에게 이제 상상 속 "선량한 미개인"에 대한 경시의 정서는 (물론 여전히 잔존하는 뿌리 깊은 정서지만) 누그러지고 약화되었다. 이제 프랑스의 이국취미는 즐김과 경시라는 '자아도취적' 정서가 아니라 위안과 소통이라는 '상호주체적' 정서가 되었다. 현대 프랑스의 이국취미는 죄의식을 불러일으키지 않는 위안, 상호 자존적인 소통의 향유다. 더 이상 자아도취적 즐김이 아니라 위안적인 소통인 것이다. 그래서 어쩌면 현실에 없을 그 상호 자존적인 "다른 곳에서" 그리고 "미지의 감정, 혹은 그저 다소의 고요함, 자연스러움, 아름다움, 평화"와 같은 위안을 구하고자 하는 것인지도 모른다. 평자들의 말처럼, 현재 프랑스인에게 K-팝으로 대표되는 "한류 콘텐츠는 서구 보수 중산층의 취향

---

[8] 2018년 현재 프랑스 제1의 한류 팬커뮤니티는 '코리언커넥션'의 후신으로 2012년 결성된 '봉주르코레(www.bonjour-coree.org)'이다. 초대 회장 상드린 수 제슬렝(Sandrine Sue Geslin)을 비롯한 운영진 다수가 전 코리언커넥션 멤버들로 결성되어 기존의 활동을 지속하면서 2013년부터 매년 프랑스에서 '드라마 파티(Drama Party)'를 개최, 제1회 행사에는 박근혜 대통령이 참석하기도 하였다.

에 거슬릴 바가 없다. 술, 마약 자유로운 성관계 스캔들이 회자되는 서구의 그룹들과 비교해, 철저하게 사생활이 관리되고 경쾌하게 사랑만을 노래하는 한국 아이돌은 서구 중산층 청소년의 소비심리를 자극할 뿐 그 이상의 어떤 정치적, 도덕적, 미학적 위협도 없기 때문이다(홍석경 2012-06: 27)." 다시 말해 K-팝은 현실의 저항선을 초월하는, 현실과 판타지 간에서 자생하는 일종의 시뮬라크르다. 이 현실 초월적 시뮬라크르의 역학은 우리 영화와 드라마에도 그대로 적용되는 논리이다. 우리 영화의 내용이나 형식이 상당히 하드코어적 내지 비대중적이라는 사실이 프랑스 엘리트 지식층에게는 문제가 되지 않으며 오히려 그들에게 지적 카타르시스를 주는 미학이 되고 있고, 우리 드라마의 스테레오타이프한 통속성, 그 인류 보편의 판타지는 프랑스 여성의 억압된 욕망을 해방하는 위안이 되고 있다. 우리의 영화와 드라마, K-팝을 비롯한 한류 콘텐츠는 현대 프랑스에게 죄의식을 불러일으키지 않는 위안, 상호 자존적인 소통의 향유, 그들이 찾던 "다른 곳"의 "미지의 감정, 혹은 그저 다소의 고요함, 자연스러움, 아름다움, 평화", 곧 현실과 판타지 간에서 자생하는 인류의 시뮬라크르인 것이다.

3. 한류, 글로벌 시뮬라크르

이미지 혹은 상징을 소비하는 미디어 문화로 포화된 현대는 실재와 허상 간의 경계가 해체된 시뮬라크르의 시대다. 인간의 소통이 물리적 현실이 아니라 창조적 시뮬라크르의 차원으로 환원되는 까닭이 바로 여기에 있다. 이국이란 개념 자체가 무의미해지며, 글로벌 소셜 네트워크의 서사가 인류의 현실이 되는 21세기 트랜스내셔널, 트랜스미디어 시대에 한류가 '현실과 판타지 간 문화'를 구현하며 인류의 시뮬라크르로 부상하고 있다.

특히 프랑스 한류의 경우는 프랑스가 사실상 세계 제일의 문화강국이라는 관점에서 어느 경우보다도 상징적 의미를 내포한다고 할 수 있다. 최근 6~7년 사이 프랑스의 한류에 대한 관심은 제도권 미디어까지 가세를 하는 등 기대 이상으로 묵직하게 이어지고 있다. K-팝 파리 공연으로 한류가 본격 가시화되기 전인 2011년 1월 이미 프랑스 지상파 France 2는 한국을 사건 보도가 아닌 그 자체로 바라보며 100분 타임 시사다큐멘터리 〈지구를 향한 시선Un œil sur la planète〉을 통해 비중 있게 소개한 바 있다(France 2 2011-1-23). "한국: 감춰져온 저력Corée: la puissance cachée"이라는 서브타이틀로 한국을 조명하면서 '삼성제국', '계속되는 전쟁', '한류', '사람과 신'의 네 요인을 통해 한국의 잠재력을 분석했다. 조용한 아침의 나라 한국은 이제 프랑스에 첨단산업국, 분단국, 문화강국, 종교국으로 성큼 다가선 것이다. 미디어의 시각이 곧 대중의 시각인 것은 아니지만 적어도 한국에 대한 보다 공식적인 담론인 것만은 분명하다. 그리고 한국을 클로즈업 하도록 만든 주된 요인이 첨단산업국의 위상이었는지, 아니면 심상치 않은 한류의 동향이었는지는 단언할 수 없지만 경제적 요인과 문화적 요인이 상호 역학 관계에 있는 것만은 부정할 수 없는 사실이다. 〈지구를 향한 시선〉은 한류를 소개하면서 "경제강국 한국은 이제 문화강국이기도 하다. 아시아의 지상에 한국의 TV 드라마, 영화 그리고 뮤직 그룹들이 나래를 펼치고 있다(France 2 2011-1-23)"라고 설명했다. 막심 파케Maxime Paquet 코리언커넥션 전 회장 역시 "만일 한국의 다른 사항들이 지금과 같아도 경제가 발전하지 않았다면 K-팝에 대한 인식은 분명 달라졌을 것이며, 지금처럼 성공을 거두지 못했을 것(Paquet 2011: 169)"이라 밝힌 바 있다. 결국 문화의 향유는 "살아있는 문화와 동시에 문명의 상징(Affergan 1987: 7)"을 향유하는 것이다. '한국'과 '한류'는 원천적으로 상호 브랜딩 관계에 있는 서로의 상징적 이미지인 동시에 서로의 살아있는 파워인 것이다.

한류는 저패니즘이 그러하였듯 국가적 위상과 신비한 오리엔탈리즘을 배경으로 한 '문화적 신화'다. 동경과 베일에 싸인 신비로움이 낳는 판타지를 동반한 현실, 곧 현실인 동시에 판타지다. 말하자면 한류는 현실과 판타지의 경계에서 실존하는 메타현실, 그러니까 신화, 곧 시뮬라크르다. 한류의 나라 한국은 비상 일로에 있지만 분단의 상처를 안고 있는 나라, 순정적 꽃미남의 나라이면서 심오한 종교의 나라, 철학적 영화의 나라이자 가벼운 K-팝의 나라, 미디어 콘텐츠 강국이지만 아직은 미상의 나라, 요컨대 프랑스인에게 한국은 그리고 한류는 부상하는 강국인 동시에 베일에 싸인 이국, 현실인 동시에 판타지, 다시 말해 "아직은 다른 곳"이고 "아직은 미지의 정서"인 것이다. 라캉은 진실, 엄밀히 말해 신화적 진실은 허구로서 지연되는 것이라고 했다(Lacan 1966: 808). 사실, 진실은 절대도 영원도 아닌 지연된 신화다. 결국 진실의 힘은 아직은 비현실인 현실, 그 신화적 베일에 가려진 현실에서 나오는 것이다.

한류가 21세기의 신화적 진실, 진실의 신화가 되기 위해서는 현실이면서 동시에 비현실, 다시 말해 현실과 판타지 사이의 메타현실, 곧 시뮬라크르로 지속, 승화되어야 할 것이다. 현실이면서 동시에 사회경제적, 정치적, 심리적 위협이나 죄의식 같은 현실적 저항 코드를 초월하는 신화적 시뮬라크르의 영역에 스스로를 자리매김해야 할 것이다. 한류는 헐리웃의 아메리칸 드림과 유럽의 리얼리즘 사이, 헐리웃의 논리적 공상과학과 유럽의 합리적 철학담론 사이의 블루오션, 곧 인간 욕망의 글로벌 시뮬라크르를 구현해야 할 것이다. 결국 한류는 현실이면서 동시에 "미지의 정서, 혹은 그저 다소의 고요함, 자연스러움, 아름다움, 평화"와 같은 인류가 욕망하는 인간 보편의 정서를 통해 자생하는 글로벌 문화 신화가 되어야 할 것이다. 라캉의 말처럼 욕망은 결핍에서 비롯하는 것이다(Lacan 1991: 139). 그래서 글로벌 한류는 인류의 '힘'이 아니라 '결핍'을 통해 자생해야 한다. 현실적 갈등의 역학 속에서 한류는 인류가 상실한 그래서 꿈꾸고 욕망하는 보편 통속적 서사, 곧 인류의 미학, 인류의 카타르시스를 구현해야 할 것이다.

한류가 현실의 이데올로기나 문화적 장벽을 초월하는 인류의 신화적 현실, 곧 글로벌 시뮬라크르가 되어야 한다는 논리는 막연한 가정이나 희구만은 아니다. 실제로 2015년 5월 열린 쿠바

비엔날레에 한국의 문화유산 경주 '감은사지 3층 석탑'을 사진으로 재현한 한성철의 거대한 설치 작품 〈조화로운 아바나Harmonious Havana〉가 쿠바의 유적과 같은 카피톨리오Capitolio를 마주 보고 선 건물의 전면을 당당히 장식했다. 그리고 이 사실을 쿠바 공산당 기관지 『그란마Granma』는 「세상의 모든 자태를 아바나에 드러내다」(Granma 2015-5-23)라는 1면 타이틀로 보도했다. 쿠바 시민들은 "아시아를 그대로 보는 듯하다"는 인상을 전했다. 쿠바인의 눈에 심원하지만 낯설지 않은, "그저 다소의 고요함과 자연스러움, 아름다움, 평화"와 같은 석탑은 단지 한국이 아니라 아시아 나아가 세계의 판타지를 재현하는, 즉 국적을 초월하는 글로벌 시뮬라크르인 것이다. 쿠바 제일의 언론이 한국 관련 소식을 1면 기사로 전한 것은 1965년 창간 이래 유례없는 일이며 쿠바 시민들이 아무런 저항 없이 한국에 호감을 표

쿠바 옛 국회의사당을 마주보고 선 감은사지석탑
(한성철, 설치미술 〈조화로운 아바나〉, 2015)

서로 수집한 한국 배우 사진을 자랑하며 즐거워하는
쿠바 '한국문화팬클럽' 노년층 팬덤 (SBS TV 2015-6-2)

한 것도 이례적인 일이다. 더욱 주목할 만한 사실은 쿠바에 10대는 물론 노년층까지 거의 전 세대를 아우르는 '한국문화팬클럽'이 활성화되어 있다는 것이다. 팬들은 한국 배우의 사진을 모으고 양배추로 김치도 담그고 한국어도 배우며 그렇게 한국의 생활 패턴을, 문화를 즐긴다. 이데올로기가 다른 쿠바의 사람들도 한국 드라마와 K-팝을 즐기고 나아가 생활에서 K-컬처를 향유하는 것이다(SBS TV 2015-6-2).

한류의 역학은 현실의 정치, 경제, 심리의 저항선을 초월하는 인간 보편의 통속성, 그 인류의 신화, 곧 글로벌 시뮬라크르의 차원에 자리하는 것이다. 한류는 가장 까다로운 미학적 취향의 나라 프랑스의 문화적 장벽도, 가장 민감한 이데올로기적 관계에 있는 나라 쿠바의 정치적 장벽도 초월해 글로벌 팬덤을 확장해가고 있다. 특히 광범한 10~20대 중심의 팬덤은 곧 미래의 중, 장년 팬덤이 될 것이라는 관점에서 무엇보다 K-컬처로 이어지는 글로벌 한류의 장기적 비전을 밝히는 중요한 강점이 되고 있다. 제한적이고 편중된 콘텐츠와 팬덤, 문화적 편견, 미비한 국가 지원 정책 등 여러 가지 현실적 상황 및 문제에도 불구하고 한류의 글로벌 비전을 낙관할 수 있다면 바로 이러한 까닭에서다.

요컨대, 글로벌 한류의 비전은 일차적으로 상호 브랜딩 관계에 있는 대한민국이라는 국가 브랜드가 그 신화적 위상을 계속 유지하는 가운데 기대 가능한 것이다. 다시 말해 대한민국의 위상은 한류의 가장 기본적인 전제 조건이라고 할 수 있다. 한류가 세계적으로 확산되는 가운데 초창기 한류를 주도한 일본 한류가 힘을 잃은 배경에는 무엇보다 상호 강경 일변도의 외교로 급격히 악화된 한일 양국의 갈등 관계가 결정적인 악영향을 미쳤다는 사실을 상기할 필요가 있다. 대한민국은 신화적 권위를 지향해야 할 테지만, 그 권위는 세계무대에서 저패니즘의 쇠퇴를 자초한 일본의 군국주의 행보 등과 같은 현실적 저항선을 넘는 위협이나 갈등, 힘으로 환원되어서는 안 될 것이다. 선망을 낳는 신화적 위상은 물리적 힘이 아니라 인간적 욕망에서 비롯하는 까닭이다. 하지만 한 국가의 위상이란 이론이나 예측, 노력을 뛰어넘는 항시 가변적인 현실인 만큼 한류의 글로벌 비전은 궁극적으로 한류 콘텐츠 자체의 자생력을 극대화하는 데서 견고해지는 것이다. 단적인 예로, 대중성까지 겸비한 영화 〈부산행〉, 순정 드라마의 차원을 넘어 정치와 법정, 스릴러를 넘나드는 탄탄한 시나리오의 전문 장르드라마 〈비밀의 숲〉, 그리고 실력까지 완벽하게 겸비한 아이돌 그룹 '방탄소년단' 등은 그 자체의 힘으로 세계를 사로잡으며 우리 한류 문화의 미학적 잠재력과 미래 가능성을 보여주는, 한류의 글로벌 비전이라고 할 수 있다.

이제 우리는 한류 콘텐츠 자체의 글로벌 소통 가능성, 즉 인류 보편의 카타르시스를 구현하는 글로벌 시뮬라크르의 생성미학을 현실적인 차원과 동시에 미학적인 차원에서 보다 다각적으로 심화하는 노력을 본격화할 필요가 있다. 결국 한류의 글로벌 비전은 실제적인 동시에 심미적인 차원, 곧 현실과 미학 사이에서 결론이 나는 문제일 것이다. 한류가 현실의 저항선을 미학적으로 초월하는, 현실과 판타지 간에서 창출되는 글로벌 시뮬라크르라는 사실을 항상 상기해야 하는 까닭이 바로 여기에 있다.

참고문헌

단행본 및 논문

김희영 외, 『문체론 용어사전』, 한국외국어대학교 출판부, 2014.

류은영, 「프랑스 한류의 의미와 글로벌 비전」, 『프랑스학연구』, 73집, 프랑스학회, 2015.

송영선, 『역사도시보존을 위한 프랑스의 법제연구』, 한국법제연구원, 2003.

오세정, 「프랑스 문화의 정체성과 문화정책」, 『프랑스문화예술연구』, 9권, 프랑스문화예술학회, 2003.

우무상, 「프랑스의 지방문화 정책: 지방문화 촉진을 위한 중앙 정부의 지방 분산 및 지방분권 정책」, 『한국프랑스학논집』, 43집, 한국프랑스학회, 2003.

원향미, 『한국과 프랑스 문화정책의 역사적 비교 연구』, 부산대학교 대학원 예술문화와 영상매체 협동과정 박사학위논문, 2016.

진인혜, 「프랑스 문화정책의 역사」, 『한국프랑스학논집』, 59집, 한국프랑스학회, 2007.

_____, 「프랑스의 문화정책과 축제」, 『한국프랑스학논집』, 51집, 한국프랑스학회, 2005.

최보연, 『주요국 문화예술정책 최근 동향과 행정체계 분석연구』, 한국문화관광연구원, 2016.

홍석경, 「프랑스의 한국 아이돌 문화 여성팬덤과 성 담론에 대한 연구」, 『한국언론학보』, 56권 1호, 한국언론학회, 2012.

_____, 「콘서트에서 열광하는 10대 한국 드라마 다운받아보는 30대」, 『신문과 방송』, 6월호, 한국언론재단, 2012.

ADMICAL(Association pour le Développement du Mécénat Industriel et Commercial)/CSA(Conseil Supérieur de l'Audiovisuel), *Le Mécénat d'entreprise en France. Résultats de l'enquête Admical-CSA 2014*, Paris: Admical, 2014.

_____, *Le Mécénat d'entreprise en France. Résultats complets de l'enquête A Admical-CSA 2016*, Paris: Admical, 2016.

Affergan (Francis), *Exotisme et altérité*, Paris: PUF, 1987.

Aillagon (Jean-Jacques), «Déclaration sur la politique culturelle, notamment la défense de la diversité culturelle, le pluralisme linguistique», Paris, le 5 février 2003. (http://discours.vie-publique.fr/notices/033000694.html).

Azoulay (Audrey), «Vœux au monde de la culture», Paris, le 17 janvier 2017. (http://www.culture.gouv.fr/Actualites/Voeux-au-monde-de-la-culture).

Barère de Vieuzac (Bertrand), «Rapport du Comité de salut public sur les idiomes», Paris, le 8 pluviôse an II (le 27 janvier 1794).

Bataille (Georges), *L'Érotisme*, Paris: Minuit, 1957.

Baudelaire (Charles), *Petits poèmes en prose* [1869], Paris: Flammarion, 1987.

Biet (Christian), *André Malraux, la création d'un destin*, Paris: Gallimard, 1987.

Caune (Jean), *Culture et communication: Convergences théoriques et lieux de médiation*, Grenoble: Presses Universitaires de Grenoble, 2006.

_____, *La Culture en action: De Vilar à Lang, le sens perdu*, Grenoble: Presses Universitaires de Grenoble, 1999.

Certeau (Michel de), *La Culture au pluriel*, Paris: Union Générale d'Éditions, 1974.

Charasse (Michel), Gouteyron (Adrien), *Rapport d'information fait au nom de la Commission des finances, du contrôle budgétaire et des comptes économiques de la Nation sur l'enquête de la Cour des comptes relative à la gestion de l'Association française d'action artistique (AFAA)*, Paris: Sénat, 2006.

_____, *Rapport d'information fait au nom de la Commission des finances, du contrôle budgétaire et des comptes économiques de la Nation sur le suivi du rapport d'information n°61 (2006-2007) concernant l'enquête de la Cour des comptes relative à Cultures France, ex-Association française d'action artistique*, Paris: Sénat, 2007.

Chateaubriand (François-Renéde), *Mémoires d'outre-tombe* [1848], Paris: Gallimard, 1951.

Chirac (Jacques), «Discours sur la question du choc des civilisations, les échanges et le dialogue entre les civilisations et cultures, la diversité culturelle, la mondialisation et le respect de l'autre» [le discours lors de l'ouverture de la 31ème Conférence générale de l'Unesco], Paris, le 15 octobre 2001. (http://discours.vie-publique.fr/notices/017000232.html).

Décret n° 2014-411 du 16 avril 2014 relatif aux attributions du ministre de la culture et de la communication (문화부장관 권한 관련 법령)

Denizot (Marion), «Du théâtre populaire à la médiation culturelle: Autonomie de l'artiste et instrumentalisation», *Lien social et politiques*, n° 60, automne 2008.

DEPS(Département des Études, de la Prospective et des Statistiques), *Chiffres clés, statistiques de la culture et de la communication 2018*, DEPS/Ministère de la Culture, 2018.

______, *Les Dépenses culturelles des collectivités territoriales 2015-2017*, DEPS/Ministère de la Culture, 2017.

______, *Les Dépenses culturelles des collectivités territoriales en 2010*, DEPS/Ministère de la Culture, 2014.

DGCL(Direction Générale des Collectivités Locales), *Les Collectivités locales en chiffres 2018*, DGCL/Ministère de l'Intérieur, 2018.

Djian (Jean-Michel), *Politique culturelle: La fin d'un mythe*, Paris: Gallimard, 2005.

Donnat (Olivier), *Les Pratiques culturelles des Français à l'ère numérique. Enquête 2008*, Paris: La Découverte/Ministère de la Culture et de la Communication, 2009.

Donnedieu De Vabres (Renaud) [Préf.], «Démocratisation culturelle, diversité culturelle, cohésion sociale», *Culture et recherche*, numéro spécial 106-107, décembre 2005.

Dubois (Vincent), *La Politique culturelle. Genèse d'une catégorie d'intervention* *publique*, Paris: Belin, 1999.

Ducrocq (Georges), *Pauvre et douce Corée* [1904], Paris: Zulma, 1993.

Duhamel (Jacques), «L'ère de la culture», *Revue des deux mondes*, septembre 1972.

Duvernois (Louis), *Rapport d'information fait au nom de la Commission des affaires culturelles sur la stratégie d'action culturelle de la France à l'étranger*, Paris: Sénat, 2004.

Fleury (Laurent), *Sociologie de la culture et des pratiques culturelles*, Paris: Armand Colin, 2010.

FPF(Financement Participatif France), *Rapport d'activité 2017*, 2018. (www.financeparticipatif.org).

Fumaroli (Marc), *L'État culturel: Essai sur une religion moderne*, Paris: Le Livre de Poche, 1999.

Galland (Antoine), *Paroles remarquables des Orientaux*, Paris: S. Benard, 1694.

Girard (Augustin), «Les politiques culturelles d'André Malraux à Jack Lang, *Institutions et vie culturelle*, Paris: Centre National de la Fonction Publique Territoriale/La Documentation Française, 1996.

Greffe (Xavier), *La Trace et le rhizome: Les mises en scène du patrimoine culturel*, Montréal: Presses de l'Université du Québec, 2014.

_____, *Artistes et politiques*, Paris: Économica, 2013.

_____, *Managing Creative Enterprises*, Genève: World Intellectual Property Organization, 2008.

_____, *French Cultural Policy*, Tokyo: Bookdom, 2006.

_____, *Économie de la propriété littéraire et artistique*, Paris: Économica, 2005.

_____, *Arts et artistes au miroir de l'économie, Unesco*, Paris: UNESCO/Économica, 2002.

Greffe (Xavier), Pflieger (Sylvie), *La Politique culturelle en France*, Paris: La Documentation Française, 2015.

______, *La Culture et le développement local*, Paris: OCDE, 2005.

______, Les ressources économiques et financières pour la mise en œuvre des programmes et des projets de sauvegarde du patrimoine», *Patrimoine et développement durable dans les villes historiques du Maghreb: Enjeux, diagnostics et recommandations*, Rabat: UNESCO, 2004.

Greffe (Xavier), Sonnac (Nathalie), *Culture Web*, Paris: Dalloz-Sirey, 2008.

INSEE(Institut national de la statistique et des études économiques), Consommation effective des ménages par fonction en 2017»[1], Paris: INSEE, 2018. (https://www.insee.fr/fr/statistiques/2830276#tableau-Donnes)

______, Dépenses culturelles et de loisirs en 2017»[2], Paris: INSEE, 2018. (https://www.insee.fr/fr/statistiques/2408369#tableau-Donnes)

IREP(Institut de Recherches et d'Études Publicitaires)/FrancePub, *Le Marché publicitaire français en 2016*, Paris: IREP/FrancePub, 2017.

Kroeber (Alfred Louis), Kluckhohn (Clyde), *Culture: A critical review of concepts and definitions*, Cambridge, Massachusetts: Peabody Museum, 1952.

Lacan (Jacques), *Le Séminaire. Livre VIII*, Paris: Seuil, 1991.

______, *Écrits*, Paris: Seuil, 1966.

Lafont (Robert), *La Révolution régionaliste*, Paris: Gallimard, 1967.

La Fontaine (Jean de), *Fables de La Fontaine XI* [1679], Paris: Sacelp, 1982.

Lahire (Bernard), *La Culture des individus: Dissonances culturelles et distinction de soi*, Paris: La Découverte, 2006.

Lang (Jacques), «Pourquoi une loi sur le prix du livre?» [la présentation du Projet de loi devant l'Assemblée Nationale, Paris, le 17 novembre 1981], *Le Prix du livre, mode d'emploi*, Direction du Livre et de la Lecture/Ministère de la Culture et de la Communication, 2005.

Larivière (Jules), Lunn (Jean), «Chapitre 2. L'histoire du dépôt légal», *Principes directeurs pour l'élaboration d'une législation sur le dépôt légal*, Paris: UNESCO, 2000.

Leniaud (Jean-Michel), *L'Utopie française: Essai sur le patrimoine*, Paris:

Mengès, 1992.

Lestringant (Frank), «L'exotisme en France à la renaissance de Rabelais à Lévy», *Littérature et exotisme*, Paris: École Nationale des Chartes, 1997.

Loti (Pierre), *Les Désenchantées* [1906], Bordeaux: Aubéron, 2003.

Malraux (André), «Discours de l'inauguration de la maison de la culture d'Amiens», Amiens, le 19 mars 1966. (https://malraux.org/d1966-03-19-andre-malraux-discours-prononce-a-loccasion-de-linauguration-de-maison-de-culture-damiens/).

Mathé(Roger), *L'Exotisme d'Homère à Le Clézio*, Paris: Bordas, 1973.

Maze (Jean) et alii, *La Frénésie culturelle*, Paris: L'Age d'Homme, 2000.

Michaud (Yves), *L'Art à l'état gazeux: Essai sur le triomphe de l'esthétique*, Paris: A. Fayard, 2011.

Ministère de la Culture, *Culture PLF. Projet de Loi de Finance 2018*, Ministère de la Culture, 2018.

Ministère de l'Économie et des Finances, *PLF. Projet de Loi de Finance 2018*, Ministère de l'Économie et des Finances, 2018.

Molière, *Le Bourgeois gentilhomme* [1670], Paris: Hachette, 1971.

Montesquieu, *Lettres persanes LXIV* [1721], Paris: Garnier, 1960.

Moulinier (Pierre), *Les Politiques publiques de la culture en France*, Paris: PUF, 2013.

______, *Politique culturelle et décentralisation*, Paris: L'Harmattan, 2002.

Moura, (Jean-Marc), *Lire l'exotisme*, Paris: Dunod, 1992.

Mulvey (Laura), «Visual pleasure and narrative cinema», Leo Braudy et alii [Eds.], *Film Theory and Criticism: Introductory Readings*, New York: Oxford University Press, 1999.

Olivier-Lacamp (Max), *Le Matin calme, Corée d'hier et d'aujourd'hui*, Paris: Stock, 1976.

Paquet (Maxime), 「Hallyu in Europe」, 『소프트파워가 국가브랜드

경쟁력이다』 [2011 국가브랜드 국제컨퍼런스 발표집], 국가브랜드위원회, 2011.

Perret (Jacques), Saez (Guy), *Institutions et vie culturelle*, Paris: La Documentation Française, 1996.

Pflieger (Sylvie) [Dir.], *L'Atelier d'écriture et de jeu du Théâtre de la Colline: Le lien social à travers l'art théâtral*, Paris: L'Harmattan, 2013.

Pflieger (Sylvie), *La Culture: À quel prix?*, Paris: Ellipses, 2011.

_____, *Le Poids économique de la culture*, DEPS/Ministère de la Culture et de la Communication, septembre 2006.

_____, Les limites de l'impact économique de la culture», Xavier Dupuis [Dir.], *Économie et culture 4. De l'ère de la subvention au nouveau libéralisme*, Paris: La Documentation Française, 1990.

Poirrier (Philippe) [Dir.], *La Politique culturelle en débat. Anthologie 1955-2012*, Paris: La Documentation Française, 2013.

_____, *Pour une histoire des politiques culturelles dans le monde (1945-2011)*, Paris: Comité d'Histoire du Ministère de la Culture/La Documentation Française, 2011.

_____, *Les Politiques culturelles en France*, Paris: La Documentation Française, 2002.

_____, *L'État et la culture en France au XX*[e] *siècle*, Paris: Librairie Générale Française, 2000.

_____, *Société et culture en France depuis 1945*, Paris: Seuil, 1998.

Rigaud (Jacques), *L'Éxception culturelle: Culture et pouvoir sous la V*[e] *République*, Paris: Grasset, 1995.

_____, *La Culture pour vivre*, Paris: Gallimard, 1975.

Rouet (François), «Les échanges culturels de la France», *Culture chiffres (2007-4)*, DEPS/Ministère de la Culture et de la Communication, septembre 2007.

Rousseau (Jean Jacques), *Les Confessions* [1782], Paris: Garnier Frères, 1964.

Saez (Guy) [Dir.], *Institutions et vie culturelles*, Paris: La Documentation Française, 2005.

Saint-Pierre (Bernardin de), *Paul et Virginie* [1789], Paris: Garnier, 1964.

Saint-Pulgent (Maryvonne de), *Le Gouvernement de la culture*, Paris: Gallimard, 1999.

Trautmann (Catherine), *Dossier. Ministère de la culture et de la communication*, n° 56, le 10 novembre 1999.

Tylor (Edward Burnett), *Primitive culture: Researches into the development of mythology, philosophy, religion, art, and custom*, New York: Gordon Press, 1974.

UNESCO, «Déclaration universelle de l'Unesco sur la diversité culturelle», le 2 novembre 2001.

Urfalino (Philippe), *L'Invention de la politique culturelle*, Paris: Pluriel, 2011.

Vargas Llosa, (Mario), *Konstnärliga verk är också varor* [*In Defence of Global Capitalism*, Washington, D.C.: Cato Institute, 2003], cité par Greffe (Xavier), Pflieger (Sylvie), *La Politique culturelle en France*, Paris: La Documentation Française, 2015.

Voltaire, *Candide, ou l'optimisme* [1759], Paris: Bordas, 1982.

White (Kenneth), *La Figure du dehors*, Paris: Grasset et Fasquelle, 1978.

Williams (Raymond), *Keywords: A vocabulary of culture and society*, London: Fontana, 1976.

Winock (Michel), *Le Siècle des intellectuels*, Paris: Éditions du Seuil, 1999.

(Collectif) *Documents 1, 2* [1929-1930], Paris: Jean-Michel Place, 1991.

저널 & 미디어

KBS 1TV, <KBS 뉴스광장>, 2015-3-12.

______, <KBS 스페셜. "K-pop. 세계를 춤추게 하다">, 2011-6-26.

SBS TV, <SBS 뉴스토리. "감은사지 석탑, 쿠바에 서다">, 2015-6-2.

______, <SBS 8시 뉴스>, 2013-11-3.

France 2, «Un œil sur la planète. "Corée: la puissance cachée"», 2011-1-23.

Granma, «El mundo en toda su dimensión», 2015-5-23.

Le Figaro, «La vague coréenne déferle sur le Zénith», 2011-6-16.

Le Monde, «La vague pop coréenne gagne l'Europe», 2011-6-9.

Libération, «Ministère de la Culture Faut-il sauver Nyssen?», 2018-4-23.

인터넷 사이트

프랑스 문화부 Ministère de la Culture
www.culture.gouv.fr

프랑스 정부 부처 공동 문화예술교육정보포털 Portail interministériel d'information pour l'éducation artistique et culturelle
www.education.arts.culture.fr

건축 · 문화유산데파르트망지국 [관련 정보] Unité départementale de l'architecture et du patrimoine(UDAP)
www.culture.gouv.fr/Regions/Drac-Auvergne-Rhone-Alpes/Architecture-et-patrimoines/Unites-departementales-de-l-architecture-et-du-patrimoine/Missions-des-UDAP

국립도서센터 Centre national du livre(CNL)
www.centrenationaldulivre.fr

국립박물관연합 Réunion des musées nationaux(RMN)
www.rmn.fr

국립영화(· 애니메이션)센터 Centre national du cinéma et de l'image animée(CNC)
www.cnc.fr

국립조형예술센터 Centre national des arts plastiques(CNAP)
www.cnap.fr

국립통계 · 경제연구소 Institut national de la statistique et des études économiques(INSEE)
www.insee.fr

국정기념물센터 Centre des monuments nationaux(CMN)
www.monuments-nationaux.fr

국제 · 유럽사무과 [관련 정보] Département des affaires européennes et internationales
www.senat.fr/rap/r04-091/r04-0914.html

기계 코끼리 Grand éléphant
www.lesmachines-nantes.fr

농수산부 [농촌 진흥 활동 관련 정보] Ministère de l'agriculture et de la pêche
www.europe-en-france.gouv.fr

보호지역 [관련 정보] l'Espace protégé
www.patrimoine-environnement.fr/les-unites-departementales-de-larchitecture-et-du-patrimoine-udap-succedent-aux-services-territoriaux-de-larchitecture-et-du-patrimoine/

봉주르 코레 Bonjour Corée
www.bonjour-coree.org

알리앙스 프랑세즈 Alliance française
www.alliancefr.org

위키피디아 프랑스 [검색어 "Culture"]
https://en.wikipedia.org/wiki/Culture

위키피디아 프랑스 [검색어 "Drama coréen"]
https://fr.wikipedia.org/wiki/Drama_cor%C3%A9en

위키피디아 한국 [검색어 "문화"]
https://ko.wikipedia.org/wiki/%EB%AC%B8%ED%99%94

위키피디아 한국 [검색어 "야오이"]
https://ko.wikipedia.org/wiki/%EC%95%BC%EC%98%A4%EC%9D%B4

유니프랑스 UniFrance
www.unifrance.org

주목할 만한 문화유산지구 [관련 정보] Site patrimonial remarquable(SPR)
www.sites-cites.fr/urbanisme-patrimoine-et-developpement-durable/espaces-proteges-spr/

퀼튀르프랑스 Culturesfrance

www.institutfrancais.com

"프랑스 속 유럽/유럽 프랑스에 참여하다" [관련 정보] Europe en France/L'Europe s'engage en France
www.europe-en-france.gouv.fr/content/download/30811/296196/version/1/file/BAT_FEDER_Web_C01.pdf

프랑스 JP's 박스오피스
www.jpbox-office.com

표 · 그림 · 글

표

그림

글

약어

한국어

건축 · 문화유산데파르트망사무국 SDAP Service Départemental de l'Architecture et du Patrimoine

건축 · 문화유산데파르트망지국 UDAP Unité Départementale de l'Architecture et du Patrimoine

고등시청각위원회 CSA Conseil Supérieur de l'Audiovisuel

공공시설법인 EP Établissement Public

국립고등연극예술위원회 CNSAD Conseil National Supérieur d'Art Dramatique

국립고등예술학교 ENSBA École Nationale Supérieure des Beaux-Arts

국립고등음악 · 무용원 CNSMD Conservatoire National Supérieur de Musique et de Danse

국립고등조형예술자격증 DNSEP Diplôme National Supérieur d'Expression Plastique

국립도서센터 CNL Centre National du Livre

국립레지옹예술원 CNR Conservatoire National de Région

국립민중극장 TNP Théâtre National Populaire

국립연극센터 CDN Centre Dramatique National

국립영화(· 애니메이션)센터 CNC Centre National du Cinéma et de l'Image Animée

국립음악 · 무용 · 연극학교 ENMDT École Nationale de Musique, de Danse et de Théâtre

국립음악학교 ENM École Nationale de Musique

국립조형예술센터 CNAP Centre National des Arts Plastiques

국립현대예술기금 FNAC Fonds National d'Art Contemporain

국제개발 · 사무대표국 DDAI Délégation au Développement et aux Affaires Internationales

극작가 · 작곡가협회 SACD Société des Auteurs et Compositeurs Dramatiques

데파르트망대출도서관 BDP Bibliothèque Départementale de Prêt

레지옹문화사무국 DRAC Direction Régionale aux Affaires Culturelles

레지옹문화사무위원회 CRAC Comité Régional des Affaires Culturelles

레지옹박물관소장품구매기금 FRAM Fonds Régional d'Acquisition des Musées

레지옹현대예술기금 FRAC Fonds Régional d'Art Contemporain

문화협력공공시설법인 EPCC Établissement Public de Coopération Culturelle

상공업공공시설법인 EPIC Établissement Public à caractère Industriel et Commercial

연구 · 전망 · 통계과 DEPS Département des Études, de la Prospective et des Statistiques

영화 · 문화산업지원기구 IFCIC Institut pour le Financement du Cinéma et des Industries Culturelles

영화 · 시청각산업지원기구 SOFICA Société pour le Financement de l'Industrie Cinématographique et Audiovisuelle

유네스코 UNESCO Organisation des Nations Unies pour l'Éducation, la Science et la Culture/United Nations Educational, Scientific and Cultural Organization

음악작가 · 작곡가 · 제작자협회 SACEM Société des Auteurs, Compositeurs et Éditeurs de Musique

전국건축 · 문화유산사무국 STAP Service Territorial de l'Architecture et du Patrimoine

전자통신 · 우정규제청 ARCEP Autorité de Régulation des Communications Électroniques et des Postes

중앙대출도서관 BCP Bibliothèque Centrale de Prêt

코뮌협력공공시설법인 EPC Établissement Public de Coopération Intercommunale

행정공공시설법인 EPA Établissement Public à caractère Administratif

프랑스어

ARCEP Autorité de Régulation des Communications Électroniques et des Postes 전자통신 · 우정규제청

BCP Bibliothèque Centrale de Prêt 중앙대출도서관

BDP Bibliothèque Départementale de Prêt 데파르트망대출도서관

CDN Centre Dramatique National 국립연극센터

CNAP Centre National des Arts Plastiques 국립조형예술센터

CNC Centre National du Cinéma et de l'Image Animée 국립영화(· 애니메이션)센터

CNL Centre National du Livre 국립도서센터

CNR Conservatoire National de Région 국립레지옹예술원

CNSAD Conseil National Supérieur d'Art Dramatique 국립고등연극예술위원회

CNSMD Conservatoire National Supérieur de Musique et de Danse 국립고등음악 · 무용원

CRAC Comité Régional des Affaires Culturelles 레지옹문화사무위원회

CSA Conseil Supérieur de l'Audiovisuel 고등시청각위원회

DDAI Délégation au Développement et aux Affaires Internationales 국제개발 · 사무대표국

DEPS Département des Études, de la Prospective et des Statistiques 연구 · 전망 · 통계과

DNSEP Diplôme National Supérieur d'Expression Plastique 국립고등조형예

술자격증

DRAC Direction Régionale aux Affaires Culturelles 레지옹문화사무국

ENM École Nationale de Musique 국립음악학교

ENMDT École Nationale de Musique, de Danse et de Théâtre 국립음악 · 무용 · 연극학교

ENSBA École Nationale Supérieure des Beaux-Arts 국립고등예술학교

EP Établissement Public 공공시설법인

EPA Établissement Public à caractère Administratif 행정공공시설법인

EPCC Établissement Public de Coopération Culturelle 문화협력공공시설법인

EPCI Établissement Public de Coopération Intercommunale 코뮌협력공공시설법인

EPIC Établissement Public à caractère Industriel et Commercial 상공업공공시설법인

FNAC Fonds National d'Art Contemporain 국립현대예술기금

FRAC Fonds Régional d'Art Contemporain 레지옹현대예술기금

FRAM Fonds Régional d'Acquisition des Musées 레지옹박물관소장품구매기금

IFCIC Institut pour le Financement du Cinéma et des Industries Culturelles 영화 · 문화산업지원기구

SACD Société des Auteurs et Compositeurs Dramatiques 극작가 · 작곡가협회

SACEM Société des Auteurs, Compositeurs et Éditeurs de Musique 음악작가 · 작곡가 · 제작자협회

SDAP Service Départemental de l'Architecture et du Patrimoine 건축 · 문화유산데파르트망사무국

SOFICA Société pour le Financement de l'Industrie Cinématographique et Audiovisuelle 영화 · 시청각산업지원기구

STAP Service Départemental de l'Architecture et du Patrimoine 전국건축 · 문화유산사무국

TNP Théâtre National Populaire 국립민중극장

UDAP Unité Départementale de l'Architecture et du Patrimoine 건축 · 문화유산데파르트망지국

UNESCO Organisation des Nations Unies pour l'Éducation, la Science et la Culture/United Nations Educational, Scientific and Cultural Organization 유네스코

찾아보기

ㄱ

ㄴ

ㄷ

ㄹ

ㅁ

ㅂ

ㅅ

ㅇ

ㅈ

ㅊ

ㅋ

ㅌ

ㅍ

ㅎ

123

지은이 소개

류 은 영

한국외국어대학교 불어과를 졸업하고, 프랑스 파리 3대학에서 현대 프랑스 작가 미셸 레리스의 자전 시학에 관한 연구로 박사학위를 받았으며, 현재 한국외국어대학교 프랑스어학부 강사로 재직하고 있다. 논문으로는 「그로테스크와 카타르시스의 정신분석학적 상관성 연구」, 「오토픽션의 논리」, 「내러티브와 스토리텔링」, 「프랑스 한류의 의미와 글로벌 비전」 등이 있고, 저서로는 『문학장과 문학권력』(공저), 『문체론 용어사전』(공저), 『문화콘텐츠 입문』(공저), 역서로는 『스토리텔링, 이야기를 만들어 정신을 포맷하는 장치』 등이 있다.

원 종 익

한국외국어대학교 불어과를 졸업하고, 프랑스 스트라스부르 2대학에서 17세기 프랑스 우화 연구로 박사학위를 받았으며, 현재 한국외국어대학교 프랑스어학부 교수로 재직하고 있다. 논문으로는 프랑스 고전주의 시대 문학과 프랑스어권 아프리카 문학에 관한 다수의 연구가 있으며, 저서로는 『우화의 힘, 문학의 힘』, 『문체론 용어사전』(공저), 『세계문학의 기원』(공저) 등이 있다.

프랑스 문화정책

2018년 8월 25일 1판 1쇄 인쇄
2018년 8월 30일 1판 1쇄 발행

지은이: 류은영 · 원종익
펴낸이: 한정주
펴낸곳: 지성공간

경기도 파주시 광인사길 71
전화: (031) 955-6952 팩스: (031) 955-6037
Home-page: www.jsbook.co.kr / E-mail: kyoyook@chol.com
등록: 2008년 8월 26일 제406-2008-000067호

정가 16,000원

ISBN 979-11-86317-67-9

Printed in Korea